我的杨树林屯儿

李勇库◎著

中国文史出版社

图书在版编目（CIP）数据

我的杨树林屯儿 / 李勇库著. -- 北京 : 中国文史出版社，2022.6

ISBN 978-7-5205-3568-7

Ⅰ.①我… Ⅱ.①李… Ⅲ.①李勇库-回忆录 Ⅳ.①K827=7

中国版本图书馆 CIP 数据核字（2022）第 108655 号

责任编辑：刘华夏

出版发行：**中国文史出版社**
社　　址：北京市海淀区西八里庄路 69 号院　　邮编：100142
电　　话：010-81136606　81136602　81136603　81136605（发行部）
传　　真：010-81136655
印　　装：廊坊市海涛印刷有限公司
经　　销：全国新华书店
开　　本：787×1092　1/16
印　　张：19
字　　数：245 千字
版　　次：2022 年 8 月北京第 1 版
印　　次：2022 年 8 月第 1 次印刷
定　　价：68.00 元

目录
Contents

引子

故乡情

杨树林屯儿——松嫩平原上的一个普普通通的村庄，坐落于大庆市红岗区南二路，地势北高南低，海拔166米。1954年1月24日我出生在那里，屯子东侧是我儿时的“月亮湖”——大水泡子，南侧是我的“童年天国”——大草甸子，西侧是我们家多年耕种的苞米地，北侧八九百米远的地方就是20世纪60年代初铁人王进喜打出的第一口油井。这里既是生我养我的地方，也是教会我生活和做人的地方，更是我人生理想的根系所在。时光荏苒，随着年龄增长、学习和工作，我走出杨树林屯儿，渐渐离她越来越远，可那里始终让我魂牵梦萦，60多年前的杨树林屯儿，一切的一切仍然是那样的清晰、亲切……

大草甸子的春天总是姗姗来迟。直到每年的5月，连续几天暖阳过后，大草甸子便显得格外清纯而明朗、空灵而轻柔，大地萌生出丝丝缕缕嫩绿鲜活的诗意，犹如一幅轻柔缥缈的美丽画卷，上面是浓淡相宜的绿色，丛丛小草朝气蓬勃地迎着灿烂的太阳……

天上飘来朵朵白云，渐渐地由浅入深、由白变黑，随着天空响起的几声春雷，绵密的细雨便像耐不住性子的东北小伙子，经过一冬的“猫冬”，终于又回到了久违的杨树林屯儿大草甸子。毛茸茸的小草一丛又一从地探头探脑，悄悄地钻出黝黑冷寂的土壤，释放出压抑已久的生长能量。

杨树林屯儿大水泡子的冰面也由清澈变得浑浊，此时最担心的是杨树林屯儿有孩子的家长们。小时候，父亲早上出工前总是拍着睡眼惺忪的孩子们："你们都别装睡，听说前几天大水泡子淹死了一个，以后谁也不准到大水泡子上滑冰、捞鱼。如果让我发现了，晚上回家看我怎么收拾你们!"孩子们都迷迷糊糊地听到了，使劲地闭眼睛，醒了的也装睡，不吱声。父亲拿起干活家伙什儿，出门前还不忘嘱咐母亲："你这几天就别忙活家务了，一定把他们看好，大水泡子深不见底的，从冰上掉下去就没影儿，可不是闹着玩的!"母亲"嗯嗯"地答应着，父亲唠唠叨叨地出去干活了。

那年头，就像大人们说的，这里一年两场风，一场从春刮到夏，一场从秋刮到冬，啥也挡不住。春风一来，草丛绿了，冰雪化了，大水泡子开了。经过半年之久的冬天，久违了暖阳的鱼儿们成群结队地浮出水面，好奇地观望着大草甸子的初春。而最先沉醉于春光的，还是我们这些孩子，男孩儿们把狗皮帽子扔到家里，来不及脱掉身上的棉袄棉裤，就像一阵风似的跑出家门去追赶北归的鸟儿；女孩儿们在家里脱掉身上沉重的棉袄棉裤，换上清爽的旧衣服如燕子似的轻盈地跑出家门，来到大草甸子上，从一朵朵小野花身上嗅着春天的芬芳，然后欢快地采摘五颜六色、缤纷绚丽的野花。男孩、女孩就这样在大草甸子上闹着、跑着，尽情撒欢玩耍，露出一张张如春天般灿烂的脸庞，把春风、春意的蓬勃生机全写在了脸上。

晚上回到家里，父母们就开始叨咕起来。特别是喝几口烧酒后的父亲话更多，磨磨叨叨地说："都多大孩子了，咋就一点也不明白事儿，大人们一天起早贪黑在地里干活，养活你们这些小崽子，你们就不能替家里分担点?"

母亲看到一旁紧张的孩子们，忙打着圆场说："你们看家里大人忙一天累个贼死，还得到大草甸子上给家里搂柴草、烧饭，过些时候大草甸子野草、杨柳毛子就要绿了，你们就不能帮着大人们多为家分担点，赶紧搂点干的烧柴？你们也不小了，也该懂事了。"然后不忘小声说："还不麻溜地上炕睡觉！你爸喝酒了，能不能别惹大人生气？"

孩子们一听乖乖地上炕，闭上眼睛……第二天一早，吃过早饭，挎上筐欢快地奔向大草甸子，去找寻新鲜的荠菜、开黄花的婆婆丁、嫩嫩的刺嫩芽、大脑袋的小根蒜、青青的山芹菜、苦深深的苣荬菜、充满蒿子香的柳蒿芽、猫爪子蕨菜、野苏子叶，顺手割一些杨柳毛子。

看着累了一整天的孩子们把装满筐和篮子的胜利果实拿到家里，把杨柳毛子扔到板杖子边上晾晒，父母高兴地说："赶紧吃点饭，饿坏、累坏了吧！明天再去，多拿几个大饼子，一会儿烧点热水，烫烫脚、解解乏，然后麻溜地上炕睡觉。"

我们这些孩子，吃着热乎乎的大饼子、煎饼，用大葱、野菜蘸着鸡蛋酱，一会儿就饱了。热水烫过脚，上炕后格外舒服，躺下就睡着了，有的男孩子竟然打起了呼噜。

父亲笑着说："怎么着？这些小崽子挖点野菜、干点活，还整出点动静了，怕人家不知道？"说着要捅醒打呼噜的孩子。

母亲忙拦着说："你可别惹醒他们，忙了一天累着了，都还在长身体，你没听人家说，睡觉时间是长个儿的时候。"听了母亲的话，夫妻互相瞧着对方，"扑哧"都笑了。

不一会儿屋里的油灯灭了。圆圆的月亮像个银盘子一样挂在天上，杨树林屯儿安静下来，狗也不叫了……

大草甸子的秋天总是不期而至。生产队地里的苞米叶子发黄了，苞米棒子上已经露出金灿灿、白花花整齐的大门牙了，高粱脸早已经变得红彤彤的了，向日葵早已经把高傲的头低下了，黄瓜、茄子在秧上随秋风危险地荡着秋千，豆角架上的花雀豆在秧子上生着鼓鼓的气，好像马上就要爆开出世……

大人们都在生产队的庄稼地里忙活着……田间地头吟唱着歌谣：

秋风阵阵凉来袭，哎！呀呀呀……
农民地里挥镰急，哎！呀呀呀……
葵花头重把头低，哎！呀呀呀……
花雀豆藤上叶儿稀，哎！呀呀呀……
黄瓜老了一把籽，哎！呀呀呀……
茄子老了尿骚气，哎！呀呀呀……

我们这些孩子吃着烀苞米、烧土豆，肚子鼓鼓的很难受，像扣个小盆。这时候大人们就让我们这些孩子多吃大红萝卜，吃完后一会儿放几个屁就好了。

大草甸子上的蒿草早已经高过大人，我们这些孩子都愿意往里钻。我们手里拿着棍棒，还有的拿着家里破旧的镰刀，在找寻着大草甸子里的野鸡和野鸭蛋，在追逐四处乱窜的野兔、獾子，偶尔也能看见傻狍子，当然我们很少能抓到。大草甸子上生长着各种丰美的野草，养活了许多的飞禽，如野鸡、野鸭、丹顶鹤；还有食草动物，如兔子、草鼠、狍子等；还有跟踪来的一些食肉动物，如狼、狐狸……它们在这里与人类和平共处、繁衍生息。

铁人的第一口油井

20 世纪 60 年代，王进喜带领 1262 钻井队（后改为 1205 钻井队）从甘肃玉门不远几千里来到黑龙江大庆参加石油大会战，打出 1205 钻井队来大庆的第一口生产油井。

记得 1960 年初春，那时候我已经六七岁了，大草甸子从寂寥的冬天一下子就苏醒了，变得热闹非凡，到处是戴着狗皮帽子的石油工人。几年过去，直到我上了小学后才明白，他们是打井采油的石油工人，而且我们家附近住着的钻井队，就是铁人王进喜带领的1205钻井队。由于条件恶劣，缺少大型起重和运输工具，钻机在火车上卸不下来。为了争取时间，王进喜就组织工人用最原始的人拉肩扛的方式卸车，他们喊着口号齐心协力把近百吨重的钻机运到井场所在地——杨树林屯儿。此时的东北大地仍然天寒地冻，由于缺水无法搅拌泥浆，还是开不了钻。王进喜灵机一动想起了运钻机时路过的大水泡子，就带领工人用脸盆和铝盔从大水泡子里破冰取水。4月14日，终于在杨树林地区开钻。铁人王进喜和他的队友们在条件十分艰苦的情况下，人拉肩扛安钻机，端水打井保开钻，仅用了5天4小时就打完了第一口生产油井，创造了当时我国石油钻井史上的奇迹。打完这口井后，王进喜"宁可少活二十年，拼命也要拿下大油田"的精神激励了和他一同奋斗的战友们，感动了油田驻地的老百姓，"铁人"美名在油田传开。我的家乡杨树林屯儿也成了举世闻名的"铁人第一口井"所在地，王进喜的铁人精神也在这里生生不息、绽放光芒。

60多年来，"铁人第一口井"一直保持自喷的状态，成为一座丰碑，一座永远让后人景仰、纪念的精神丰碑。这口井由于意义特殊，已被列为国家级文物。现在，在"铁人第一口井"的草场上，还陈列着当年王进喜1205钻井队用过的钻机。当年钻井队的编号是根据使用的钻机型号编排的，1205钻井队就是配备1200型钻机的第五钻井队。

到了1963年底，经过3年多的奋战，大庆油田完成了探明和建设。1964年12月，周恩来总理在三届人大一次会议上的《政府工作报告》中宣布："我国经济建设、国防建设和人民生活所需要的石油，无论在数量和品种方面，基本上都可以自给了。"1964年1月，毛主席发出"工业学大庆"的号召。大庆成了中国工业战线的一面旗帜，几十年来，大庆精神、铁人精神深深地影响了一代又一代的中国人，也深深地影响了我，我沐浴着大庆精神的光辉、流淌着铁人精神的血脉，从杨树林屯儿走来……

第一章 祖辈

闯关东

小时候，经常听我大爷讲起太爷、爷爷、大姑奶一家三口“闯关东”的故事。他说，我们的老家不在大庆市，我们是山东蓬莱人，是逃荒过来的。

山东蓬莱是古登州府所在地。登州在汉代属于青州的东莱郡，西晋时属于青州东莱国，南北朝时属于刘宋的东莱郡，元魏时属于东牟郡，北齐时属于东莱郡，隋朝亦属东莱郡。而“登州”这个名字最早是在唐朝初年出现的。唐武德四年（621 年）始置登州，不久废除。唐武则天时复置，治牟平。神龙年间迁蓬莱。明清登州府亦治蓬莱。从唐神龙三年州治迁至蓬莱，到 1913 年民国时废止，古登州治所在蓬莱存在了长达 1200 多年。

值得一提的是，古登州从唐初设立到明朝初期，一直为州，到了明洪武九年（1376 年），才升格为府。州与府的概念是不一样的。在《明实录》中曾提到登州升州为府的原因：“时以登、莱二州皆濒大海，为高丽、日本往来要道，非建府治，增兵卫，不足以镇之。”2020 年国务院批复，以原蓬莱市、长岛县的行政区域设立烟台市蓬莱区。

我大爷说，至于何时逃荒来东北，他问过我爷爷，但准确的年份爷爷也说不清楚了，爷爷对我大爷说，他只知道大概是1910年，当时他才十来岁，年纪非常小。据说是老家闹了天灾人祸，母亲病逝了，一家人活得饥寒交迫。

那时候，每家每户的日子都差不多，连年战乱，天天挨饿，到处都是逃荒要饭的难民，每个人都挣扎在死亡线上。

爷爷说，我太爷李占山挑着担子，领着他和他姐姐，也就是我的大姑奶，一路上要饭、打短工，饥一餐、饱一顿地一步一步走着过来的。吃饱的时候很少，三口人只靠太爷打短工挣点吃的。

在大爷的记忆里，他老年的父亲，也就是我爷爷一吃上饱饭，就唠叨起那些陈年旧事儿，尤其是逃荒到东北的事儿，一家人从冬走到春、从夏走到秋，真是遭了不少罪。路上头疼脑热的干脆不算病，只能咬着牙关不停地走，走过一山又一山、翻过一岭又一岭，有时候走不动了、往前走也看不到希望，全家人真想一死了之，特别是看见路边横七竖八的尸体的时候，看他们死得很安详，感觉躺在那里也挺好，最起码不用要饭、不再挨饿受冻了。

有一次，我爷爷病了，浑身发烫、四肢无力，全家人只得停下来。太爷出去打短工，换来点小米，大姑奶在家里照顾爷爷。吃的就是小米粥和挖来的野菜。爷爷一病就是十来天，多亏有我大姑奶的精心照料，爷爷慢慢好了起来。但是大姑奶由于劳累过度，已经瘦得皮包骨了。

那天中午，秋风刮得鬼哭狼嚎一般。小偏厦子里四面漏风，爷爷盖着一条从关里家带来的薄被，浑身发抖。大姑奶把太爷的、还有她的，全家总共三条被子全都压在爷爷身上。爷爷饿了，爬起来走到厨房灶台想找点东西吃。碰巧看到大姑奶正在灶台铁锅里撇小米饭上的米汤喝呢。他这才明白大姑奶为什么天天吐酸水，还总往茅房里跑。原来，大姑奶整天靠喝米汤活着，把锅里的饭都留给了爷爷和太爷。这样下去，身体不是造完了吗？爷爷看到眼前这个场景，心里特别难受，喊了一声“姐姐”，身不由己地扑到大姑奶怀里，“呜呜”地哭起来。大姑奶赶忙抱着我爷爷说：“你看姐姐不是很好嘛！你多吃点病就好得快，身体结实了，就有抵抗能力了。再说，咱父亲给人家扛活，不吃饱怎么能行。”

她又劝我爷爷说：“快别哭了。等你身体好了，姐姐也出外找个能挣点口粮的活，咱们家日子就好过了。”

“不！姐姐。病好了，我出去找活干。”爷爷眼圈红了，在大姑奶的怀里哭着说。看着爷爷哭得一脸的眼泪、鼻涕，大姑奶也不由自主地跟着哭了起来。姐弟俩就这么抱着哭了一中午。

爷爷的病好了以后，太爷领着爷爷和大姑奶接着上路，走到吉林省农安县城的黄龙古塔下，此时大饼子、大煎饼都没有了，一家人饥寒交迫，饿得再也走不动了。

大姑奶从几个粮食口袋里抖落出一点小米、苞谷面、煎饼渣，勉强做了三碗糊糊粥。一碗粥下肚，身上暖和了一些，太爷赶忙出去找活、挣口粮。

那时已经是1911年的秋天了，一家三口“闯关东”已整整一年了，可是吃的、住的、穿的，一点儿着落都还没有。一家人过着吃了上顿没有下顿的日子，成天为吃的、住的发愁。

太爷直到第二天也没有找到活干，没办法只得挨家要饭，那一次一家人挨了两整天的饿。

地里的高粱已经变成红脸的大汉，苞米也露出金黄色的颗粒，丰收的秋天就要到了……

中午的时候太爷回来了，还赶着一挂大马车。他兴冲冲地从马车上蹦下来，从怀里掏出四个黏米饼子，爷爷和大姑奶狼吞虎咽地几口就吃光了。太爷说上车吧，咱们有地方住了。爷爷和大姑奶肚子里面有食了，身体一下子暖和了，赶忙把从关里家带来的挑子、要饭棍子、碗、铺盖往马车上一放，坐着马车就往住的地方赶，心随着马车一颠一颠地舒服了不少，心想终于有个地方待了，我们终于要有家了！我爷爷清楚地记得，道路两旁的苞米、高粱、谷子金灿灿的都熟透了，秋风一吹，闻着那个香呀！心想这回不能再饿着了。

到地方下车一看，原来所谓住的地方是地主金大善人的仓房，也就是长工喂牲口休息的地方，房子紧挨着牲口棚子，是干打垒的。尽管条件很简陋，一家三口人还是高兴坏了，终于有个遮风挡雨的地方落脚了。用蒿草把漏风的地方堵了堵，把炕用干柴火烧得热热乎乎的，一家人乐得合不拢嘴。金大善人接纳了一家三口，租给太爷一垧来地，借给他们4斗小米、2斗高粱米作为全家越冬的口粮，太爷答应的条件是把十几匹马、七八头牛伺候好，特别是千万不能让狼叼去，并且无偿地帮助东家把今年的粮食收获进仓。租那一垧来地，明年年底收获按五五分，小斗借的粮食，秋后按大斗还上，当时叫“小斗出、大斗进”，说白了就是高利贷。一家人连活命都困难，太爷连想都没想就答应了。其实想也没用，太爷在借据上已经按上手印了。上面的白纸黑字，太爷没念过书一个字也不认识。借据上面大致写着：借4斗小米、2斗高粱米，来年秋后甘愿用5倍的粮食偿还。中华民国某年某月某日。李占山。太爷真正知道借据上的内容已是几个月以后的事情了。

全家人有了吃的身体恢复了不少，特别是爷爷，在大姑奶的悉心照料下，病好了，身体有些力气了，农忙的时候下地给太爷当个半拉子帮手，闲的时候给牛马弄点饲料。

过了一段时间，从其他的长工和左邻右舍嘴里听到，大伙儿表面上喊的金大善人，背地里却都叫他金老黑，说他小斗出、大斗进，玩高利贷黑得出名，左邻右舍都躲他远远的。还有人说，他家上百垧地都是连蒙带骗找人生地不熟“闯关东”的山东、河北逃荒人租种……

老实巴交的太爷说：“别听他们胡咧咧。咱们一家三口穷得叮当响都快饿死了，非亲非故的人家给咱们吃住，够仗义的了。”

爷爷和大姑奶一寻思，父亲说得也对、在理。

太爷又说：“人心都是肉长的，咱们一心一意地给他金家好好扛活，人家肯定不会亏待了咱们。”

太爷定了调子，全家人的心也放下了，心想只要伺候好租的那一垧多地，有了好收成，日子就好过了，这也成了全家唯一的指望。

怪不得关里家的人都往关外跑，东北的黑土地真养人呢！那黑土抓一把一攥都往外流油，太爷喜欢得经常在庄稼地边上一蹲就是一下午。关里家要是有这么肥沃的土地谁还往这么远跑啊！

一家人在太爷的带领下，把心思全都扑在那一垧多地上。春天来了，忙着播种，爷爷和大姑奶挑着担子浇水施肥，小苗长出来了又精心地伺候，间苗、除草。到了夏天，地里到处都是茁壮成长的绿油油的庄稼。一入秋，地里的苞米、高粱、谷子一打浆，秋风吹起弥漫到空气里那个香呀！

那一阵我太爷整天乐得合不拢嘴，总和大姑奶、爷爷叨叨，看这样子十几亩地都没说的，平均亩产200多斤没问题，就是小黄米怎么也能产它一百五六十斤，去了给东家的分成，全家怎么也能剩下一两千斤粮食，再拿出五六百斤还东家，也可以剩1000多斤口粮。

爷爷心里也非常高兴，说：“那咱们家可就富余出近千斤的粮食了。”

“爹，那就给您和我弟弟都添一条更生布的裤子吧。”大姑奶说。

“那不急，他还是个孩子。我这条裤子还中，窟窿眼大的地方，你给我好好补补，再挺一年没问题。过了今年，明年底咱们家会更好的。”太爷充满希望地笑着说。

他又说：“再有半个月的晴天，地里的庄稼打完浆，长结实了，就可以收割了。”太爷说这话的时候，不光是他眯着一双笑眼，爷爷和大姑奶也都是乐呵呵的，满满的幸福都挂在脸上。

太爷话音还没落地，当天晚上就开始“哗啦啦”下起雨来。后半夜打起了响雷，紧接着就是瓢泼大雨，这场雨一下就是七八天。大雨稍微小一点，全家人在太爷的带领下扛着铁锹、铁镐就去地里排涝，那些天可把三个人累坏了，特别是太爷连上火再挨累，人整个儿瘦了一圈，大姑奶和爷爷也好不到哪儿去。全家人这个闹心呀，好好的一地庄稼，眼看着到手了，一下子都让老天爷给糟蹋了，一年的辛苦全泡汤了。

雨终于停了下来，再看租的那一垧多地，本来就是大草甸子，地势低洼，开垦出来没几年，这下好了，一下子变成了一大片亮汪汪的大水泡子。一场大雨把一家人的丰收美梦打得粉碎。

排涝后，一家人没日没夜地抢秋收，那时候已经是秋末了，眼看着早晨的霜一天比一天重。

一家人辛辛苦苦地忙活了一年，到了收获的季节，一半收成交了东家租子后，玉米、高粱、小黄米，再加上捡别人家豆子地得的二十来斤黄豆，家里粮食还不到千斤。

太爷整天愁眉苦脸，全家人都好像让乌云压着一般。这点粮食一家人过一年都难呀！还欠金大善人 6 斗高利贷的饥荒，加上来年春天的粮种、全家人的柴米油盐等，今后的日子可怎么过？

人穷志短，思来想去，没有办法还得去求金大善人，商量一下那 6 斗米的高利贷能不能再宽限一年。

我今天在想，当时太爷一定是低着头、满脸堆笑、低三下四地去找金大善人的，没承想金大善人很爽快地答应了。按照惯例，我太爷又履行手续在原有的字据上添了一行字，签字画押后很快就办完了。我爷爷心里也在嘀咕，住着也一年多了，关于金大善人的为人阴险、狠毒，在屯里风言风语地听到不少，可接触下来他也不像人们说的那么坏，比如对待我们老李家，就总是慈眉善目的，而且处理起事情也是通情达理的，但我爷爷还是对那张借据有点心里没底。

一家人悬着的心暂时放下了，终于有着落了，整天琢磨着怎么大干一场，争取夺回今年灾害造成的损失。

农历九月底，屯里唯一的私塾老师张先生求太爷赶着马车进山到沟里搂两车柴火，太爷和爷爷冒着冷飕飕的西北风，足足搂了满满两大车杨柳毛子，爷俩还放倒了两棵大杨树。拉车的三匹马累坏了，一路"呼哧呼哧"直喘粗气，到家就趴窝了。

看着两车堆得小山一样高的柴火，张先生高兴得直夸我们山东汉子实在、厚道，干活踏实，把他家过冬的大问题解决了。而且说啥也不让爷俩走，非得留下吃饭，还到屯里的烧锅打了一大壶酒。

张先生让他媳妇做了四个菜，还都是硬菜——猪头肉、溜肉段、木须肉、酸菜炖粉条。爷爷长这么大，头一次吃这么多好吃的，还不敢大口大口吃，怕人家笑话，说没见过世面。酒过三巡、菜过五味之后，太爷左掂量右掂量，掏出两张借据，请张先生给看看。

张先生边看边念借据：借 4 斗小米、2 斗高粱，来年秋后甘愿用 5 倍的粮食偿还。中华民国某年某月某日。李占山。

又加一行字：在此之上，来年秋后甘愿用 5 倍的粮食偿还。中华民国某年某月某日。李占山。

张先生看后，把眼镜放到桌子上，沉吟不语，想了半天说："这么吧，我看你是实在人，今天就告诉你。"说着他示意媳妇把屋门插上，窗帘放下，然后对满脸惶恐的爷俩说："你们借的第一年 6 斗粮 200 斤左右，知道秋后要还多少吗？"

"大致知道，得千百斤吧！"太爷答着。

"你们山东汉子太天真了，金大善人家的大斗五六十斤，你最低也得还 1600 斤的粮食。"

"这也没什么，咱就是租人家地，让人家赚的。"太爷还不以为然。明年秋收都还给他，欠债还钱，天经地义。

"你不识字，所以让金大善人算计了，你想想'在此之上'这几个字是啥意思，就是在1600斤之上，来年再翻5倍，你就得还8000斤粮食，你能还得起吗？你那一垧多地，赶上年景好也就收5000斤粮食，此外你拿什么还呀！”

“这不是坑死人吗？就是榨出骨髓，我姓李的也拿不出来8000斤粮食呀！”太爷猛地就醒了。

“白纸黑字立下字据，改不了了。你不是有儿有女吗？都可以顶债。”

张先生说到这里，太爷全身哆嗦起来：“唉！这不是把我们穷人往死里逼嘛！”

“金大善人黑得很，方圆百里谁不知道他。他是一个笑面虎，暗地里心狠手辣，这几年山东、山西、河北、河南逃荒的多，许多人让他的高利贷逼得妻离子散、家破人亡，他就是靠坑这些关里逃荒来的穷人发财的。”

“这可怎么活呀！”太爷急得眼泪都出来了。

“你也别想不开，俗话说得好，不吃一堑、不长一智，你也一把年纪了，以后凡事动动脑，再找东家扛活租地，一定要先打听打听，找一位为人厚道一点的。咱东北的地主，大都发财不长时间，有许多还不到第二代，大多数都是山东、河北乡下人，他们都是靠辛勤劳动发的财，因此也没忘本。所以，你找东家一定找下地和你们一起干活的，最次也是和他家人一起干活的，虽然他们人抠一点，但弯弯肠子少，最起码不会坑你、害你。”

太爷愁眉苦脸地说：“张先生，您有文化，见识多，求先生给指条明路吧。”

爷爷一看太爷愁成这样，也在一旁哀求张先生。但心里想，不识字没文化真是害人不浅呀！从那时起爷爷就暗下决心将来有儿子，就是苦点累点也一定要让他读书学文化，不做睁眼瞎被人诓骗。

张先生一声不吭，擦了半天眼镜才说：“我和你说的这些，可是掏心窝子的话，无论如何不能传出去，你们可千万不能把我给卖了。”

爷俩不住地点头说：“你是俺们李家的大恩人，我们感激还来不及。如果把你卖了，我们全家天打五雷轰……”

张先生这才小声说道：“古人说得好，三十六计，走为上策，不过这方圆百里都是他金大善人的势力范围。因此，想要逃走，就要做详细打算，而且要快，在一天一宿之内走出金大善人家的势力范围，走得越远越好。”

那是十月的一天，那天晚上是下弦月，一家三口准备好吃的、穿的，爷爷和太爷轮番挑着担子，一口气向西北走了三四天，一路上基本不敢停，渴了找口水，饿了简单打打尖，每歇一气都不超过一顿饭的工夫。又走了五六天，一打听已经到了黑龙江省的地界，这才安下心了。但心里有事儿，还是向北走，听路上人说安达这地方荒地多，赶了十来天的路，走到杨树林屯儿就再也走不动了。

太爷来到屯里的水井台上一看，三面是一望无际的大草甸子，只有东面有个大水泡子，就决定把家安在这里，老李家从此就在杨树林屯儿扎根了。

在杨树林屯儿安家

我爷爷说，到了杨树林屯儿，私塾张先生说的话果真灵验，一家人看到大地上一个姓宋的男人不但自己秋收，几个女儿也一起下地干活，他们家当时正好缺帮手。宋家也是老实厚道人家，我太爷一央求，宋家就收留了他们三口人。

一晃七八年过去了，有一年秋末，杨树林屯儿下了一场大雪。

那雪片像鹅毛般悄然无声地飘落着，纷纷扬扬，像漫天飞舞的蒲公英种子，在苍茫的天空中飘荡；像洁白而柔软的羊绒毯覆盖在广袤的草原上，把草原变成了银色的世界，闪耀着寒冷而美丽的光芒。

朔风“呼呼”地吹来，顷刻间，一条条银龙腾空而起，在杨树林屯儿大草甸子上翻转游荡，好似那蛟龙入海，翻起洁白的浪花，景色十分壮观。

雪越下越大，夹杂着七八级的风暴，人在屋里听着恐怖的风声，再看窗外弥漫的皑皑雪色，感觉世界末日也不过如此。

大雪过后，老宋家抢收被大雪覆盖的大白菜，如果不抓紧，大白菜就冻在地里。大家同心协力，不到一个星期的时间就把地里的白菜、土豆、地瓜、大萝卜抢出来了。如果气温持续下降，地里丰收的果实就全都白瞎了。

那时候我爷爷已经是个大小伙子了，虽然人只有一米七，可干起活来从来不示弱，和那些成年帮工比都能赶在前头。为了这，东家没少夸我爷爷，说爷爷干活卖力像牛犊子似的。

爷爷每天起五更、爬半夜，仗着年轻身体好，一点也不觉得累，特别是那时候太爷的身体不太好，“闯关东”以后，一年不如一年。我爷爷每天干活拔头筹，也就是第一。到吃午饭、晚饭的时候，东家都把饭送到地头上。他发现每天吃饭的时候都是宋家的三姑娘等他。开始没在意，渐渐发现，饭篮子上每次都蒙着一个狗皮垫子，吃饭时感觉饭菜热乎了许多。太爷慢慢看懂了年轻人的心意，看明白了，每次吃饭爷爷和三姑娘说话，太爷都借口躲到一边去。

有一次，爷爷一边吃着热乎的酸菜猪肉炖粉条，一边和三姑娘说话聊天。

三姑娘说：“真没想到，你个子不高，远瞅像个小半拉子的人干活却这么麻利，总是第一。你咋这么邪乎呢？”

三姑娘这么一说，一下子把我爷爷给弄蒙了。在关里别说大姑娘，就是小媳妇和大小伙子说话也是满脸通红的。可是，东北丫头胆子大，说话脸不红不白的。

“啊！有啥麻利的，我发现咱们东北一垄地都特别长，有的都快二里地了，因此干到一半都得歇一歇、直直腰。我就忍着，一定干完一垄地再歇息。有那么句老话，不怕慢，就怕站，人就是那样，越待越懒，越懒越想待。”爷爷一着急把心里的实话说了出来。

“没想到你人不高心眼儿倒不少，鬼精鬼灵的。”三姑娘一夸，爷爷更不好意思了，脸上火辣辣地烫，低下头玩着手上的老茧半天不知道说啥好。

“那你到底累不累呀?”

“都是打娘胎里生出来的，哪能不累。”

“就凭这句话，我就佩服你是个爷们儿。”这时候三姑娘倒不好意思了，低下头玩起了衣角。半天才说：“长时间不站起来歇歇腰，你的腰不酸、不疼吗?”

“回家腰酸得不行，有时候左边腰还疼。”

“哪里？让我看看……”

“没事的，晚上回家睡火炕多烙一会儿就好了。多谢三姐的照顾，还不嫌我们李家穷。”

“看你说的，把我说成什么人了。”

“我说的都是真心话，多亏你每天不是多给个窝头就是多一个黏豆包。”

“说这些干啥，别让人知道，不好……”

“嗯哪!”我爷爷点点头。

他们俩人正说着，不远处的太爷大声地咳嗽了两声。大声说：“凤云呀，歇差不多了，再不麻溜点干活，就得摸黑收工了。”

爷爷长长地“嗯”了声，慢吞吞地离开了三姑娘。

晚上回到家，太爷的脸上布满了乌云。他大声地吼道：“不要异想天开了，你是一个刚扔了打狗棍的叫花子，知道吗？人家那是财主的姑娘，千金小姐!”

“我不管这些，我只知道她喜欢我。”爷爷头一次和太爷犟嘴。

“你那是癞蛤蟆想吃天鹅肉，刚刚吃上几天干饭，就找不到北了。”太爷越说越激动。

“我就是癞蛤蟆了，只要她愿意嫁给我，我就敢娶她!”

那一天是爷爷有生以来第一次和太爷吵了个天昏地暗……

爷爷红头涨脸地立了誓，一定娶宋家三姑娘过门当媳妇。

太爷酒喝得多了点，说了许多从前的事儿。我们李家到杨树林屯儿时，房无一间、地无一垄，住的房子是租的，太爷领着两个孩子过日子，宋家财主一开始不让爷爷和三姑娘来往。

这地方荒芜，没有几户人家。时间一长，宋家财主觉得咱家人特别老实能干，人又厚道，也就睁一只眼闭一只眼了。慢慢地宋家对这对年轻人相好只能认可了。

春风起，秋叶落，转眼又过一个金秋十月，爷爷高高兴兴地娶了宋家三姑娘进门，她就是我奶奶李宋氏。结婚的时候屋子空空的，宋财主家陪送了一套铺盖，就算奶奶的嫁妆了。

我们家就这样，靠一双双勤劳的手，起早贪黑辛勤劳作，一家人在杨树林屯儿扎下了根……没过几年，大姑奶经媒人提亲，嫁给了离杨树林屯儿不远的一家姓赵的大户人家。听我二姑说，太爷健在时，大姑奶每年都拎着礼品回来探望；爷爷奶奶在世时，赵家的大表哥逢年过节也经常来我家串门。大表哥人长得白白净净、斯斯文文，一看就是有钱人家的少爷。爷爷奶奶过世后，两家慢慢断了联系。

闹土匪

我爷爷李凤云和奶奶李宋氏一共生了六个孩子，三男三女。两三年的时间我们老李家就在杨树林屯儿租了地主家十几亩地，基本上解决了全家人的温饱，但春荒时还只能吃糠咽菜。奶奶辛勤劳作、勤俭持家，积劳成疾，于 1938 年扔下爷爷和六个儿女去世了，享年 40 多岁。从此，爷爷再也没找媳妇，一心一意拉扯一帮儿女，一位辛勤了一辈子的庄稼汉，日出而作，日落而息，就这样顽强、艰辛地生活在杨树林屯儿这片沃土上……

我曾经问过三姑，解放前家里最难的是什么时候？

三姑寻思了一会儿说："咱们李家特别是你太爷、你爷爷都是老实巴交的庄稼人，一辈子不会别的就会种地，谁咱也不敢得罪。可是'光复'后就乱套了。"

"不就是 1945 年 8 月 15 日日本战败投降吗？"我问道。

"对，小鬼子完蛋了，伪满洲国倒台了，那些汉奸傻了眼，咱们这里比安达县城里还乱，到处都是土匪。让这些土匪搅得人心惶惶，老百姓不得安生！"

"咱们杨树林屯儿也来过土匪？"

"'光复'那一年秋天，来了一支几百人的马队，是个大帮胡子，四梁八柱都全，人马都挺硬的，把咱们屯儿围得水泄不通。一共待了三天，听说把咱们这儿的三个大户都给砸窑子了。大姑娘小媳妇也祸害了不少，那个惨呀！我们李家当时趁夜黑、没有月亮，贴着草棵子往村外摸，摸黑走了七八里路，一直逃到你二姑家，我的右脚特别疼，一看鞋早没了，整个右脚肿得跟猪蹄子似的。"

我查了查安达县史料。1945 年 8 月 15 日"光复"后，安达县出现了权力真空，伪满宪、特、军、警等许多都拉杆子成了土匪。在东北土匪帮也称胡子、绺子。土匪总头目叫大当家的或大掌柜的，在内部则称大哥或大柜，二头目就叫二柜。以下则设四梁八柱。四梁又分里四梁和外四梁，合起来就是八柱。里四梁设有炮头、粮台、水香、翻垛的。下面的匪徒则称作崽子。想当炮头管事儿，必须枪法准，关键时刻能一枪定砣，而且还要心狠手辣。粮台则是负责土匪内部吃喝玩乐的。水香是里四梁里的第三把交椅，负责站岗放哨、巡查守夜等。翻垛的则是指土匪里的军师，由于土匪大多数都迷信，所以担任此职的都是会算命的，不但懂天文地理，而且还会卜卦，如遇险情由他祈求神灵指点迷津。

土匪里的外四梁则是指秧子房掌柜、花舌子、插千的、字匠。有的土匪窝里还设稽查和马号。马号就是专职管马匹车辆的。秧子房也称票房子，是关押人票的地方，主管人叫秧子房掌柜。花舌子是外四梁里的联络员，负责给人票的亲人家属送信、讲价，按大掌柜的“旨意”千方百计从票户家弄出钱来。干花舌子的这一行一要查明被绑人家底数，二要能言善辩，善于伪装，让票家拿钱出血。外四梁的老三是插千的，也称稽查。这种人不但要胆大心细，而且要精明强干，善于勘察砸窑的目标、路线等，他的素质往往决定了行动的成败。字匠主管文墨，是八柱中最后一把交椅。

“三姑，你见过土匪吗？”

“那次在你二姑家一口气住了七八天，啥事也没有，你爷爷和你大爷就张罗着回家，总在人家住也不是个办法。你二姑家是有点钱，可这一大家子人又吃又喝的，那几天你爷爷嘴上都是大泡，那火上的。说来也巧了，他们走了第三天，三更的时候，就听你二姑家大院子点了灯笼人喊马叫的，我当时才十几岁，找个小缸就钻进去了不敢出来。你二姑慌忙给我盖上缸盖，上面放上杂物。那一晚上折腾的，你二姑的老公公骨头硬，铁公鸡一毛不拔，几个棒子手拿着一米多长树杆子，没鼻子没脸地往死里揍，差点打没气了。后来大当家的急眼了，从腰间抽出盒子炮放了几枪说，给你们五分钟时间再不开口就杀人。你二姑的老婆婆一看要出人命，才说出家里装金银财宝的箱子，这帮绺子才肯罢手。他们把金银财宝拿到手，一看天已经要亮了，才慌慌张张地骑上马开溜，有几匹马上骑着两个人……二姑家才知道，这是一个只有十来个人的小绺子，没有多大能耐，就能欺负一般人家的老百姓……

“直到共产党的队伍过来，打土豪、分田地，把土匪铲除得一干二净，要不说共产党为咱老百姓净干好事儿，叫咱们从心眼儿里往外竖大拇指，那叫一个佩服！”

听我三姑讲，跑胡子之后，很快就来了共产党的军队，还有武装工作队，我的家乡解放了。土改工作队进驻杨树林屯儿后，打土豪、分田地，贫苦农民翻身做了主人，我们李家也分到了田，种上自己的土地，成了真正的主人。我父亲不但参加了革命，还成了村干部。长大后才知道，我父亲当时是村里的民兵队长，从此在共产党的领导下，我们家的日子过得一天比一天好。

念 书

共产党来了以后，日子开始好起来，爷爷开始寻思孩子读书的事情。这时候大爷家的大儿子李永贵已经八九岁了，爷爷决定让他去学校念书。

那时候我们李家还没有多少钱，我们这离安达县城比较远，离杨树林屯儿最近的小学也有七八里路，全家人都反对让孩子上学。

爷爷李凤云对大爷说：“书必须得念，人如果不识字，那就和睁眼瞎子是一样的。今后新社会你要不识字、不读书，你就是在农村刨土坷垃都不顶一个，不信的话就试试。我和你爷爷、你大姑到东北逃荒，如果不是遇到私塾张先生这么个好人，那我们一家人拼死拼活地干到现在，也还是金大善人家的佃户，说白了就是奴隶。不识字，人家怎么摆弄你怎么是，把你卖了你还帮人家数钱，谁让你是睁眼瞎了？”

爷爷在家里一言九鼎，说到做到，过不长时间，就让大孙子李永贵上学。为了确保万无一失，规定我三姑每天的任务就是接送他大孙子上学、放学，而且一天都不能耽搁。

多少年后，我三姑李春兰说起我爷爷还一肚子怨气：“你爷爷这人哪一点都好，我们都感激他，你奶奶去世早，他带我们六个孩子相依为命，左邻右舍的一有人给他说后老伴，他就一晃三摇头，说我家里这一大群孩子就够我忙活的了。”

“那你还说我爷爷不好。”我说。

“一码归一码，你爷爷可偏心眼子了。”

看着三姑愤愤的样子，我佯装不知地又说了一句：“怎么了？”

“我比你大哥就大三四岁，凭什么不让我上学？就让男孩子上学，李永贵上学走不动了，还让我天天背着他上学，这是典型的重男轻女。如果你爷爷让我上学读书，我今天说不定干什么呢。”

三姑对爷爷不让她上学这件事儿，心里一直有怨气。

三姑说，她每天早起吃完饭，就背着李永贵大哥去六七里路远的学校上学，春、夏、秋、冬的没少受苦。大哥只比三姑小几岁，那时候，三姑比较瘦，也没多大力气，也真够辛苦的。听三姑说，冬天背不动了就拉着爬犁。夏天三姑就给大哥带点他喜欢的好东西，一块糖、一个树枝口哨，哄着他自己走……

光阴似箭，日月如梭，多少年过去了，全家聚会一说起这事儿，大哥李永贵就对他的儿女们说，一定要对三姑奶好点，我今天学的这点文化和你三姑奶的辛劳是分不开的。

我们李家虽然穷些，而且还生活在农村，但从那时起家长们就特别重视孩子的教育，包括我、我的女儿……李家的家风也一直传到今天。

熬　碱

杨树林屯儿周边有许多湿地，许多地方都是白花花的盐碱地，由于这一地区位于松嫩冲积平原上，每年春、秋、冬大风一刮，湿地里的水年蒸发量大于年降水量，于是便形成了成片的盐碱滩。滩涂里除长有一些耐碱的草类植物，其他植物不生长。听我姑姑说，大水泡子里的土碱，那可是帮了杨树林屯儿穷人的大忙了。那是我们家生活离不开的宝贝，家里日常的洗脸、洗头、洗衣被、洗碗，都用土碱。就连煮苞米碴子粥、蒸馒头、贴大饼子都离不开它。

听三姑说，有一次，她吃窝窝头大口大口地吐酸水，可难受了。瞧大夫又没有钱，爷爷就掰一小块碱，放在水里融化后，她喝了以后就好多了……

三姑说最难忘的是1947年冬天的十一月底，天天到杨树林屯儿的大水泡子冰面上去扫冰碱，回来和我爷爷说泡子冰面上的冰碱花开得可好了，有的开出几寸长。

爷爷说："三丫说话不靠谱，净在那瞎白话，从在杨树林屯儿安家到现在，也没见过那么大的冰碱花。"他这么一说，三姑委屈得那顿饭都没吃好。爷爷说："十多岁都已经是个大丫头了，干什么事情儿得有点稳当劲，扫点冰碱干点活就想要工钱，这要以后有了婆家多烦人呀！"

三姑那一天不但饭没吃，还委屈了半宿，就说我爷爷不去大水泡子看看，还埋汰人。因为冰碱花这事儿害得一家人一晚上都不愉快。

第二天一大早，爷爷放下手里的活计，特地走到大水泡子一看——可不得了了，冰面上的冰碱花有好几处近半尺高！回来赶紧喊大爷、父亲、三姑，一时间全家动员都去大水泡子冰面上扫冰碱。大家干得热火朝天，干了能有一个来月，一直到把冰面上的冰碱基本扫净，全家人才支起家中的大锅、小锅、缸、大盆熬起碱来……

三姑说，那次熬碱发了一笔小财，爷爷一高兴，杀了家里一口大猪，全家人一起吃了好几天猪肉炖粉条，还包了好几顿饺子。她从小长这么大，过大年也没吃到这么多的好东西。看看一家人穿得破破烂烂、盖的大窟窿小眼子的破被子，我父亲和全家人一合计，干脆一狠心买点白花旗布，买点棉花，衣服全都换成新的。每当提起扫冰碱这事儿，三姑都滔滔不绝、眉飞色舞的……

长大后我才明白，冰碱这东西主要是产在碱泡子的边缘。产碱期是在碱泡子封冻后下雪前这段时间。分布在碱泡子上的冰碱呈霜或碎雪状。这冰碱也不是什么时候都能扫到，经常扫冰碱的人已经总结出规律，下雪不能扫，太阳出来了扫不到，刮西北风扫不到。只有不下雪，刮东南风，趁着没出太阳时才能扫到。冰碱产量较高，一般情况下，把原碱扫回后，将已经形成碱牙子的土碱放大锅里溶解，淘净泥沙后，再把锅灶点燃，将柴草不停地往锅下的灶膛里送，灶膛里“噼噼啪啪”的响。红红的火焰燎着锅底，锅里的碱水开始慢慢地发出“滋滋”的声音，蒸汽慢慢地蜿蜒升腾，然后拿洋叉、铁锨搅拌着碱牙子，直到锅里能见到离析出来的晶莹的结晶体，装到其他容器里，再凝固后即是成品碱，之后放到仓房制成碱坨。

小时候，杨树林屯儿这地方的人们，守着含碱量高的碱泡子和碱草甸子，多数人家不但不会去花钱买碱了，而且自己熬的用不了的碱坨也多被供销社收走。那时杨树林屯儿的土碱是不愁销路的。但是现在不行了，水泡子含碱量逐年下降，水里面已经有小鱼小虾了。

第二章 童年

元宵节祭祖

母亲说，生我的那一年杨树林屯儿雪下得特别大，天气特别冷。按中国人的传统，特别是在东北，进入腊月家家户户的主妇就开始准备年货要过大年了。1954 年 1 月 24 日，按农历算我是属蛇的，老百姓的通俗说法是属小龙。

虽然全家人每月就靠父亲那几十元的工资生活，日子紧巴了不少，但即使是这样，我一出生一家人也非常高兴，因为在我前边还有两个孩子没有存活，而我又是一个男孩。那时候在中国传统的观念里一定要有个男孩子，懂点事后的我经常听父母唠叨“不孝有三，无后为大”等一些老话。特别是在农村，杨树林屯儿这里也是一样。

每天一早父亲就上班了，母亲在家里忙着喂猪、鸡、鸭，烧水、做饭、缝缝补补的，总有忙不完的活。我一哭闹，母亲就得放下手里的活，忙活襁褓中的我。从我记事起，母亲就是这样忙忙碌碌为这个家操劳着……

朦胧记得我刚会走的时候，母亲一忙家务，我就跑出去和小伙伴们在院子里玩耍。和大点的小伙伴们玩的时候，他们有时候就把我放到院子里的土墙上骑着。一米多高的黄泥土墙，幼小的我骑在土墙上下也下不来，直到我大声哭着、叫着，大人才把我放下来。一下来，我就不停地在院子里四处乱跑……撒欢的感觉十分快乐，我就这样自由自在地疯长着……

稍稍长大一点，也就四五岁的样子，我记得冬天里穿上母亲做好的棉鞋、棉衣、棉裤，戴上狗皮帽子、手闷子，拉着父亲做的小木爬犁来到我们屯头的水井边。

冬天的东北大地滴水成冰，全屯每家每天无论早晚都拉着爬犁、水桶来到水井取水，时间一长这里的冰越来越厚、越来越大，形成了一块天然的溜冰场，而且离水井越近，冰就越厚越高。我们一群小伙伴一跐一滑、踉踉跄跄地拖着爬犁走到井台高处，然后再坐着爬犁滑下来。有时候后面的小伙伴使劲一推，我们就风驰电掣地滑出很远，有时候坐歪了、没滑好爬犁翻了，我们就连滚带爬、四脚朝天地溜下去，换来的是身后小伙伴一串串的笑声……

记得小时候，我特别喜欢过大年，从腊月三十过到正月十五。刚进腊月母亲就开始准备年货，那时候家里不富裕，但粘豆包、冻饺子、白面馒头准备了半缸。等到元宵节的时候，家里的好东西就吃得差不多了。

小时候过元宵节真幸福啊！其中最重要的就是吃元宵和汤圆。据说在关里，唐朝历史上就流行元宵节吃元宵和汤圆。

元宵节这一天，杨树林屯儿非常热闹，最有意思的要数东北大秧歌。据说扭秧歌是在清朝康熙年间，由流放的囚徒中的艺人、文人，将湖北的莲花落、河北的二人台、江苏的昆曲等戏曲歌舞带到东北，在白山黑水间传播，在东北黑土地上流行。这种歌舞活动与东北人民的热情浪漫结合在一起，形成了独具稳、梗、翘风格的秧歌舞，特别是渐渐成型的秧歌音乐，那锣、鼓、镲、唢呐等奏出的热烈而欢快、谐趣而颠浪的曲调，令人过耳不忘。在东北，无论农村，还是大、中、小城市，过年的时候，扭秧歌的遍街都是，一对一对地比赛着，谁扭得浪，谁高跷踩得好。我和小伙伴们点燃早已准备好的鞭炮、花筒、哧花……“噼里啪啦”“嘭，嘭，嘭”“哧，哧，哧”，整个街道顿时云雾缭绕，天空上撒满了五彩缤纷的花朵，十分绚丽多姿，我是看这儿怕错过那儿，直看得我眼花缭乱、应接不暇，不知不觉地沉浸在这浓浓的喜庆之中……

天擦黑时，我和小伙伴们玩得还没尽兴，家里的大人们就来喊，让我麻溜地回家吃饭，因为我是家中男孩子的老大，得到祖坟上坟灯。

上坟灯，是祭祀先人的一种仪式，有一种说法是为了让死者找到回家的路，所以在正月十五到祖坟上为死去的亲属送灯。我听父亲讲，我们李家有“正月十五大似年”的说法，就是过年可以不回，但正月十五必须回，给祖宗上坟点“长明灯”。

20 年后，我从一本民俗史书了解到，这习俗据说是从明朝开始的。乞丐出身的朱元璋当皇帝后，思念穷苦一生的母亲，内心十分愧疚，深深地怀念逝世的母亲，就在元宵节这天去故地找他母亲的坟，但没有找到。于是他下命令，在当地附近每个坟前点了一盏灯，然后挨个儿坟头不停地磕头、叩拜，命令手下观察如果哪个坟前的灯没有灭，哪个就是他母亲的坟，那是母亲的灵魂在显灵。为了纪念孝子朱元璋，弘扬中华民族的传统孝道，每年正月十五元宵节这天，老百姓们都给故去的亲人送灯。每年正月十五的团圆饭都在三点半前结束。团圆饭那么早结束的原因有两个：一种说法是，“吃完十五饭，去把庄稼活干”。十五的饭一吃，意味着年也就过完了，该下地干活或是上班了。还有个原因是，吃完十五团圆饭后，要去给故去的亲人送灯。

在村子里，各家各户都有自己的坟地，一个姓氏的坟地基本聚集在一起。我家的祖坟地就在杨树林屯儿外不远处，那里埋着我的太爷、爷爷、奶奶等我们李家的先人……听父亲说，我奶奶李宋氏是 1938 年阴历七月病故的，我爷爷李凤云是 1951 年去世的，阳历 2 月 12 日，即阴历正月初七。

吃过元宵、饺子，我和父亲拿着母亲准备好的上坟用品，一个满满的麻袋放到爬犁上。戴好狗皮帽子、棉手闷子，穿好棉鞋，我坐在爬犁上，父亲拉着爬犁直奔杨树林屯儿外的祖坟地。

元宵节虽然已经是七九、八九了，但大庆这地方还是冰天雪地，当地的老人们常念叨“七九河开河不开、八九雁来雁不来”。特别是夜晚，西北风一吹，旷野大地小凉风冷飕飕的，走了一会儿，有一里来地，我也不愿意坐在爬犁上了，脚和大腿都冻麻了，我一跐一滑、跌跌撞撞地跟在父亲身后一溜小跑着，身体渐渐地暖和一些。现在想起来，小时候的天气真冷，得有零下 30 多度。

到祖坟地，父亲和我拿起事先准备的铁锹，把太爷、爷爷、奶奶等先人坟上四周的积雪蒿草打扫干净，然后摆上从家里带来的供品，有馒头、蛋糕、油炸果子、苹果等。

点上香后，父亲在庄重的气氛中开启上坟仪式。他先在坟头上压上三叠坟头纸，正中一叠，两边分别一叠。意思是，儿孙们来看望祖先了，也表明这座坟有后人，也就是后继有人。来来往往的过路行人看到坟头压纸后，就知道这坟还有后人。

我和父亲开始点灯，以谁先点燃为吉利。往坟地送灯的人，点灯时必须用自己的火柴，点灯时要边点边说：正月十五来送灯，送金灯、送银灯、送铁灯，有儿坟前一片明，无儿坟前黑洞洞……这个过程在我们老家叫“发亮”，接下来烧纸。然后，大人小孩们磕头，说想念的爷爷、奶奶、父亲、母亲各位祖先，今天是正月十五，不肖之子李春荣带领孩儿来看你们来了……父亲跪在那里嘴里叨咕着，磕了三个响头，然后是我跪下磕头。

父亲这时候一脸严肃一个劲儿地催我：“勇库，你是家里男孩老大，你对太爷，爷爷、奶奶说点啥吧。”

我那时候已经 7 岁了，就把往年说的话重复了一遍。想念太爷、想念爷爷、奶奶等，心里想他们这些祖宗我一个也没见过呀……

记得有一次和大爷来上坟，我问大爷为什么要上坟祭祀太爷、爷爷、奶奶。

大爷随口说道："这是咱们老李家的血脉之源呀！想当初，你太爷、爷爷、大姑奶三人是挑着担子来东北的，一路上挨饿受冻就别提多难了，这大西北风的把他们冻坏了，那罪遭的……然后，才有我们、你父亲、你，你看看我们老李家现在人丁兴旺，是几十口子的大家庭了，凭这一点你就得感谢给你生命的祖先……"听了大爷的一番话，似懂非懂的我点了点头。

送灯后回家的路上，看到杨树林屯儿几乎家家送灯，那景象十分壮观，到处是熙熙攘攘的人群，路口、野外坟地一片灯火通明，大草甸子上的灯闪闪发光，一片片、一串串，像天上的星空。

完成了送坟灯这件大事后，我立刻跑着去找小伙伴，我们这帮孩子成群结队挨家串户，拿着各家自制的灯笼出来玩耍，偶尔还会听见稀稀拉拉的鞭炮声。那时候人们还很穷，大多数人家买不起鞭炮，但节日里人们发自内心地喜悦，也只有这一天，孩子们即使成群结队地走在坟地里也不会害怕。

野鸡进厨房

那一年雪真大，早上父母的说话声惊醒了我的美梦，可我还是不愿意钻出暖乎乎的被窝，母亲已经烧起了炉火，炕越来越热乎。

"你轻点，大冬天的别把门推坏了。"

"还轻点，我都使出吃奶的劲儿了，这门纹丝不动。"

"你等等，咱们俩一起推试试。"

"你有多大劲呀，你还是把大铁锹拿来吧，我使劲别别。"

听了父母谈话，我像只兔子，穿上棉衣、棉裤、棉鞋一下子就蹿到门前，看到父亲拿着大号长把铁锹正在别门，门“吱吱”地张开嘴，却只有半尺多宽。父亲拿着铁锹往外捅着雪，我这才看清，这雪比我们家门都高……

趁着父亲间歇的时候，我说：“爸，让我出去，从外面清雪。”说着我就要从那半尺多的门缝往外挤。没想到父亲伸手一把将我拉回屋：“回屋里待着去，别在这给大人添乱。”

母亲赶忙过来把我领进里屋：“你虎哇，你看这大雪，把窗户都快盖过了。”

我这才发现，我们家的窗户就露出一道不到 20 厘米高的白线，现在想想那场大雪怎么也有 1 米多厚，当时只有 7 岁的我真不知天高雪厚，积雪应该比我还高。过了一个多小时，我就听到父亲和外面的人喊话，原来是离我家几十米远的大爷来帮我们清雪了。

终于我们家的门可以打开了。饭做好了，母亲穿得严严实实拿着清雪工具也出了家门。我推开门，觉得好刺眼睛，揉揉眼睛半天才睁开，一下子感觉好像来到了童话世界里的冰雪王国。放眼望去天地之间到处是白茫茫的雪原，原野、荒草、村庄都变成了银色的世界。我们杨树林屯儿这二三十户就像一个孤岛，更像一艘航行在蓝色天空中的宇宙飞船，家家户户的烟囱里升起袅袅炊烟，景色十分好看。

大约过了一顿饭的工夫，帮助屯里其他人家清雪的父亲、母亲才气喘吁吁、头冒热汗地往家里赶。

父亲就是这样，平常村里谁家有个大事小事，即使人家不找他，他也会主动上门帮人家解决。每次清雪都帮助左邻右舍，还时常拉着母亲一起去。用他的话讲，我是党员，又是村干部，啥事儿不带头哪行，你作为干部家属啥事儿必须得走在群众的前头，大伙儿都眼睛雪亮地看着咱们……退休后他还总是这么念叨：“咱们这代人都是毛主席教育出来的干部，一辈子这样做都成习惯了。”

父亲几十年如一日，无论工作变动走到哪里，都是这样一心为集体、为老百姓服务，废寝忘食，因此胃越来越不好，落下了毛病，直到老年，胃溃疡的毛病折磨了他老人家一辈子。

我蹦蹦跳跳地跑过去帮父亲、母亲拿着清雪工具，还没到家门口就听父亲大声喊："勇库，你这个小兔崽子，你看看大冬天怎么不关门，你是不是嫌家里太暖和了！"

"可不是怎么的。"母亲说着紧跑几步，赶紧进屋关上冒着热气的家门。

父亲刚走到房门前，就看母亲开了一条门缝笑呵呵地说："加点小心，家里进东西了。"

父亲和我轻手轻脚地进门一看，一公一母两只野鸡不知什么时候进了我们家，在锅台边"咯咯咯""咕咕咕"地叫着，一下子把我高兴得不得了，我跑过锅台就去抓野鸡，两只野鸡活蹦乱跳地满屋乱飞，怎么也抓不住。

站一旁的父亲说："你这么抓一上午也够呛能抓住，还是让我来吧，你看它们把屋里扑腾得到处是灰，一地鸡毛。"父亲说着找了个床单把窗户遮上，把厨房的灯关上，一手拿着麻袋，一手拿着手电。黑漆漆的厨房，他拿手电一照，趁着野鸡一愣神的工夫，一下子过去就把野鸡抓住放进麻袋里，另一只也是这样被父亲逮住了，然后拿个大筐把一对野鸡扣在筐里。

吃饭的时候母亲说："我们老李家有大好事了，厨房里飞进了金凤凰。我们未来的儿媳妇不但漂亮贤惠，还会操持家务，到老了你就等着享福吧！"

父亲边吃饭边说："我们共产党人是唯物论者，不信这个，别整天迷信瞎扯淡。"

"本来就是嘛！屯里的老人都这么说。"母亲仍旧小声地辩解着。

“我妈说得对，我也听屯里的爷爷奶奶、大爷大娘们这么说。”我也跟着瞎掺和。

“一边去，吃饭还堵不住你嘴。吃好了赶紧下桌，弄鸡食、喂猪去。”

父亲不耐烦地说了一句，我和母亲都不吱声了。

那场大雪后的第二天，小刀子似的西北风刮起来了。用我们当地话讲，那可真是嘎嘎冷。人们出门浑身上下捂得严严实实，连鼻子都得护好，就是这样在野外走个个把小时，回屋一暖和，脸上一条一条的红印子，刀划似的痛。但这时候，也是我们捡野鸡的好时候。那时候野鸡特别多，大雪天人冻得受不了，野鸡也一样。大雪覆盖大地到处是白茫茫的一片，野鸡什么食物也找不到，饿着肚子没有劲，飞也飞不远。看到野鸡，几个人围追堵截，野鸡被赶急了，就会顾头不顾腚，把头钻雪堆里藏起来。这时候，你可以很轻松地捉到一只野鸡。不过，这大雪天抓野鸡，是一件很艰苦的事，常常冻得手脚不好使唤，我们小的时候，手脚经常挨冻。手脚冻的时候，就是麻，再严重了就没有知觉了。晚上大人回家的时候，看我们经常挠手脚，就知道我们在外面时间长手脚冻了。有经验的父母，就到屋外，装上满满一盆洁白的雪，慢慢揉手脚冻坏的地方，直到通红为止，一连揉几天就好了。

近些年国家禁猎以后，杨树林屯儿也和大庆市其他草甸子一样到处有野鸡咕咕的叫声，野兔、狐狸、狍子等动物也时常见到，人和动物越来越和谐了。

几十年前的家乡，土地肥沃、地大物博、物产丰富。真是像人们说的那样，棒打獐子瓢舀鱼，野鸡飞到饭锅里。这一切都是我亲眼所见，至今回忆起来历历在目，就好像是昨天发生的事情。

萨　满

那一年我已经五六岁了，一天我们玩到很晚，晚上七八点钟的时候，几个比我大一点的孩子嘀嘀咕咕的，我恍惚听了他们说话的大概，说前屯有什么西洋景。就是当地话，有点好看的事儿。好奇心的驱使，我就稀里糊涂地和这帮小伙伴们一起去了。

连跑带颠地跳过这家的土墙，扒着他家窗户一看屋里黑乎乎的，只见蜡烛一闪一闪的像忽明忽暗的坟头鬼火十分瘆得慌。我们看见里面有一个人，边哼唱边有节奏地敲着单面鼓，另一位在地中间来回边舞边走，那场景十分吓人。有几个小伙伴怕晚上做噩梦就悄悄地溜走了。我本来也胆小，可那天不知什么原因竟和那两个胆大的伙伴留了下来……

其中有一位伙伴是病人家的亲戚，我们悄悄推开门进屋了。我这才看得清楚，炕上躺着一位年岁大的大娘，痛苦得不停地哼哼，二神在打单面鼓哼唱神调，大神在一圈一圈地跳神。大神戴神帽，上面插满了野鸡翎，腰间的铜铃扭得叮当响。嘴里哼唱着：

日落西山（哪）黑了天（哎哎呀）
日落西山黑了天
家家户户把门关
喜鹊老鸹上大树
家雀布鸽奔房檐
大路断了车和辆
小路断了行路难
十家就有九家锁
只有一家门没关
烧香打鼓要请神仙（哎哎呀）

我越看越觉得大神有些眼熟，仔细一看，这不是屯里的张神匠嘛！大家都知道他能治病，谁家里有个头疼脑热的都找他。

随着单面鼓的节奏越来越疯狂，张神匠唱得越来越快，到后来控制不住抽起风了，一会儿又口吐白沫……那场面确实有些阴森森的。多年过去了，我还记得这第一次看跳大神的场景。

长大后我知道了，原来他们叫萨满。“萨满”一词也可音译为“珊蛮”“嚓玛”等，源自通古斯语与北美印第安语，原词含有智者、晓彻、探究等祭祀仪式之意，后逐渐演变为萨满教巫师。

萨满教是原始宗教的一种，始于史前时代并且遍布世界。在我国公元前很早就有，主要是北方少数民族匈奴、突厥、鲜卑、辽、金、蒙古、清等都信萨满教。萨满在政治、军事上都起着一定的作用，凡战争或其他处于犹豫状态的事件，最后要取决于萨满。萨满必须具备许多知识，能够观察事物的发展，预测未来，敢预言吉凶。

记得看完张神匠跳大神后，那天晚上我有些睡不着觉。一闭上眼睛，屋里黑乎乎的“房扒儿”上都是些狐啊仙的，鬼怪们群魔乱舞，耳畔大神身上的腰铃、二神手中的单面鼓响个不停，这一宿都没睡好觉。第二天早起，母亲看我脸色灰呛呛的，问我怎么了？是不是病了？我把昨晚看跳大神的事情说了，结果让正在洗脸的父亲听到，把我狠狠地训了一顿。他说跳大神是封建迷信，让我今后再也不要去看这些东西了。

多年以后我才知道，这是北半球所有通古斯民族都信仰的原始宗教。今天全世界已经有许多专家学者在研究它……

看见铁人王进喜

记得第一次看到铁人王进喜的时候，我还没有上学，有一次我和几个小伙伴在萨尔图铁东玩耍，远远地看见一个学校的操场上搭起了一个非常大的台子。我们都跑过去看热闹，到那里一看，戴安全帽、穿工作服的工人很多。大台子上面坐着很多领导，有的领导在大喇叭里面讲话，主席台上下红旗招展、锣鼓喧天的。

我跟着几个比我大的孩子站在两百多米外的地方怎么也看不太清楚，

就往前凑凑，大约有 50 米的样子，就有人拦着不让靠前了。这时候，就听锣鼓一下子特别响了起来。紧接着身披大红花、骑着大马的队伍走到我们面前，他们精神抖擞、十分神气。只见他们威武豪迈地骑马绕场一周，走到哪里，哪里都会出现一片欢呼声、一片热烈的掌声……

我心里特别羡慕，梦想长大了也像他们这样露露脸，给我爹娘争争气，省着父亲总说我是小崽子、贪玩没正事儿。

回家以后听大人们说，是表彰那些骑大马的工人的，那位骑马、戴大红花队伍里领头的就是铁人王进喜。后来通过查阅资料才知道，那天是 1960 年 4 月 29 日，是大庆石油会战的万人誓师大会。

从那时起，我记住了他的名字，脑海里刻下他那高大的形象，我暗暗地下定决心，今后做人就要做铁人那样的人。

上学后，学校在萨尔图街里（现在大庆市市区），但每到假期，少年的我内心像长了草一样，早已经飞到十几里外老家杨树林屯儿的大水泡子、大草甸子里，那里有长鸣不停的蝈蝈，有一跳几米的蚂蚱，有“嗡嗡”巡水的大蜻蜓，有美丽翩翩起舞的丹顶鹤，有戏水的鸳鸯、水鸭子……最重要的是有童年的小伙伴……

小学一年级时，刚放暑假，我就一个人跑到杨树林屯儿大爷家串门，什么老师布置的暑假作业、父母叮嘱好好学习的话，都抛到九霄云外去了。整天和小伙伴们不是到大水泡子边玩水，就是到大草甸子玩耍捉迷藏，天天快乐得忘乎所以……那一天，我们这些小伙伴，在大草甸子上疯野了、跑累了、玩饿了。回到我大爷家，刚刚大口地吃上大眼的窝窝头，就看见西屋住着的 1205 钻井队工人们一片嘈杂。跑过去一看，原来钻井队有两位工人受了伤，只见一个大腿上血乎乎的，疼得大声叫着；还有一个头上缠着厚厚的白纱布，陷入昏迷状态。工人们焦急地望着大门外，盼着救护队来。大约过了一顿饭的工夫，才来了一辆大解放车，工人们齐心协力、小心翼翼地把两位受伤的工人抬上车，解放车疾驰而去，也带走了人们焦灼的心。我想起，有一次和小伙伴们玩跳院子土墙的游戏，一位小伙伴不小心摔伤了骨头，那钻心的痛、大喊大叫的场景让我刻骨铭心。他的母亲领着去了医院，说是伤了骨膜得休养好长时间，他走路一瘸一拐的好几个月，再也不敢跳院子土墙了。

那两位受伤工人怎么样了？一个快乐的暑假过去了，也没见那两位受伤的工人痊愈归队。后来一打听，两位工人都抢救过来了，只是说伤筋动骨得养一段时间才能痊愈。

听大爷说，夏天还好，一到冬天，冰天雪地，几十米的钻井台，工人们爬上爬下，铁架子上面都是冰雪呲溜呲溜的滑，一不小心从钻井台上摔下来，不是死，就是重伤。可面对这些困难，铁人王进喜和他的队友们都无所畏惧、不怕艰苦，凭着那股“有也上，无也上，天大困难也要上”的狠劲猛劲，打赢了石油会战这场硬仗，靠着铁人精神，让新中国甩掉了贫油的帽子。

铁人的第一口井打在杨树林屯儿，打在我儿时的记忆里和成长的道路上。随着渐渐长大，我不断加深了对铁人精神、大庆精神的理解，不断加深了对国家、集体、个人利益的理解。我把铁人王进喜作为自己学习的榜样，立志用铁人精神引领自己的人生，以此战胜人生道路上可能遇到的各种艰难困苦，为了国家、集体的利益不惜付出自己的一切。

第三章 父母及姥爷姥姥

父亲母亲

我的父亲李春荣1926年农历八月十三出生在杨树林屯儿。在我儿时的记忆中，父亲总是特别的忙。听长辈们说，我父亲1947年就参加革命了，在杨树林屯儿搞土改，当民兵队长，然后当村长，几年后当上三发乡副书记兼三永村党支部书记，这时候我们家从杨树林屯儿搬到了万宝屯，也就是今天大庆市政府所在地，屯里有三四十户人家，离火车道很近。

我的母亲冯玉芳1928年农历五月二十六出生，19岁和我父亲成亲，为李家操劳了一辈子。

听姥爷讲，那是新中国成立前的一九四几年，姥爷得了伤寒病在家里躺了几个月，那年月伤寒病像瘟疫一样，人们知道了顶风躲80里还嫌近。

姥爷说："那几个月可把我糟蹋坏了，我大门不出、二门不迈，天天浑身热乎乎的，打冰凉冰凉的井水冲身体还嫌热。在家里躺着不出去、没人说话，只有躺在炕上等死了。这时候你六舅爷拎瓶散酒小烧、二斤槽子糕来看我，把我感动坏了。在酒桌上喝酒的时候，我就把大闺女冯玉芳托付给你六舅爷，让他给找个好人家。就这么的，你父亲李春荣和我闺女也就是你母亲结成了娃娃亲。没过几年，他们就结婚了。”

父亲那时起五更爬半夜总是在忙工作，家里的事情一点也指望不上，生活重担全落在母亲身上。

不到两年时间父亲工作又有变动，调到萨尔图区工业科工作，还兼区里的红砖厂书记，我们家也随着搬到萨尔图。听父母讲，那时候大庆石油会战轰轰烈烈，整个大庆油田地区就这么一家红砖厂。油田为加强对红砖厂的领导，专门成立了指挥部，总指挥是赵海署，父亲和一位姓史的厂长是指挥部成员。随着油田的开发建设，红砖厂在短短一年多时间里职工就从几百人发展到两千多人。

我们家的一位远房亲戚也通过招临时工来到了红砖厂，可是干了不到半年就累跑了。大庆油田会战初期，所有参加会战的人都是战天斗地、加班加点、废寝忘食地工作。一年多的时间，红砖厂这两千多工人能坚持下来的都转为了正式工人。我家的那位远房亲戚半路当了逃兵，又回农村老家种了一辈子地，再也没有进城当工人。几十年后我去看这位兄长，他还为这事儿后悔，说这辈子失去了唯一吃“公粮本”的机会。

人这一辈子就是这样，紧要时候遇到苦难咬咬牙关坚持一下，就会有另一番天地。

记得我们家搬到萨尔图居住后，住在区政府院外一条长长的胡同的最外面。

一次我刚气喘吁吁地跑出胡同就看到我的同班同学王荣。

“勇库你怎么了，天天气喘吁吁的?”

“没什么，怕上学迟到!”

时间长了，王荣看我每天都是这样，就感觉很奇怪：“勇库不对吧，你怎么天天气喘吁吁的?”

我和王荣已经很熟了，就把实话说了。原来我们家刚搬到这里时，胡同里面一家死了人，设置灵棚天天吹吹打打响个不停，白天、晚上的十分瘆人。再加上自己上学、放学的路上一个人孤单，因为害怕，走得就比较快。王荣说，以后我们做伴儿一起走吧！王荣只比我大两岁，个高我将近一头，我一下子有了依靠。从此，我们天天结伴上学、放学。他这人非常厚道，待我像兄弟一样，在生活上关心我，在学习上帮助我，就是平时我们一起玩弹溜溜球、扇啪叽、玩烟盒等他也偏向着我……

多年后，再见到王荣时他已经在大庆炼油厂上班了，我们彼此认出了对方是儿时的伙伴儿，一下子亲得不得了……

后来，父亲从萨尔图工业科兼红砖厂支部书记转到龙凤办事处（当时是正处级单位）工作，任公安特派员，但当时家还没有搬，仍在萨尔图区居住，后来龙凤办事处撤销，干部派往省内各地，据我父亲讲主要是煤矿区，七台河、鸡西、双鸭山、鹤岗等地，因父亲身体不好就没有去，可以选择的单位只有新组建的龙凤公社。父亲选择到公社任职，主要还考虑我的二姨夫是当时新组建的龙凤公社所在地铁东大队的党支部书记，我姥爷也能随迁铁东大队。姥爷虽然是萨尔图区的城市户口，但养了几头奶牛，铁东周边有草原，而且奶站又离得近，加上姥爷没有儿子，只有三个姑娘，又都在一起，互相照顾也方便。这样我家在 1965 年从萨尔图搬到了龙凤公社铁东大队，并和姥爷一家一起住。当时的一栋房五大间，二姨夫家住两间，姥爷和我家各住一间半。另外，东边有一个牛舍，西边有一个仓房，中间是一个大院子，院外西头有三亩地，是二姨夫家菜园子，姥爷在大西头也开垦了几亩荒地种牛饲料。“文化大革命”开始后，父亲被打成“保皇派”，关进了公社招待所，和“当权派”在一起集中学习、集中劳动、集中反省，一待就是几个月。有时还会出来参加批斗大会，接受批斗。参加批斗时还要戴“铁帽子”，用钢筋焊成的铁帽子十多斤重，周边糊上纸并写上“铁杆保皇派李春荣”。因父亲有胃病，有时也会允许家里给送点吃的。后来由于父亲胃病严重，就允许回家住了，但有批斗会还要去接受批斗。在我的记忆中，家里人天天担惊受怕，不知什么时候接到通知参加批斗大会。父亲胃病疼痛难忍，经常反胃吐酸水，有时一点东西也吃不下，特别是逢年过节，大家看着他那个样子，都吃不好、睡不安。

后来父亲平反了，被安排到公社卫生院任院长。卫生院是他一手组建的，组织盖起一栋约3000平方米的公社卫生院，在医院一干就是五六年。后来公社搬到龙凤公社保田二队，父亲又被抽去当基建办主任，由于病情加重，父亲住进炼油厂医院做胃病手术，手术后效果很好。1974年我被提拔为公社领导，为了回避，区里将我父亲调到龙凤区生活科工作，后又被安排在机关党委任工会主席，一直到退休。

父亲退休后，我已任大庆市政府副市长，当时我想接父母跟我一起住，他们不肯，后来到了在大庆乙烯化工厂工作的几个弟弟妹妹那里去住。他跟我讲，你工作太忙，我不给你添麻烦，你好好干工作，我去你弟弟妹妹那里，有什么事他们也能照顾我们。

父亲2003年农历三月份去世，享年78岁。父亲为人厚道、待人真诚，与任何人相处都是实实在在的。我记得当时铁东三队有几个老人和他处得很好。如保管员赵海楼是参加抗美援朝回来的残疾转业军人。还有一个叫李希友的老人，他儿子叫李春林，是一名教师，与我父亲是好朋友，兄弟相称。我父亲把他父亲当作自己的父亲对待，逢年过节，我家里分大米白面还有什么好吃的，都会安排我妈和我去送，我当时不知道，还以为是亲戚呢，后来才知道只是朋友。

父亲很正直，从来不愿说违心话、做违心事，更不做伤天害理的事。“文化大革命”中被打成“保皇派”，红卫兵头头让他揭发公社党委书记仲玉山。父亲坚持实事求是，说他没有问题，造反派就不让回家，把父亲定为“铁杆保皇派”关起来。

有时看到不公平的事儿，父亲也会站出来打抱不平、说公道话，有时为了替人讨个公道，还与领导和同志发生争执。

父亲一生勤劳节俭、不怕吃苦，不论做什么工作，都是认认真真、勤勤恳恳、兢兢业业的，而且也是一个严谨细致的人。他很节俭，穿着打扮很普通，一点也不讲究，一辈子中山装，一件大襟棉袄一穿就十几年。抽烟喝酒也不贵，我记得，抽烟抽握手牌、葡萄牌香烟，还有经济烟才几分钱一包。喝酒一般不喝瓶装酒，只喝散酒、粮食酒。吃饭也不讲究，只要可口就行。父亲是非常能吃苦的人，那时冬天取暖靠石油，一到冬天他就组织全公社各生产大队去油田拉落地原油回来给各家分，一干就是一个多月。秋天组织给公社干部分秋菜，从地里收获到拉回分给大家，一干也是20多天，起早贪黑。因为他是基建办的负责人，公社两次动迁搬家，都是他组织实施，加起来一干就是四五年的时间。

父亲还是个热心肠，谁有事找到他，只要不违背原则，他都会尽力地去帮人家，而且是分文不取、不图回报。记得有一次，他已调龙凤区机关工作，区里有个干部的亲属，想从外地迁入大庆落户龙凤公社。因为龙凤公社人多地少，而且上级要求我们严格控制外来人口，更何况是吃商品粮的菜农，是非农业人口，还要报市里批准，所以我们严格把关，不能给上级找麻烦，结果他们找到了我父亲。我跟父亲说不要管这事儿，这事不行。他说怎么不行，这是老百姓的事儿，哪级政府都应该管，怎么到你这儿就不行？你说不行我就去找谁谁谁……我说那也不行，我是公社书记我说了算。他说你是公社书记，我是公社书记的爹，我管你，行也得行，不行也得行。当时气得我哭笑不得。后来他真的找区里主要领导说了，这件事没有办法，我们只好下级服从上级。

他退下来后又被政府返聘回去，做工商市场监督管理员，他不仅负责市场监管，而且还帮助个体工商户维权，帮助他们排忧解难，协调解决问题。把事儿办完跟有关领导同志说，这事儿千万别让我儿子知道，他不让我揽事儿。父亲这一辈子就是愿意助人为乐，包括我在大庆任职时，有两个干部因公死亡，他都嘱咐我帮助把他们家安顿好，有些下属家里有什么困难他都告诉我，让我抽时间去看看。

他这一辈子低调严格，有人说他胆小，他当面跟我们说这不是胆大胆小的问题，党纪国法不让干的事咱们就不能干。所以我从参加工作做营业员一直到当市政府领导，只要一回到他的身边，这些话就讲个没完。现在看老父亲这些要求是对的，没有老人家的严格要求和身体力行，也就没有我们李家今天的平安幸福。他对我们一般不发火，有事慢慢说，对自己的哥哥姐姐、弟弟妹妹也是关爱有加，念念不忘。对我的姥爷姥姥恭恭敬敬，对我的母亲也是礼让三分，家里的事很少过问，从来都是母亲说了算，当然母亲对我父亲也是太好了。

他不仅对我们这样，对同事朋友们也是一样。对身边的人和下属非常尊重，而且背后只讲人家优点，从不讲人家的缺点，更没有发现他在工作中有个什么牢骚、怨气和不满，甚至撂挑子的事。

我的母亲一辈子没有文化不识几个大字，嫁到我们李家就没日没夜地操劳，一辈子生了九个儿女，有三个孩子小时因病夭折，辛劳了一辈子，没享过几天福，一生都在劳动。

记得七八岁的时候，我就能帮助母亲喂猪、喂鸡、喂鸭，打猪草、剁鸡食、打柴草、煮饭，这些家里活我都干得十分熟练。那年月父亲每月工资只有 40 多元，根本不够这一大家子人的花销，母亲为了一家人的生活想了许多办法，做过一点小本生意补贴家用。

在我的记忆中，母亲每天不到 5 点就起床，做一大锅苞米糊涂粥，锅上边贴着十来个大饼子，然后再炖一大锅白菜土豆。再不就是茄子、土豆，父亲吃饱上班去了，然后母亲照顾家里的姥姥、姥爷、腿有残疾的老姨，还有我们这一帮孩子。吃完后收拾干净就骑着三轮车装上水果到十几里外的厂区、集市去卖。

春天、秋天还好办些，天气凉爽卖些苹果、桃子、葡萄等，夏天天气热，如果水果一两天卖不出去容易坏。水果坏多了就赔钱，因此母亲每次就得少上些水果，卖光了就骑着三轮车再跑一趟，宁可多吃些苦。实在卖不出去的水果母亲就拿回家里，把烂的地方用刀挖下去，给老人和孩子们吃。

冬天年节将近，是卖水果的旺季。东北的冬天严寒而漫长，但是让中国人欢天喜地最重要的元旦、除夕、春节、元宵等节日都在这个时节。人们买苹果期盼来年平平安安，买冻梨、冻柿子、香蕉等水果期盼阖家团圆……我的母亲却开始遭罪了，西北风一刮，外面嘎嘎冷，母亲虽然穿着大棉袄、二棉裤，头上脚下捂得严严实实，但西北风一刮立马就打透了。

母亲卖的水果冻梨、冻柿子都是冻得硬邦邦的，一个个像石头那么硬，偶尔掉地下摔得直响，球一样滚出很远，她穿着笨拙的大头鞋一跐一滑地追过去，经常在雪地里摔跟头。那一次，我去接凛冽寒风中的母亲，远远地看见她为了捡起地上的一个冻柿子摔了两个大跟头……

母亲有几次很晚回家，我接她刚刚把水果车推到家里，来不及卸水果，她就跑回家里换掉硬邦邦的棉裤。长大我明白了，母亲不是因为卖水果来不及上厕所，而是天气太寒冷，人都给冻得尿裤子了。

过年了，我们吃着母亲买来的鱼肉、水果、蔬菜，换上给我们做的新衣服，点燃买来的鞭炮……一家人心里十分的欢喜。

有一次我帮母亲做饭，看到母亲手上冻伤的裂口处在流血，血水就渗透在菜板上，我说："妈，你得上点药包扎一下。"

母亲说："大冬天在外干活不都这样吗？这点冻伤不算什么事情。"

春节一过，水果卖不动了。母亲又到大庆市被服厂当临时工，做石油工人工作服。孩子们忙着写寒假作业，这时候马上要开学了，母亲利用晚上休息时间抓紧给我们缝补开学穿的衣服，一干干到半夜，有几次我半夜起来上厕所，母亲还在昏黄的油灯下缝补衣服。那个年代家家都是这样，我们家也不例外，男孩、女孩都一样，大的穿过了的衣服、鞋袜给岁数小的弟妹。这时候我作为家中的老大显得格外优越，母亲用针线给我做新衣服、做新鞋子。开学了，我们兄弟姐妹高高兴兴地上学了，母亲的手上不知又新增添了多少被扎破的针眼……

一晃到了70年代中期，我们家所在地龙凤公社搞基建，母亲又去当临时搬运工。她身材比较瘦弱，上有老下有小，吃几口热乎饭就匆匆忙忙地到工地上干活，和青壮年男人一样，这就是我勤劳的母亲……

这几年，病重的母亲只能躺在床上，生活不能自理，作为她的长子，我从心里为辛劳一生高寿的母亲祝福，又为母亲一身病痛自责。2020年11月下旬，93岁高龄的母亲病重，她希望能回到大庆老家，我和弟弟妹妹们商量后，雇了一辆救护车把母亲送回大庆。母亲回到大庆后，精神状态非常好，病情大为好转，我们一颗悬着的心也放了下来。已经退休的我，把主要精力放在陪伴年迈的母亲上，没有特殊情况就待在大庆。2021年6月15日，94岁高龄的母亲永远地离开了我们，她走得很安详，在她深爱的故土长眠……

姥爷姥姥

我的姥爷名字叫冯宝林，1902年出生在山东省青州府，生日是农历正月初五。

我的姥姥1910年5月出生在黑龙江省安达县萨尔图孙家屯，一辈子没有名字。她家姓张，人们都叫她冯张氏，据说张家在当地有许多土地，生活比较富裕。

听母亲、二姨、老姨说，姥爷年轻时就愿意倒腾些小买卖，时间长了积攒一点钱买了一匹一只眼睛的马，到处给牲口多的大户人家拉草料。姥爷十分精明，他和这些家的掌柜说好不要送草料的拉脚工钱，只要按拉脚工钱给的草料。这样他就可以通过卖草料多得一些钱。姥爷的草料质量非常好，再加上他十分勤劳，把草料送到以后，给大户买主码垛码得整整齐齐，时间一长在这一片地方信誉、名声都十分好。

1951 年 9 月，中央要求按照自愿互利、典型示范、国家帮助的原则，采取稳步前进的方针，引导农民走互助合作的道路。当地也开展了互助合作社运动。一家姓荣的养牲口大户人家，在入社前把 5 头奶牛托付给我姥爷，让他代卖。我姥爷把 5 头奶牛牵回家后很快卖了 2 头，把钱给了荣家，人家见他这么讲信用十分高兴。

后来，到处搞互助合作社，买大牲口的人少了，剩下的 3 头奶牛中 1 头母牛还下了 1 头小牛犊。

我姥爷和荣家一说，人家说："现在这形势到处都兴互助合作社，就是你真把牛拉回来也得入给合作社。再说，这么长时间这些牲口每天得吃许多草料。这样吧，咱们这么多年交情，你也帮了我不少忙，这 3 头奶牛和小牛犊子就送给你了，今后你愿意怎么处理那是你的事了。"

我姥爷一听天上掉下个大馅饼，忙说："这可使不得。"再三推让，看荣家是真心真意地相送，也就接受了。就这样我姥爷有了这 4 头奶牛外加一匹一只眼睛的马，日子慢慢地好了，腰杆子也渐渐硬起来了。

我们家和姥爷家住东、西屋紧挨着，我和妹妹、弟弟们时常到姥姥、姥爷家喝牛奶、吃饺子、烙饼等好吃的。特别是到了 1966 年最小的弟弟出生后，我们全家孩子多、负担重更离不开姥爷、姥姥一家的照顾了。

记得我小时候，姥爷就已经 50 多岁了，姥爷个头不高但身体很结实。每天天还没亮，姥姥家就开始热闹了，姥爷早早起床，首先是赶着几头牛到大草甸子边放牛边打猪草。把猪草打好后，用小车推回家，把奶牛也赶回家，然后再给奶牛挤奶，把牛奶送到奶站。姥姥起床后就开始点火做饭。有点残疾的老姨就开始剁食喂鸡、喂鸭。

清楚地记得，姥爷最高兴的时候是月底到奶站去结款，我大一点后时常跟他去奶站，直到如今我还能清楚记得他的表情。结款回来的路上，他坐在马车上，两条腿交叉着，右脚搭在左脚上，随着马车的节奏，一起一伏着。双手一张张地点着钞票，眼睛还时不时地抬头看着驾辕的独眼马。点完钞票后还寻思一会儿，直到对上数了心情才放松。然后，哼着小曲，吹着口哨，那神情悠闲极了，在他身上我看到了生活的甜美、乐趣。我只记住姥爷哼唱的一两句："勤劳人家庆有余，一天之计在于晨，一年之计在于春……"姥爷家里后来养了五六头奶牛、十几头猪，还有几十只鸡、鸭、鹅。姥爷姥姥几十年如一日地忙碌着，小日子始终过得红红火火。

我稍微长大一点懂事了，也就是小学二三年级的时候，当时我们家还住在萨尔图。放寒暑假的时候，每天中午和姥爷赶到前院一家国营饭店——红旗饭店，姥爷一中午就在那里忙忙碌碌地帮助人家打扫卫生、收拾桌子上的残渣剩饭，我们当地称"捡泔水"。他特别会过日子，准备两个水桶，一个是给鸡、鸭、猪吃的，另一个偶尔有半个馒头、半碗饭什么的，他就拿回家蒸蒸煮煮和家人一起吃。姥爷经常说"老天爷饿不死瞎家雀"，只要勤劳，把生活算计好，你就能活在这个世界上有吃有穿，越过越好。正因为这样，他在我们那条街上也很有名，人们管他叫"冯算计"。

我的姥姥是一位非常朴实的家庭妇女。嫁给我姥爷以后，左邻右舍渐渐才知道，姥姥的针线活非常好，远近闻名。衣服上绣朵牡丹花，被子上添朵玫瑰花，这些活我姥姥不但绣得漂亮，还十分别致。家里被她收拾得整整齐齐，她把三个女儿打扮得漂漂亮亮的，日子也过得十分的温馨。美中不足就是家里没有男孩子，为了这件事儿，我姥爷没少欺负她，她经常被骂得哭鼻子抹泪的。

听说姥爷想抱养一个男孩子，我姥姥坚决不同意，两人因为这事儿没少吵架，吵急眼了姥爷就动手，姥姥挨了几次姥爷的拳头。但老两口儿过日子男主外、女主内，过得有板有眼，一辈子没愁过吃穿。

姥姥的性格也有毛病，在家里不管遇着啥事儿，都十分好强，总想论出个是与非来。因此，她和姥爷一吵架就真的生气，也因此落下了个肺气肿的病根。现在想想，两口子吵架多半是因为生活中的琐事儿，哪有什么对与错、是与非？

姥姥去世的时间是1967年农历九月二十八，才50多岁。那年月，医疗技术水平低，人们对身体健康重视也不够……

姥爷脾气倔，办事儿有自己的章法，从来不盲从。20世纪60年代中期，我们全家和姥爷家一起搬到龙凤公社所在地铁东大队和二姨一家做邻居。

当时，到处在割资本主义尾巴，不让农民搞副业，更不让养鸡、鸭、鹅、猪和牛。面对这一切，姥爷总有自己的办法对付。公社干部一进村，他就急急忙忙把牛、猪赶到大草甸子里去，把鸡、鸭藏起来，每次总是巧妙地躲过去。有两次家禽家畜被公社检查组堵在院里，公社干部说他养牛、马、猪，还养鸡、鸭、鹅，是搞资本主义，是新生的资产阶级，检查的人要没收他的牲畜、家禽……

我姥爷真的着急了，一看实在是扛不过去了，脑筋一转，赶忙跑进屋里翻箱倒柜，找出城镇居民户口本，反守为攻地说："你们是不是找错人了？看清楚了，我可是吃粮本的城市户口，你们看看我这证件可是有钢印的，不是假的吧？有了城镇户口本的居民是不是不归你们农村公社干部管？"他这么一说把要没收他牲畜的公社干部鼻子都气歪了，这下没辙了。

"好你个老冯头，你拿城镇户口本吓唬我们，我就不信政府管不了你。你等着，我回去就向区政府反映情况，让区里好好管管，区里不行我就到市里，看你嘴还硬不硬！"

一听公社干部真的急眼了，我姥爷又像落地的柿子一样一下子就软透了，低头说起了软话："我说这位领导，您千万别生气，我马上就把这些牲畜宰了炖肉吃，求求你们千万给我个时间，我这回一定真诚地听你们公社领导的话，你们都是好干部，思想觉悟也相当的高，千万别和我这没文化的糟老头子一般见识。”看着姥爷一下子“熊了”，公社检查人员肚子里的气也顺了不少。

我姥爷又接着说道：“你看我们家这老头、老太婆也没个工作，更没有退休劳保，又没儿子，全指着这几头奶牛挤点奶，在市场上卖点钱，还有这些鸡、鸭、鹅养活全家，买点柴米油盐酱醋茶，再说，毛主席和共产党不就是为人民谋幸福吗?”

“你还挺有词的，你刚才什么态度，不和我们叫号了?”

“我也是一直在气头上，这不，经过你们这一教育刚刚有觉悟了。”

看着姥爷挂了一脸的歉意，公社检查的人也消了些火气，但还是气囔囔地说：“你不是说我们管不了吗？我们过几天还来，看看你这些‘资本主义尾巴’到底割了多少!”

“一定、一定，这些牲畜我一定杀了吃肉。给你们添麻烦了。”姥爷点头哈腰地把公社检查人员送出好远。还顺风听到人家的对话。“你和他生什么气?”“没见到他这么能装、硬顶的，我就不信制不服他。”“你还不知道呀？他是李春荣的老丈人。”“啊！我说的。唉！没工作，自己动手养点牲畜，也是为了过日子。”“可不是吗，那么大岁数，没有退休劳保也挺不容易的……”

多年后，我想起这件事儿才明白，那时候情况比较特殊，龙凤公社行政上归安达县管辖，但身处大庆油田地区，因此公社干部都比较开明，还有就是公社领导都知道他是同事李春荣的老丈人。

姥爷特别喜欢男孩子。每到春节我和弟弟、妹妹们就早早地到姥爷家给姥爷、姥姥磕头。我清楚地记得，别人家都给孩子们一元两元的，他就给我们十元一张“大团结”。

记得有一年他给完弟弟、妹妹压岁钱后，又偷偷给我一张说：“大外孙子你得记住，男人一辈子得勤劳赚钱，男人是家里的顶梁柱，如果没有钱，这个家就像破房子一样，早晚得塌了。”

姥爷十分善良，村子里每当有人揭不开锅了，他就拎着几斤粮食去帮助，然后骂人家懒惰、喝大酒、不会算计。结果他前脚走，人家送他出门，转身就说他嘴太黑、说话太损，让人挂不住脸。

他听后哈哈一笑说：“可不是怎么地，我‘冯算计’净干这种费力不讨好的事情。”

可过后村里谁家有个大事小情的，他仍然主动去帮助救济。有的人也会说，某某人背后说你嘴又损、又黑。他哈哈一笑说，关你什么事儿，不用你挑拨离间，都是乡里乡亲的，那是五百年的缘分，人家有难处了不帮忙看笑话那哪行。

记得小时候最高兴的事情就是姥爷领着我去逛街，一见到熟人他就主动介绍这是我大孙子，从来不说“外”字。有一次碰到一位老熟人，他也这么说。

人家听后故意问他：“他叫什么名字?”

“叫李勇库。”

“啊，我还以为叫冯勇库呢!”

说完两人哈哈大笑起来，人家嘲讽他他也不生气。

每次逛街的时候，他都给我买点饼干、糖果什么的，然后领我去大庆火车站附近的说书馆，去听评书。

那是我八九岁的时候，我朦胧地记得站前的说书馆有六七十平米，能放十几个小方桌，当时我愿意听《武松打虎》《孙悟空三打白骨精》《鲁智深倒拔垂杨柳》……

但是，我最愿意听的还是《温酒斩华雄》，多少年过去了，我仍能记住这个故事。

……这个时候袁绍问谁愿出战，诸侯都面面相觑，不敢答话了。袁绍自言自语说，可惜我上将颜良、文丑不在，有一人在此何惧华雄啊。

话没有说完，下面有人大呼说，小将愿斩华雄头，献于帐下。诸侯顺声音一看，其人身长九尺，丹凤眼，卧蚕眉，面如重枣，声如巨钟。

袁绍问什么人啊，公孙瓒说刘备的弟弟关羽。袁绍问官居何职？公孙瓒说跟随刘玄德做马弓手。袁绍心里有点不痛快，感觉到太没有自知之明了。袁绍没有说什么呢，他弟弟袁术急眼了，大呼把他乱棍打出大帐，一个弓手在这里咆哮帅帐，欺负我们诸侯没有人了，谁家的驴没有拴好啊！

曹操起来赶紧安抚袁术，袁公息怒。此人既然敢出大言，必有勇武。让他出去战华雄，如果不胜再责罚不迟啊。袁绍这个时候，作为盟主说，让一个弓手出去，叫华雄笑掉大牙的。曹操说此人仪表不俗，华雄也不知道他是弓手啊，战场上比试的是勇武。

关羽说，如若不胜，愿意斩下自己的头谢罪。关羽在为自己也是为大哥刘备创造机会，拿自己的性命去拼搏。人生宁可拼搏着死，也不能窝窝囊囊地活着。看到诸侯排位在末尾的大哥刘备，关羽很难受。

袁绍看看关羽，心说，不胜不用回啦，华雄就把你的头斩下来了。袁绍借坡下驴，去就去吧。曹操让众人热了一杯酒，要敬关公一杯酒，以壮行色。这个时候，关羽很感激地看看曹操，说先放下吧，我回来再喝。关羽转身上马提刀飞一样上了战场。

刘备与张飞都为关羽捏把汗，关羽以前杀过一些敌人，那些都是无名之辈，两个人在大帐里暗暗祷告，兄弟，哥哥，一定要给咱三人争口气啊。诸侯在帐内也觉得探马应该回来了，说关羽几个回合被华雄斩了。战场上的号角、战鼓一阵响过一阵，一会儿没有动静了。

就在这个时候听到帐外马挂的威武铃铛响，关公一挑帐帘腾腾几步，走了进来，把一个人头往地下一扔，声如洪钟说道，关羽交令，华雄人头在此。众诸侯都傻了，过了近一分钟才明白过来，大声叫好。曹操端起酒杯敬酒的时候说，酒还是热的啊。真是秒杀华雄啊。

一个人的价值高低要看他的对手是谁，关羽斩了华雄，为自己确立了地位，也为兄弟三人露了脸，坐在末尾的刘玄德感到了骄傲。当关羽把华雄的头抛在地上的时候，他们刘关张兄弟三人的地位，在几秒内迅速提高了……

记得在听完评书回家的路上，姥爷问我："今天我看你听《温酒斩华雄》一个劲儿地鼓掌，可高兴了。"

"嗯！"

"那你和姥爷说说，说好了，我还领你来。喝茶水、吃糖块、嗑瓜子、听评书。"

听姥爷这么一说，我想了好一会儿，才说："我觉得华雄太能吹牛了。"

"还有呢？"姥爷继续问着。

"关羽有真功夫。"

"就这些？"姥爷追问着。

"做英雄就得有两下子，关键时候露一手。"我突然觉得没词了。

"你别说，我这外孙子真没白花钱听评书，还真长点心眼儿，赶明个姥爷还领你来。不过你记住，想问题得这么想，这故事和我有什么关系？我能从中得点啥。明白了吗小子？"姥爷说。

"嗯！"我似懂非懂地点了点头。

从这往后姥爷真的经常领我来说书馆，直到我上小学高年级后，学习十分紧张，才渐渐地远离了说书馆。

姥爷身体硬朗，用他的话讲一辈子没出过苦大力，是用脑袋过生活的。因此，一辈子不愁吃穿。姥爷经常说，他已经找当地有名望的"半仙"算过卦了，他走的时候会很排场，轰轰烈烈的……

1970 年 7 月 10 日这一天，天气很晴朗。我姥爷像往常一样挑着两个送奶的空桶走在火车道铁轨旁回家的小路上。因为他耳朵背，没有听到火车的汽笛声，火车行驶带来的风太大，把我姥爷刮到路基下……我亲爱的姥爷就这么不幸去世离开了我们……

当时，已经十六七岁的我知道这不幸的消息后，飞快地赶到出事现场。看到姥爷像是累了，安详地侧睡在路旁……两只桶离他有二十几米远，身体流出的血水早已经浸入大地……

一辆客运火车静静地停在那里，那场面人山人海，真像姥爷时常叨咕的那样，他离开这个世界时会轰轰烈烈的……

第四章 学生时代

上 学

清楚地记得我刚上学的时候在萨尔图二小，学校离家有一里多地。刚开始的时候学习有点摸不着门，但我上课十分注意听讲，放学后也肯下功夫，二年级以后就成了老师喜欢的好学生，而且积极参加学校的各项文体活动，因此得到了老师和同学们的肯定。

因为我是家里的老大，不但要帮助母亲买些日常生活的柴米油盐，还得照顾妹妹、弟弟们，家里事情比较多，上学总是跑着去。记得每天都要给双胞胎的妹妹、弟弟到西下洼子奶牛场打牛奶。沿途要经过一人来高的蒿草和玉米地，还有一片杂草丛生的坟地。独自行走时想起大人们讲的孤魂野鬼、狐仙大神的故事，就十分紧张害怕。因此，每天都是跑着去跑着回，每天跑一个来回，有四五里地。

第一次参加学校的运动会，老师让报比赛项目，我还腼腆地不敢报名，最后还是老师给我报了个 100 米、200 米比赛。要开运动会前的那几天，我一直都很紧张，生怕跑不好“打狼了”，弄个倒数第一影响班级总成绩。再说，我自己也得要脸面呀！因此，每天的上学、放学，我都比平时多跑一会儿，心里暗暗地较着劲。

临开运动会的头一天晚上，我紧张得一宿也没睡着觉，天刚一放亮我就早早地起床了。因为一宿没睡好，一到学校有点蔫巴了。同学们看我一点也不精神，就过来问我是不是身体不舒服生病了？我摇了摇头。

老师在临比赛时还特地过来："李勇库同学，你要是身体不舒服就不要参加比赛了。"

"没事儿！您放心吧，老师。"我麻利地回答着。

到了200米比赛的场上，我不知怎么一下子来了精神。发令枪一响，我像一支离弦的箭一下子冲了出去，跑到终点时，我回头一看，第二名被我甩了有二米多远。接下来的100米比赛也拿了个第一。

班级里一下子轰动了，老师和同学们都为我鼓掌，纷纷说，没想到李勇库同学个子不高跑得还挺快。

在龙凤公社中心小学上五年级时，班里有个叫郭占军的同学，高高的个子，身体特别壮实，乒乓球打得特别好，在我们学校里也有些名气。后来才知道，怪不得他身体那么好，原来他父亲是雄赳赳、气昂昂，跨过鸭绿江抗美援朝、打击美国侵略者的志愿军战士。郭占军经常作为班级代表参加学校乒乓球比赛且多次取得好名次，我打乒乓球就是和他学来的。那一阵，一有空我就和他学习打乒乓球，小小银球在他手中欢腾跳跃、上下飞舞，他削球、推挡、拉弧圈、发转球样样通。通过和他学习，我的乒乓球技术也大有长进。没有想到的是，一晃儿十年过去，他的又高大又帅气的小儿子郭忠峰成了我的女婿，我和郭占军结成了儿女亲家。

那时候学校每年开运动会、打乒乓球、打篮球、踢足球等各项运动我都非常愿意参加，是一位名副其实的体育运动爱好者。

看电影

刚上小学二三年级的时候，我们这些孩子还不太知道学习的重要性，就像大草甸子上的野草似的，天天疯长、疯玩儿。

有一个星期天，我到同学田雨顺家找他弹溜溜球玩，胖乎乎的他不太愿意，我觉得平时最愿意和我玩弹溜溜球的他今天有些奇怪。他几次表现出不耐烦，要把我支走，我装糊涂就是不走，看他有什么鬼名堂。

最后他一看实在赶不走我才说："看在我们平时很要好的分上才带你去，你可千万不能和老师、同学们说。"

我看他十分认真的样子就点头答应了他。然后问他："有什么事啊搞得神神秘秘的?"

"快点吧！要开演了。"

"什么要开演了?"我有些丈二和尚摸不着头脑。

他边说边打开他家的后窗户，我们一前一后跳了出去。走了几十米，走到一个开着窗户的窗前，听见里面有声音。

他这才小声说："愿意吗？哥们儿领你看电影不要钱。"

"愿意!"我高兴得不知说什么好。那年月谁不愿意看电影呀！可是当时的故事片电影票一角钱一张，就是新闻纪录片也得五分钱，那时候我们真的没有这笔钱呀！

只见田雨顺伸着脖子朝屋里看了看，一下子就从窗户跳了进去，我也跟随着跳进去。正在放映电影《董存瑞》，我们两个小孩儿就这样躲在角落里蹲着一直看完……夏天天气闷热，电影院的通风窗户，成了我和田雨顺免费看电影的门。

从此以后，每到星期天我都带上一个窝头说是去田雨顺家学习，然后我们俩跳窗户看电影。记得那个学期，我们看了电影《地道战》《地雷战》《南征北战》《平原游击队》《奇袭》等十几部电影，有些电影还看了几遍。我喜欢上了《地道战》里的高传宝、《地雷战》里的雷指导员、《南征北战》里的高营长、《平原游击队》里的李向阳……

看过这些电影，当时有个念头，电影里的英雄人物都那么有计谋、有主意，可我又有什么主意呢？慢慢地我明白了主意就是智慧，就像我在说书馆里听到的，诸葛亮的空城计，那可是大智慧。可那些智慧我怎么才能学到手呀？

学生干部

小学四年级以后，我慢慢地长大了。伟大领袖毛主席发出号召："向雷锋同志学习！"我也有了些想法，就决心每天早早地上学向雷锋叔叔学习，做一名优秀的红领巾、好学生。

冬天，天还不太亮，我就早早地来到学校生起炉子。首先把芦苇点着，然后上面放些煤块，等煤块燃烧了，压上煤坯。铁炉子烧得火红火红，像一颗燃烧的红心，教室里的寒气一下子被驱散了，班级里渐渐地变得热乎乎的，然后我再烧一壶开水灌进保温瓶内，接着就开始温习功课了。就这样老师和同学们大早晨顶着零下三十多度刺骨的寒风一进教室，扑面而来的是一股暖流。我得到了老师的表扬和同学们的称赞，还不到一个学期，老师和同学们选我当班长，之后没过一个月，学校领导选我当少先队副大队长。

这时候，父亲工作调动到龙凤公社任公安特派员。我们这里也成了公社所在地，成立了龙凤公社中心小学。不久我当上了少先队大队长。回到家里，父亲、母亲都十分高兴，妹妹、弟弟们都用羡慕的眼神看着我，淘气的小弟弟也过来抚摸我那大队长标志的三道杠。

这时候我就感觉更忙碌了。静下来思考一下，把自己的工作、学习梳理了一下。首先，自己是学生干部，必须带头学习好才能在同学中有说服力；其次，各项活动都得走在同学们的前列。然后，把自己学生干部的工作详细地列了下来。

作为大队长管好全校小学六个班级、中学三个班级共九个班级的课间操。喊好口令，整理好队伍。

组织好各年级、各班早、晚自习。

管理好学校学生的卫生。

组织好各年级、各班级的劳动，像割苇子、打羊草等。

配合校领导组织好学校文体活动。

定期出学校黑板报。

配合做好每学期老师家访。

协助校委会组织好其他各项活动……

我开始整天忙碌着检查纪律、批评迟到早退的学生；课间操公布优秀、劣差班级；参加宣传队文艺演出；积极参加学农活动，到生产队劳动，割苇子、除草、拾谷子、扒玉米、除“四害”等，有时候从天亮一直忙到天黑。

那时候同学们也十分快乐，劳动过后团团围坐在田间、地头上，唱着《少先队员之歌》：

我们是共产主义接班人
继承革命先辈的光荣传统
爱祖国爱人民
鲜艳的红领巾飘扬在前胸
不怕困难不怕敌人
顽强学习坚决斗争
向着胜利勇敢前进
向着胜利勇敢前进前进
向着胜利勇敢前进
我们是共产主义接班人
……

很多时候我们愿意唱乔羽作词、刘炽谱曲的《让我们荡起双桨》：

让我们荡起双桨
小船儿推开波浪
海面倒映着美丽的白塔
四周环绕着绿树红墙
小船儿轻轻漂荡在水中
迎面吹来了凉爽的风
红领巾迎着太阳
阳光洒在海面上
水中鱼儿望着我们
悄悄地听我们愉快歌唱
小船儿轻轻漂荡在水中
迎面吹来了凉爽的风
……

然后，吃着生产队送来的白面馒头，喝着“喂得罗”（俄语：水桶）里的土豆炖茄子汤，感觉是那么的香甜。我一口气吃了四个馒头，还感觉没有吃饱。同学们都和我一样，觉得劳动是那么的快乐，生活是那么的有意义。

那时候学校做的事情真的很多，学习工人、学习农民、学习解放军，这些都是毛主席的指示。我们这一代人就是这样长大的。

记得那是 1967 年，我光荣地当选龙凤公社毛泽东思想红小兵的代表，并被学校推选准备进京接受毛主席的接见。龙凤公社中心小学的全体师生都为我感到骄傲、自豪。我们全家更是这样，父亲、母亲天天笑呵呵地望着我合不拢嘴，左邻右舍都夸李家的老大真出息，妹妹弟弟们更是欢天喜地，我自己也非常激动，天天盼着进京见毛主席，心儿早已经飞到北京……可是左等没信儿，右等还是没消息。直到安达县高中初中进京代表大哥哥、大姐姐都坐上列车了，我们学校老师才告诉我，因为我们这些红小兵年纪太小，进京见毛主席的活动上级领导没有批准……我知道这个消息后，心情暗淡、郁闷了好些日子。学校领导发现后及时找我谈话，我心里亮堂了，只要按毛主席教导的好好学习、天天向上，上初中后好好干一定能去北京见到最敬爱的伟大领袖毛主席……

读中学

1967 年的夏天，我成为一名中学生。因为小学档案上面清楚地记载我的履历——班干部、少先队大队长，到中学后我很快当上了毛泽东思想红卫兵。我继续像小学时一样，早来晚走，到了 11 月份，天天早上到班级生炉子、烧热水，晚上收拾好班级卫生，得到了同学们的信任，年底被学校评为“注重思想品德的优秀学生”。1968 年，我荣幸地被选为出席安达县活学活用毛主席著作积极分子代表大会的代表，并由公社党委书记仲玉山带队，一行 7 人自带行李，步行几十里到安达县参加代表大会。

这个时期我特别关注时事，天天在班级读报、看报，经常学习毛主席著作，我特别喜爱毛主席那些充满革命现实主义和浪漫主义的诗、词，不仅能读懂，还能默写、倒背如流。经常把这些脍炙人口的句子如“雄关漫道真如铁，而今迈步从头越，从头越，苍山如海，残阳如血”“天高云淡，望断南飞雁，不到长城非好汉，屈指行程二万”“红军不怕远征难，万水千山只等闲”等熟记于心，并且经常引用到作文中。

没过多久，我父亲被打成了“保皇派”。我也因此受到了牵连，红卫兵、班干部被学校一撸到底，那段时间我很消沉，感觉人生一下子没了出路。半年过去后，父亲经审查没有发现什么问题，很快就“解放”了，组织上安排他到公社卫生院当院长。

过了不久，学校成立了革命委员会和红代会。因为我当过学生干部，学校吸收我到革委会任委员，担任学校红代会主任，还被推荐并正式当选为大庆红代会第二届委员会委员（龙凤公社已从安达县管辖划归大庆市管辖）。

1969 年的 4 月 1 日，中国共产党第九次全国代表大会胜利召开。那个夜晚我跑到学校，到了班级，操场上已经聚满了人，人们载歌载舞唱着、跳着，扭着东北大秧歌，到处燃放着烟花爆竹，“噼噼啪啪”的响声震天，烟花五颜六色照亮大地。学校庆祝活动结束后已经是晚间 10 点多钟了，我一个人走在回家的路上，橘黄色的路灯闪着光芒，大街上仍有三三两两的人在行走，可我一点困意都没有，整个人感觉是那样的兴奋，好像自已又干了一件大事儿，为社会主义祖国又添了一块砖、加了一片瓦。当走到离家还有几十米远的大街上，突然觉得脚底下踢到一串东西，低头一看是一挂没有燃响的鞭炮，顿时十分高兴，我低头忙捡起来看也没看就揣进上衣兜，一路小跑，心里想正好拿回家给我的妹妹、弟弟们，让他们也好好高兴高兴。

回到家，父亲也刚好到家，母亲忙问我们饿了吧，就端上饭来。弟弟、妹妹们也没睡，围着我问这问那。我看到桌子上的饭菜，一下子感觉有点饿了，刚要脱掉棉袄端起饭碗拿起筷子吃饭，就听身上“噼噼啪啪”地响了起来，把一家人吓了一大跳，慌乱得不知发生了什么事情。等鞭炮声停止了，全家人才缓过神来，这时候妹妹、弟弟们看着我笑得前仰后合，我仔细一看母亲亲手缝的新棉袄都被炸开了花。

母亲急忙过来把我全身上下打量一遍，看我没有受伤，说：“只要你人没伤着就好，赶明个妈妈再给你做一件新的。”

我看着父亲疑惑的目光忙辩解道：“捡起来时明明看到鞭炮没有着才装口袋里的，哪承想还是点着的。”

只见父亲坐在炕上，一动也没动，不紧不慢地说着：“看我干什么？

这回知道了吧，这就叫贪小便宜吃大亏！”

帮助家里添收入

1967 年我刚上中学时，家里遇到了经济困难。小弟弟永金出生后，母亲忙活六个孩子起早做饭，还得伺候犯胃病的父亲，给父亲抓药、熬药。父亲成了“保皇派”被批斗后病情更重了，整天哼哼唧唧，胃痛得直不起腰。母亲忙着家里的一切事务，没有工夫出去做临时工。一大家子八口人就靠父亲每月 49. 50 元的工资收入。母亲每次给父亲抓药都买些鱼、肉、蛋，我们全家都知道，这点营养都是给病重的父亲，还有我那襁褓中的小弟弟永金吃的。日渐消瘦的母亲整天愁得唉声叹气，只得三天两头到姥爷家里借点钱。说是借钱，有些钱姥爷干脆就没提，母亲也还不起。父亲拖着病身体，母亲一天比一天瘦弱，作为家中老大的我一点办法都没有，心里十分难受。

记得那年开学，我们五个孩子每人学杂费是 2. 5 元，一共是 12. 5 元。看母亲愁眉苦脸地忙着做饭，我就主动说去姥爷家借钱。刚出家门就看见姥爷遛完奶牛回到家。

“姥爷……”不知怎么，“借钱”两字半天没说出来。

姥爷一看我的神情就猜出我来干什么。他从胸口衣服里掏出一个布包，又拿出一个塑料袋，给了我一张拾元大票。

“我们五人这学期的学杂费一共得拾贰元五角。”我吞吞吐吐半天才说出这句话。

姥爷又拿出一张五元放到我手里。

我转身刚走出几步，就听姥爷说：“勇库等等。”他又从塑料袋里拿出两元钱放到我的手中：“拿着吧！男人都得有过河钱，一分钱憋倒英雄汉呀！你今年也十四五岁了吧？我像你这么大的时候，早就自己养活自己了，你现在也得利用寒暑假的时候，到社会上找点活挣点钱，减轻一下家里的负担。”

“到社会上找活挣点钱?”

“对！就是利用学习空闲到社会上挣点钱。否则，你们家就靠你父亲那点死工资得喝西北风去。勇库呀！你都长成大老爷们儿了，不能整天像个孩子似的，你看看你母亲愁的，你得当家里的顶梁柱了。”

回到家后我反复琢磨姥爷的话，还真是这个理。

那时候我因为父亲是“保皇派”被撤销学校学生干部、班长职务，心里十分郁闷，正好学校放寒假，邻居50多岁的王大爷天天到芦苇塘割苇子，缺个帮手，我求他也算上我一个。

我说：“我在学校里已经割过两三年的苇子，到分款的时候我少拿点就行。”

这么一说，把王大爷说乐了：“都是街坊邻居的，平时看你小子就挺仁义的。”

“那你答应了?”我十分高兴。

“明天就带上你。不过咱们事先说好了就是亲戚也得明算账。给你个小半拉子工钱怎么样?”

“好！先谢谢王大爷。”

就这样我和王大爷一起到冰泡子上割苇子。王大爷领着我四处找没有割过的苇子。成片的苇子都让生产队割过了，剩下的方便割的苇子也被附近人家割过了。我们爷儿俩只能到大冰泡子深远偏僻的地方，割那种不好割的一坨一坨的苇子，数九寒天西北风一吹直打寒战，零下四十多度，干活一身汗，停下一休息棉袄、棉裤冻得邦邦硬。在冰上走一跐一滑的，一天不知摔了多少大跟头。就这样一个来月下来，我们一共割了近一千捆苇子，每捆苇子都有三十来斤。苇子卖了以后，王大爷分了我218元钱。

当我把这笔钱交给父母亲时，他们激动得半天没说话，母亲看着我手上无数个冻裂的伤口，一边抚摸着一边流出了眼泪，半天说了一句：“我的儿子长大了。”

从这以后，王大爷一有活就找我做帮手。夏天里，王大爷做建筑包工头，我和泥做小工，慢慢地我也学会抹灰了。王大爷高兴地夸我，这小半拉子真是心灵手巧。时间长了我也找到了一些干活赚钱的门道。

那时候大庆市到处是大干快上的标语，到处都是工地。盖房子急需大量的土坯，我看着左邻右舍都脱土坯赚钱，我也学着脱起了土坯。

每天一大早5点多钟，太阳刚露出红红的笑脸，我就背上“羊角”，带上“喂得罗”和洋叉，到离我家三里多地的场地，翻一层黄土，放一层“羊角”，一共得放上四五层，黄土有一米来高，用“喂得罗”拎水浇透水后，上面放上一层“羊角”，然后我赶紧跑着回家吃饭上学，路上我就估计这些黄土能脱二百来块大坯，每块2.5分钱，一天下来就赚5元钱，想到这里，心里美美的，脚下生风、健步如飞，一点也不觉得累。

中午一放学马上跑回家，放下书包拿起洋叉、二尺子、坯模子、“喂得罗”跑到脱坯场开始脱坯。就这样一个夏、秋过去，我利用空闲时间脱坯5000多块……

当时，公社建房收购泥坯每块是2.5分钱，这样单只脱坯一项我就为家里赚了125元。

青草茂盛时节，我还和几位同学打羊草卖钱，也赚了二三百元。总之，在我的努力下，全家的经济状况终于有所好转了，父亲的胃病渐渐缓解，愁眉苦脸的母亲脸上也有些笑容了。我和几个妹妹、弟弟也一天天长高、长大了。

1969年秋天，我已经念到初中三年级的期末，马上就初中毕业了。说心里话自己觉得学校学习生活真是幸福，特别是我在小学、中学学习中，遇到像卢荣堂、王德本、孟凡江、关圻等好老师；还有王荣、田雨顺等那么多帮助我、给我快乐、一起成长的好同学，真是有点舍不得。

我已经决定去大庆市里继续念书，这时候农业高中校长薛迪民也来找我，他告诉我一个特大好消息，说龙凤公社决定创建高级中学。薛迪民校长还说，希望我到新组建的高中去好好学习、好好干，继续担任学校学生干部，并协助老师做好学校工作。我一听更是满心欢喜，高兴地一口答应了。

晚上放学时，我心里充满了喜悦，蹦蹦跳跳的一会儿就回到了家。进了院子还没开房门，就听见犯胃病的父亲躺在炕上疼得直哼哼，不到三岁的弟弟永金大声地哭叫着。

我急忙进屋，看到母亲正在给父亲拿药端水。小弟弟永金饿得直哭，母亲忙得已经是满头大汗了。家里的饭还没做呢，我赶忙烧火、烧水，大饼子贴好了，白菜土豆炖熟了，我也忙得一脑袋的汗水。刚刚吃过晚饭，收拾完碗筷又忙着喂猪，喂鸡、鸭、鹅……

因为父亲身体多病，母亲又没有工作，家里弟妹们还小，就这样我决定早点参加工作上班赚钱贴补家用，于是 1970 年初中毕业后就上班参加工作了。

我的中小学老师

随着年龄的增长，满头的黑发慢慢变白、变稀疏，越来越喜欢回忆过去的事情。

有一次在吃饭时和孩子谈学习问题，我不由得想起了我的几位老师。饭后散步时还在想这个问题。“春蚕到死丝方尽，蜡炬成灰泪始干。”用这句诗形容老师这个职业是再合适不过的了。我之所以能有今天的进步，和我的几位老师有很大的关系，特别是我的几位中小学老师，直到今天我还深深地感谢那些教育过我的老师……

慈父一样的卢荣堂老师

刚上小学的时候我还不太愿意学习，男孩子贪玩、懂事儿晚，我的学习成绩在班级里面不前不后，用东北话来讲也就是中不溜的。每天按时上学放学，也能完成作业，但一有时间就愿意玩，课间休息的十分钟也和同学们扇一会儿纸片、玩一会儿跳绳，冬天时弹一会儿溜溜球，直到卢荣堂老师当了我们班的班主任我才愿意和老师接触。

卢老师30多岁，一位男老师讲课却慢声细语的，上课时怕学生听得不太好，对反应比较慢听不太懂的同学还多讲两遍。直到全班几十个同学都说听明白了才停下来，讲下一节课。每当上课遇到不听话、不守纪律的同学他都耐心去说服教育，直到同学们心悦诚服……

但是孩子们幼稚的童心、上课顽皮的天性不是一两天就能改正的。班级里一些顽皮的男同学上课故意不认真听讲，然后让卢老师再重复讲一遍、两遍，甚至三遍……但卢老师仍然不厌其烦，甚至一遍讲得比一遍更细，经常讲得卢老师口干舌燥。他着急的时候，擦黑板的动作一次比一次快，粉笔灰在他周围弥漫着呛得他直咳嗽，他还是一点怨言都没有。

下课后，几个顽皮不懂事儿的男同学背地里你一言我一语的，说卢老师有点女人腔，做起事儿来娘们家家的。更可恶的是有个男同学还当众模仿卢老师讲课的一举一动……

那时候我也十分顽皮，偶尔上午放学回家根本不好好吃饭，经常匆匆忙忙地扒拉几口饭就跑出去和同学们玩了。

一天上晚自习的时候，我感觉浑身没劲饿得慌，才想起中午光顾玩忘了吃午饭了。

这时候卢荣堂老师走过来："李勇库同学，怎么无精打采的，是不是哪里不舒服?"

"嗯!"我低着头回答着。

"是不是中午弹溜溜球忘记吃饭了？你的功劳不小呀！你出来一下。"卢老师笑呵呵地说着。

卢老师在前面走，我在后面跟着，心里想今天可要倒霉了，被老师抓了个现行，到老师办公室一定会挨一顿狠批。这么想着走得就非常慢……

“李勇库，你身体还有其他地方不舒服吗？怎么走得这么慢，是不是生病了？”

“没事儿，老师。”

卢老师等我走到跟前伸手摸了摸我的头：“还好，没有热。”

进了教室他把铁炉子上的饭盒拿下来打开说：“你还挺有口福，我今天中午烙的葱花饼给你吃了吧，吃完了赶快回去上晚自习。”说着，把我一个人扔在办公室回教室去了。

我看着饭盒里热乎乎的葱花饼一下子来了食欲，三下五除二就给吃光了，吃得是那样香甜，根本没想到那是卢老师自己的晚餐。

多少年过去之后再见到卢老师，他还开玩笑地说起这事儿，说得我耳根子发烧。那年月老师一个月的工资也就三四十元，可是，为人师表的卢老师，却经常帮助家里贫穷的学生，教同学们把用过的作业本翻过来，在背面做复习纸；削铅笔要慢慢的，不要损坏铅笔芯。

50 多年过去了，卢老师的身影在我脑海里依旧那么清晰，声音还是那么不紧不慢、温文尔雅，目光中充满着慈爱，让我深深地怀念。

正直、负责的王德本老师

记得小学四年级时新来了一位班主任老师，他是一位个子一米五几的男老师，在东北这个高度的成年男性比较少，所以引得同学们窃窃私语，个别的还笑出了声。

“我叫王德本，从今天起由我来做你们的班主任。今天是我上任的头一天，大家可以随便点，说说笑笑都可以，初次见面嘛，一回生、二回熟。时间长了，你们就知道我的个性和要求了。

“小学生就像大草甸子的小树一样，正是长身体、长骨骼的成长阶段，因此打下一个什么底子很关键，就像大厦打地基一样，如果地基打得不牢，那盖起的大楼也一定是七扭八歪的豆腐渣工程。因此，从明天开始你们一定要按我的要求办，老师进屋要问老师好，起立后站有站相，老师说同学们好后，坐有坐相，还有上课间操、体育课时，上学放学，走有走相；坐在椅子上的时候后背一定要靠在椅子上，胸膛要挺起来，这样才能长正、长直，就像解放军战士似的，威武雄壮。写字的时候眼睛一定要离书本一尺左右，这样才能爱护眼睛，不要从小养成不良习惯，眼睛近视了是一辈子的大事儿；字写得一定要工整，阿拉伯数字一定要写得整齐，这也是一辈子的大事儿……只有从现在做起、从我做起，养成一个良好的习惯，你才能收获一个硕果累累的将来。最后，请同学们把我的话记住、写下来，从明天开始就按我今天说的要求去检查你们做得怎么样。好的，表扬；坏的，不但要立即改正，还得接受批评……”

听到这里，同学们叽叽喳喳声不见了，嘻嘻哈哈的笑声也没有了，教室里顿时安静下来，只有王老师一个人讲话的声音。

王德本老师是这么说的，也是这么做的，接下来的事情更是精彩。无理由迟到、早退的同学罚站，听课坐不直腰的同学站着听，写字不认真的同学到黑板上一笔一画地写，课间操不好好做的同学再做两遍，上课愿意说话的同学到讲台上站着听课。经过王老师这么一严格要求，我们班的同学精神面貌一下子大变样。我们心里暗自嘀咕，这个小矮个子老师还真有两下子，挺厉害呀。

有一次班里有个调皮捣蛋的男同学把一位女老师气哭了，结果一堂课全班同学都没听好。王德本老师知道这事以后，像一阵风一样赶到教室，不由分说把那个大个子男同学揪着耳朵揪出教室。

那个男同学好没面子，边哭边骂，满脸的不服气，王德本老师也没惯着他，抬起腿照着他屁股就给了他两脚。那个男同学大声喊“王老师打人了”。

王德本老师大声说："对待你这样的淘气学生就得严加管教，我不但踢你了，还得让你家长来学校。你不但得写检查，还得在班级里当着全班同学念，还得向任课老师当面道歉请求她的原谅。"

那阵势让我们终于领教了王德本老师的厉害。从那以后，我这蟑螂爬的钢笔字终于写得有些规整了，学习也知道用功了，还当上了班长。直到现在我还感谢王老师对我们的严格要求，写一手工工整整的字让我受益了一辈子，更知道了今后无论是做什么事情，都要有原则、守规矩，没有规矩不成方圆，也成不了什么事儿。

时至今日我和王老师仍有往来。

那是在我担任大庆市副市长的时候，我接到一封群众的上访信："……我，一名大庆会战时的老教师，家中两代人挤在一所小房子中，按政策应该分到三居室，但事情拖延几年了，至今没给解决……我儿子是一名转业军人，转业至今一年多，民政部门也没有给他安排工作，时间拖得太长了……"

我一看这封信反映的内容是典型的不按政策办事，存在明显的不合理。就要求下面立即调查，如果情况属实，马上予以解决。

过了不长时间去调查的同志向我汇报说，第一件事，房改的事情属实，只是目前已经没有三居室房子了。第二件事情，现在转业军人实在是不好安排，还得再拖一段时间。

我一听就急了，当时就给他们区主要领导打电话，要求尽快落实第一件事。第二件事批给民政部门尽快抓紧办理。信中反映的问题都是关系到党的方针政策落实的大事儿，是民生问题，拖久了影响党和政府在老百姓心中的形象。

过了不久区领导汇报说，老教师房子的事情解决了。

有一天秘书说，那位写上访信的老教师来了，非要见见我，请示我见不见。我说既然来了就见见吧。

一见面，我一眼就认出这位矮个子的年长老教师，正是我几十年前的小学班主任王德本老师。

他一见面就一个劲儿地感谢李副市长，他对解决住房的事情十分满意。还不停地说自己给市领导添麻烦了。

“王老师，您不认识我了？我是您的学生呀！”我大声地说着。

“啊？真的是你，让我好好看看。要早知道副市长是你，那我早就来找你了。”

多年不见的老师，没想到在我的办公室见面了。

那天我特地把他留下来，下班后又找到了几位同学，我们找个安静的小饭店聚聚，述说着当年师生的情谊。

过了不久我听他说，他儿子的工作也安排了。

善于沟通的孟凡江老师

孟凡江老师当我的班主任的时候，我已经五年级了，我不但是班长，还当上了学校少先队的大队长，是在校学生的头儿。

孟凡江老师是一位体育专科学校毕业生。他办事儿总是不紧不慢，遇事有大将风度，一看就是帅才。一次班级要参加学校运动会的队列表演，可是在练习的时候怎么也走不好正步，弄得我和体育委员都很着急。大庆的夏天，晴空万里，没有一丝云彩，把同学们晒得汗流浃背。一遍又一遍地重复训练，总是没有什么进步，第二天继续练还是老样子，到主席台接受检阅的正步是怎么也走不出个样子！

早上我和体育委员就把这个情况向孟老师汇报了，因为还有两天学校就召开全校运动会了。

他听了我们的汇报说：“好！不要着急，下午我看看。”

到了下午我们集合练习走正步，刚走了两遍，孟老师就走到队伍前说：“我点到名字的留下继续练，其他的回教室上自习。”然后，他叫出七八位同学。接着说：“你们今天下午的任务就是练习正步，一直练到走好合格为止，我就在这里陪你们，走好一个回教室一个，没走好的我陪你们练到天黑。”然后他让体育委员讲走正步的动作要领。

结果，训练不到两个小时，一个个全都合格了。

事后我问起这件事情，孟老师想了想说：“遇事儿得多动脑，只要多动脑，多想办法，没有过不去的火焰山。”

他看我全神贯注地听，接着又说道：“你们鱼目混珠、滥竽充数这么练，时间一长正步走好的同学也走累了。更主要的是那几位走不好的，第一种就是根本不会走正步、不得要领，第二种就是压根儿就不认真，跟着大帮哄，可你们还没有拿出解决问题的办法……”

听孟老师这么一说，我才恍然大悟。我就是没有找到原因，这可真是将帅无能累死三军啊！

那时候孟老师发现我天天早上生炉子、烧开水，然后还要到每个班级检查纪律，下午提前检查学生的早退情况，整天忙得不可开交，搞得筋疲力尽，有时候作业都写得很马虎。

记得有一天清晨我像平常一样早早地来到了学校开始生炉子，那天风刮得很邪性，一会儿往南刮，一会儿往北刮，炉子点不着，搞得教室冒烟咕咚的，刚刚拎煤块回来的我又急又累忙得满头大汗……

孟凡江老师进屋了，他看着我一脸黑灰就笑着说：“勇库，看看你自己的脸都快成大熊猫了，赶快去水房洗洗吧。”

照镜子一看，我左边脸上有一块黑灰，额头上也有一大块。我赶紧把脸洗干净回到教室。

“勇库还没吃饭吧？”

“吃……”我刚想撒谎，“饭”字还没说出来，一看到孟老师那真诚的眼睛，我只得点头“嗯”了一声。

“这是你的早点。”孟老师说着从口袋里拿出一根麻花递给我。

“谢谢老师！”我接过麻花，狼吞虎咽地几口就吃没了，就要走。

“你干什么去？忙三火四的。”

“我去检查各班的早自习情况。”说着还要走。

“你等等，我找你谈点事情。”

“这段时间我看你既要学习又要干学校里的许多工作，忙得挺辛苦的，今天早起来特地过来和你谈谈。”

我这才知道孟老师今天为什么这么早来学校。

“勇库，你今天几点来学校的？”

“5 点半就到学校了。”

“那你每天 4 点半钟左右就起床往学校走了，对吗？”

“嗯，差不多吧！”我点着头。

“你们大队几名学生干部？”

“我是大队长，还有一名副大队长，还有组织委员、学习委员、宣传委员、劳动委员、体育委员，一共七人。”

“啊！学校学生干部七人。”孟老师寻思了一会儿问道，“他们现在都在干什么？”

“都在家睡觉呀！”

“我们班级有多少班干部，你数数。”

“我是班长，还有副班长、学习委员、体育委员、宣传委员、劳动委员、纪律委员，就这些。”我望着孟老师不知道是什么意思。

“还有四位小组长，也是学生干部呀！如果把他们都排成值日怎么样？”孟老师提醒我。

“啊！对呀！”我恍然大悟，这才明白孟老师的用意。

“勇库！你当学生干部时间也不短了，不能只是一个人任劳任怨地干，得学会发动大家伙一起干。一个人浑身是铁能打几个钉呀！做学生干部，凡事一定要带头，但一定要像毛主席说的发动群众。只要群众真正发动起来，就没有干不好的事情。”

那天孟老师的谆谆教诲给了我深深的启迪，一直影响我人生事业道路至今。

聪明、智慧的关圻老师

关圻老师是北京一所大学的毕业生，教数学的，人长得十分的精神，穿得也十分利索时髦，班级里同学们都很喜欢他，他也十分愿意和学生们打成一片。那时他才二十几岁，充满活力，特别擅长各种体育运动，像打乒乓球、踢足球、打羽毛球、玩单双杠……

他做起事情有板有眼。他教的数学用同学们的话讲，简直是教活了。每堂课都讲得有声有色，比如死板的数学公式，他能找出一定的规律，一道数学题，他不但从正面解答，还可以倒过来解答。解一道数学题，他基本都能找到两个解法，有时候还能给出第三种解法……

数学在他眼里十分鲜活、生动。用我们的话讲，跟着关老师上数学，就像上魔术课一样，真是千变万化、妙趣横生、充满趣味，给同学们带来无限的想象空间。

关老师不但人聪明，解决问题也十分智慧。记得班级打扫卫生分担当区时，有两个小组总是闹矛盾，多了少了地争个不停，他们的斤斤计较经常把我气得恨不得自己去打扫。

看我气成那个样子，关老师倒是笑了。

“勇库！我的大弟子，当了这么多年的学生干部这点小事儿就愁成这样，再过几天头发得愁白了。”

“关老师，别怪我发愁，是他们两个小组事儿太多。都是女组长，女孩子就是这样，针鼻大点的事儿也计较个没完。”我跟老师发泄着自己的烦恼。

“无论什么事情都得因势利导，我看就她们两个组长打扫卫生认真、彻底。勇库，你记住，只要是人就没有十全十美的。作为学生干部，要发挥他们的长处。划分他们担当区的事儿，你再想想办法。”

“关老师，你就实话实说吧！解决他们担当区的事儿，我这当班长的实在是没招了。”

“这么点芝麻小事儿，就把你愁成这样，咱们做数学题不是有正解还有反解吗？你就来个反解怎么样？让他们两个小组定期轮换这不就解了？”

听关老师一说我明白了，这办法好。既解决了问题，又不偏不向。我不由得拍了一下脑袋，说了一句：“这些天我怎么没想到呢？”

记得有一次外出，回来的路上在一个问题上我们几个同学争论开了。那时候年轻，中学生正是学知识的时期，凡事都想说明白，因此，经常争论得脸红脖子粗的。队伍里的关老师看我们争论半天也不出声，只是一旁冷静观察。

过了一会儿他对我说：“勇库，你记住，你有点太犟了，这毛病得改。凡事都多个心眼儿，多点解决智慧。”

他看我嘴上不说心里不服气，笑着说：“勇库，你站在旁边的土堆上，我说‘一’你保证下来，都不用我说‘二’字，你信不信？”

我一看前面二十几米处有一个不高的土堆，憋了半天气得我大声说：“不信。”

“那好，全班同学在这里做证，咱俩打赌。”

全班同学一听一起起哄做证。

在他笑眯眯的目光里我三步并作两步地跑到土堆上，心想今天就不听你关老师话一回，看你有什么办法？

我站在高高的土堆上，已经是傍晚时分。这是一片芦苇荡的小路，大水泡子上面刮起风来吹得芦苇沙沙直响。

就听关老师大声说：“站好没有？”

“站好了。”我大声回应着。

“那我开始喊了，你可听清楚了。”他怕我听不见，抬高了声音。

“好！能听清楚，你发令吧！关老师。”我心里说你就是喊出一、二、三、四、五、六来，我也不走，看你能怎么样？今天你关老师是输定了。

“一……”关老师拉长音还补充说，“勇库，听到了吧？”

“听到了，我就不走看你怎么办。关老师你输了！”

“李勇库你听着，天马上黑了，你不走，我和同学们走了。”关老师话音还没落地，就传来同学们的一片欢笑声。

同学们还大声地起哄：“李勇库，快走吧！天已经黑了，你不走我们真走了。”

我站在高高的土堆上，坚持了一会儿。关老师那边没动静了，看来他们把我一个人扔下真的走远了。看着四周黑漆漆的，水面冷风吹来感觉浑身凉飕飕的，再加上芦苇叶子沙沙作响，好像有许多人藏在里面。我心里有些害怕了，我再也不想坚持了，深一脚、浅一脚急急忙忙跑下土堆。

刚跑不远，就听见同学们大声笑着说：“李勇库，你输了。”

黑夜掩饰我一脸尴尬，我一路上不出声跟着班级队伍。

一会儿关老师走到我跟前：“怎么样？输了吧。服不服？”

“我没输，是让你把我骗了。”我争辩着。

“我是用这件事情告诉你，人这辈子不能死犟橛子活受罪，特别是在社会上。”

黑暗中我小声“嗯”了一声，心里记住了聪明、智慧的关圻老师的忠告。

在记忆中还有许多我的小学、中学老师，现在回想那一代老师为了学生的学习进步真是费尽心血、任劳任怨，无愧为祖国辛勤的园丁。

第五章 走向社会

供销社营业员

1970年2月，龙凤公社供销社几个分店出了经济问题，部分人员到公社参加学习班集中学习，因此，招了五位临时工作人员，我很荣幸地被选中了，被分配到三永大队分销店做营业员，当时三永大队离大庆市有20多里地。

报到后才知道，这个分销店实际上算我才三个人。经理王作山是一位40多岁的老同志，还有一位叫李良的同志，我一报到他就到公社学习班学习去了。

分销店有一排九间平房，一间是王经理住宿，营业室二间半，半间是我的宿舍，剩下五间是仓库。我每天早早起床劈柴火、生炉子、做饭、洗衣服……然后营业十几个小时，还得学会用算盘。

记得上班头一天在家里吃晚饭的时候，父亲在饭桌上特意和我长谈了一次。

“勇库，你就要上班了，也就是走向社会了，你知道走向社会的第一步该怎么走吗?”看着父亲认认真真的样子，我也严肃起来，但是他语重心长的话语，我根本没听进去。

“听领导的话，把工作做好。”我随口答道。

“不全对。我告诉你，首先是做人。本本分分地做人，踏踏实实地做事儿。我跟你说，你小学、中学是学生干部，干得都不错，这我都很满意，希望你走向社会参加工作的第一步也这样。供销社的情况我熟悉，我在公社干公安特派员的时候处理过供销社的案子，一些营业员贪污、占公家便宜、搞腐败，脏事、坏事干了不少，他们走向犯罪有一个共同的特点就是从占公家小便宜开始。”

“知道了。”我有些不耐烦地答应道。

“你知道什么？实话告诉你吧！供销社贪污的那些人，我审查过，都是从一包烟、一个牙刷、一口酒、一块糖这些芝麻小事开始的。再说一遍，你给我记好了，公家的一分钱便宜也不能占。要想人不知，除非己莫为。我今天特别提醒，你是李春荣的儿子，龙凤公社上上下下都知道你父亲是干过公安的干部，你可千万干干净净地做人，可不能给我丢脸啊！”

“嗯，我记住了。”见父亲不住地唠叨，我心里也有一股火，心想，我都多大了，这些小事儿还用叮嘱我?!

这时候，满脸喜悦的母亲拿着为我新做的蓝裤子进屋：“勇库呀，明天早上把新裤子换上，上班第一天要有个新气象。”母亲感觉屋里的气氛不太对：“你看你这当爹的，一脸的阶级斗争。孩子上班是件高兴的事儿。”

“我在跟他讲要老老实实地做人。”父亲仍然一脸严肃。

“咱可是本分人家的孩子，做人做事儿必须得认认真真、清清白白的，供销社到处都是商品，到处都是好吃的、好用的，咱可不能贪小便宜，那可是一辈子的大事儿。”

母亲顺着父亲的话说，我不由得说：“记住了，我听你们的话。我也不是三岁两岁的小孩子。吃饭吧！饭都凉了。”我说完就冲门外喊：“永琴，叫他们吃饭！”我的话音还没落地，弟弟妹妹们像小鸟一样叽叽喳喳地飞进屋……

说句心里话，父母的一番谆谆告诫让我头脑清醒了许多，但真正理解这番话语还是在上班以后……

刚到分销店时王作山经理不太愿意和我说话，他话比较少，但我发现他始终用眼睛观察我的一举一动。他家在市里，本人又体弱多病，每周回市里都得在家住三两天。因此，每个月的大部分时间都是我一个人在经营供销合作社分销店。短时间里首先长进的是我的厨艺，我学会了包饺子、蒸包子、烙饼、擀面条、炖菜、炒菜、甩袖汤……我还学会了缝衣服、补袜子、缝被子，洗洗涮涮的这些家务活在没有处对象时就提前学会了。

最可喜的是，一个多月的时间，我把供销社分销店的业务学得差不多了。供销社的摊子可真大，我觉得比百货商店品种都多，有柴、米、油、盐、酱、醋、茶、药、五金、电料、化肥、农药等。

王作山经理和我父亲一样患有胃病，一着凉胃病就犯，一胃痛就弯着腰，不吃东西。

刚上班还不到一个月的一个大冷天，室外滴水成冰，室内窗玻璃上结满霜花。晚上零下三十多度，一早上起床，我就发现王经理难受得不愿意起床。我起来忙做了一点大米粥，热了两个苞米面大饼子，没想到王经理就着咸菜吃了以后更难受了，他痛得豆大的汗珠子噼噼啪啪地掉，然后就卧在床上不起来。我赶紧又烧开水又给他找药，前面还有几位顾客买货，商品在货位上我又找不到，有的找到商品又不知道价格，把我忙得像个不停运动的机器人，大冷天我却汗流浃背的……

忙活到晚上上床睡觉的时候，我才感觉到棉裤湿漉漉的像是刚刚摸鱼回来。吃完晚饭后，趁着王经理还没回大庆，我又赶紧拿出账本，挨着个儿地点货、对账、熟悉商品及价格，不懂的就问王经理，就这样一直忙到半夜。

大早起，王经理赶回市里去医院看病。他不在的这段时间我就一个人吃、喝、拉、撒，连滚带爬地生活、工作着。早上四五点钟经常有顾客来敲门，买些手电筒、电灯泡、火柴等，晚上半夜还有敲窗户的，买白酒、面包、点心等，一天天搞得我吃也吃不好，睡也睡不踏实，整天筋疲力尽。

那段时间让我知道了“自我约束”四个字的含义。我一个人管理一个麻雀虽小五脏俱全的供销社分销店，自己拿一个牙膏，得往收款盒子里面放0.63元，早上有时不愿意做饭，就吃一个面包，往收款盒子里面放一角钱二两粮票……

那时候，我一个人在一间空空荡荡的大房子里，夜深人静的时候第一次尝到了十分孤独的感觉，有时睡不着觉也很害怕。没有办法，我只好求助于支农解放军秦连长、帅排长、曾班长等几位，分别来陪我住宿，要不然有时半夜三更有人来敲门买东西，我真的不敢开门。

记得王经理那一次回去养病，连休了十多天。他回来后，人胖了点，也精神了不少。我万万没有想到他回来后做的第一件事是他一个人开始点货，把分销店的货对着账本认认真真地点了起来。

我一看心里有些不高兴，可转念一想，不做亏心事儿，不怕鬼叫门，忙过去说：“王经理，用我帮忙吗?”

他冷冷地说了一句：“不用，你去前面柜台卖货吧!”

就这样，王经理从早上一直到第二天傍晚，才点完供销社的货。就听着算盘珠噼噼啪啪地响了一个多小时，才把点货、对账的活都干完。过了一会儿，他来到我身边笑呵呵地说：“小伙子不错，不愧是公安特派员的儿子，挺本分呀!”

从这以后王经理和我说的话，慢慢地多了起来。他还教了我不少商业业务知识。

记得有一天傍晚，供销社已经关门了。有人敲门，我打开门一看是上午来买货的天津女知青。

她一脸不高兴地说："你看看，我回去量了几遍差将近四寸。"说着把手中的棕色条绒布扔在柜台上。

我说："你别着急，我这就给你验尺。"接着，我就赶忙拿木尺量了起来。

纯棉的条绒布有弹性，我紧着量了 10 尺布就差不到 2 寸。我说："同志你看看，不像你说的差那么多。"

她看了看我一脸的不高兴，拿起尺子自己又松量了起来："怎么样？你看看是不是勉强 9.6 尺。"

我说："大姐，都像你这么松着量尺，我们供销社不早就赔光了。"

"你这小同志怎么说话呢？那你也不能克扣人民群众呀！"她大声说着。

"你也看我量了，基本 10 尺，你那量得太松了。"我争辩着。

"这么说你克扣人民群众还有理了？"

"你那是斤斤计较。"我争辩着。

"我花钱买布，天经地义，不让你短斤少尺就斤斤计较，你什么态度，我怀疑你有贪污行为。"

我们两人越说越离谱，越吵声音越高。王经理听到争吵声走了过来："这位同志你别生气，有事儿和我说，我是经理。"说着他拿起木尺又量了一遍，他量的结果是 9.7 尺多一点。

"小李你看看，人家说得对，就是不足 10 尺嘛。"

"还是你们领导觉悟高。全棉条绒这东西一过水就缩得厉害，你给的还不足。"

"王经理你量的 9.7 尺还多，就差 2 寸多，那叫差？"我不服气地说。

"你克扣群众还有理了？"

"小李，你赶快去后屋，这里没有你什么事儿了。我说同志，第一我向你道歉，耽误你宝贵时间了。第二你看怎么好？退钱、重新量布都可以。”

那个女知青选择了重新量布。王经理熟练地量了 10 尺布，女知青接过后，自己拿起木尺又重新量了一遍，确认是 10 尺布，才满意。临走时斜着眼睛看着我，扔下一句“看看你们领导，小小的年纪，什么态度!”

我刚要张嘴，王经理示意我不要说话。顾客走后，王经理把我批评了。他说：“别看小小一把尺，这上面装着大社会。里面的是公家，外面的是人民群众。所以，我们天天工作，就是要找准这个平衡点……”

事后我一想这话太有哲理了。我想起王经理的口头禅“闲扯布、慢打油、紧打酒”，布得宽松自然地量，豆油特别黏得慢慢打，打酒就得快点。以后接触的顾客多了，慢慢地我也有了销售商品的经验。

在三永供销社工作近半年，当时去的时候盘点库存，亏 30 斤粮票、100 多尺布，资金少了 1000 多元。后来我走时又盘点，粮票补亏后又增 20 多斤，布也多了几十尺，资金补亏后又盈了几百元。原因很简单，只要没有私心就不会亏，但太多也不正常。比方说卖食品有自然损耗，过去亏，一是因为吃了，没交粮票和钱；二是因为送人情，没收粮票和钱，当然也包括赊欠没及时收上来的。卖布也是，剩下的布头可以卖给需要的消费者，也可以甩卖便宜处理，这样也不会少，但往往是送给别人不要布票和钱。卖酒也是一样，都会有损耗，但出现大亏空往往是自己喝或送礼给人家不收钱，这样能不亏吗？过去曾有人说，当个营业员给个县长都不换，也有人说常在河边站哪有不湿鞋的，说明这份工作里有不少实惠。但关键是看自己怎么把握，只要没有私心，什么事情都会做得好。

忙忙乎乎地一眨眼就到了秋天，远处的庄稼披上了金色，成行的大雁开始南飞。这时候我听说大庆炼油厂政治部文化宣传站招工的好消息，赶紧报了名，没想到很快就被录取了，这样我就跟供销社和我尊敬的王经理告别了。

小李师傅

1971 年 1 月，我到大庆炼油厂政治部文化宣传站电影放映队报到，成了一名电影放映员。大庆炼油厂放映队一共七八个人，队长叫梁万琴，当时她已经 40 多岁了。她给我的感觉，办事儿特别利索，说话也很爽快，作为领导还特别关心放映员的工作、学习、生活。每天的天气预报她张口就来，到什么季节提醒我们穿什么衣服，甚至队上谁家两口子闹矛盾了，谁是大龄青年该处对象了，都在她关心的范围内，真像一位知冷知热的爱心大姐姐。

我的师傅叫王玉斌，电影放映技术十分过硬。短时间内我就和王师傅学会了 F16 毫米、35 毫米流动放映机使用及 35 毫米放映坐机的操作。什么装箱、挂银幕、剪片、取片、接断片，设备维修保养我都很熟练，很快自己就能独立放映电影了。

工作一段时间我发现，每天见我不怎么搭理的一位 40 多岁的街坊邻居，一天早起遇到我主动地叫我小李师傅，我听后，脸上一下子感觉火辣辣的。因为我才刚刚 17 岁，在他们的眼睛里我还是一个孩子，怎么干了半年的放映员就成了小李师傅。我对这一称呼感觉既惊喜又陌生，但我很快就适应了。因为我发现周围的机关、各分厂、医院、饭店、商店、左邻右舍都愿意主动和我打招呼叫我小李师傅。慢慢地我发现，人家见到我如果不叫小李师傅，我心里还很不舒服。

那时候，我们放映队工作非常繁忙，经常忙过了单位大食堂的饭口，只好去单位附近的饭店吃饭。说是去饭店，其实就买一角钱四两粮票的大米饭和一角钱的大豆腐或者白菜炒干豆腐。那时候我每月工资、加班补助加在一起就三十几元，每月发工资后就留下七八元零花钱，其余的都交给母亲。

那时候放电影很受欢迎，周围工厂、医院、商店、饭店的人都来看电影。我发现每次下班时都能遇到那位医院里我熟悉的扎羊角辫的女护士，时间一长，她就叫我李师傅，我也哼哈地答应了。有时候演新电影的时候她找我要几张电影票，时间一长这个秘密慢慢地被我的同事们发现了，以至于她一来看电影，同志们就和我开玩笑，弄得我和羊角辫都满脸通红。同志们都说她对我有那个意思，可我就是没什么感觉。我只是觉得自己年岁还小，当前的主要任务是学习、工作、进步，直到我离开炼油厂放映队还不知道羊角辫的名字。现在回想在那个纯真的年代里，人们的心灵真的像山泉、像白雪一样，留下的情愫也是那么纯洁无瑕、单纯美丽……

说心里话，我自己也十分喜爱这个工作，无论是上班还是下班，用我们队长梁万琴和我师父王玉斌他们的话讲：小李天生就聪明，啥事儿一学就会，一看就懂，一懂马上就弄通了，是个学科学技术的料。

因为学习认真、技术熟练，一年后，我正式通过了省电影公司统一组织的资格考试，由一名学徒工转为正式电影放映员，工资是 35.5 元，不到两年时间又涨到 49.5 元，当时我父亲的工资才 56 元。从此，我能独立带一个放映队去执行放映任务了。在炼油厂内无论是下基层，还是支援兄弟单位放映电影，从来都没有掉链子的时候。时间一长，我悟出了一点道理，人要在社会上受人尊敬、工作好、生活好，一定要学懂弄通一门技术，那要是多学会几样技术呢？

一个偶然的机会我和炼油厂广播站的站长楚振库认识了，我发现无线电技术特别实用，因为那时候，全国家家户户都渴望有一台收音机。我知道楚师傅会这门技术后就虚心地向他学习请教，从最初的识别二极管、三极管开始，几个月的时间我就戴上了自己装的耳机，走到哪里听到哪里，队里的人都非常羡慕我，又过了三个月，我给家里装了一台收音机，这件事儿在当时成了一个新闻，左邻右舍都到我家参观、收听。

从那以后我又多了一项工作，在单位里扩音机一出毛病，领导就让我去修，在家邻居们的收音机、半导体一出毛病就来找我，我总是能给他们带来欢喜。久而久之，人们都说我肯钻研、有特长，有一位邻居特地和我母亲说，要给我介绍对象。我母亲说勇库才 18 岁，正是好好工作、学习本领的时候，不能分他的心，这事过几年再说，到时候一定少不了麻烦你，婉言谢绝了人家的美意。

那时候人们每天听广播站的广播，广播站的播音员就像现在的明星一样，在炼油厂家喻户晓，因此楚振库很有名气，再加上他平时为人仗义、喜欢交际，在大庆市各行各业都有许多朋友，什么报社的、医院的、学校的、商店的，自从认识楚振库站长后，我就没少麻烦他。

有一次我父亲胃病犯得特别严重，急需住院手术，我急得抓耳挠腮束手无策。情急之中想起了楚大哥，给他一打电话，他二话没说就答应了，很快帮忙安排好了医院，帮助办理住院、看病等手续，还请来了医院最好的大夫……一直忙活到我父亲病愈出院。有人问他和病人是什么关系。他说那是我一位最好兄弟的父亲。

他把我当成最好的兄弟，我心里十分感激，也十分骄傲。从此，我拿他当自己的亲哥哥一样，张口找他办事就好像理所应当，就连我结婚、布置婚房，包括细小的家具上的玻璃画都是他亲自安排他弟弟画的，因为他弟弟在大庆市绘画很有名气，后来我媳妇怀孕生孩子也是他帮助联系的医院及助产大夫。

时至今日，我们还保持着联系。他对我的无私帮助、诚挚的友情至今难忘，就连我的家人也时常念叨他。

前几年我去楚振库大哥家里看望他，他十分高兴，已经 70 多岁的楚大哥由于心脑血管疾病已经半身不遂了。他躺在床上，高兴地和我说着话，眼睛充满了泪水，我们一谈就是两个小时。我们一起回想 40 多年前一起工作的岁月，仍然心潮起伏、青春无悔，但时光一去不复返了。

他还像个老大哥似的，虽然自己身体不好还谆谆地告诫我，工作再忙也得注意保重身体，千万不能像他一样又抽烟、又喝酒，年轻时就把整个身体透支了……

告别时他握着我的手久久不放，眼含泪花，我的心里一热，热泪在眼眶里滚动……

母亲的牵挂

放映队到大庆油田基层慰问放映电影，经常是自己接电、拉线，经常在电线杆子爬上、溜下的。那是一个寒冷的早春，放映队参加厂里线路维修，那一次，爬电线杆子时我看着水泥电线杆上挂上一层洁白的霜花就有些紧张，谁知我上到十几米高的时候突然脚下一松，右脚脚扣子掉下去了。站在高高的电线杆子上双手紧紧抱住电线杆往下一看，感觉一下子天旋地转起来，我双手紧紧搂住电线杆，感觉身体仍然往下滑，心一下子提到了嗓子眼儿，不禁大声地喊："王师傅救命呀！"

下面离电线杆十几米的王师傅赶忙跑到电线杆下。这时候我发现我一只脚扣子慢慢地不下滑了，好像蹬住了什么东西，半天紧紧地搂着电线杆死死蹬住，一动不动，感觉裤兜子里冰凉冰凉的，出了一身冷汗。不知为什么我脑海里总是出现、想起我们家胡同口死人做丧事儿时放的音乐和灵棚，我心想如果刚才这么一下子出溜下去，天寒地冻的也就一命呜呼了。想到这里我上牙和下牙磕打得"嘎嘎"直响……

"小李，怎么样？休息得差不多了吧？溜下来吧，我接着你！"向上望的王玉斌师傅大声地说。

"王……王师傅，我真下不……去了，我浑身发冷呀！"我上牙打下牙磕磕巴巴浑身发抖地说着。

"小李、小李，你怎么浑身抖动起来，你抱紧电线杆千万别动，我马上上去。"王师傅大声说着，捡起我滑落的脚扣子三下五除二地就上来了。

他靠近我，给我穿上脚扣子，用手边接我边鼓励说："小李别怕，有我在这儿呢。你听我的，千万别慌，一下一下地往下挪……"然后，他用手接我的脚，放到铁镫子上。

这时候放映队其他同志们也来到电线杆下。我在王师傅的保护下终于下来了，落地后就瘫倒了。同志们把我送回了家，那一晚上，我发高烧40度，吃了退烧药休息三天才好。

母亲从医生口中听说我有恐高症，格外紧张，等到我再去上班的时候，她非得要到单位和领导说："我儿子有恐高症，不适合上高处作业工作。"刚强的从来抹不开脸面求人的她，为了儿子，破天荒地恳求领导给些照顾。

从此以后单位照顾我，基本不安排我上电线杆接线，高空作业的工作不再找我了。但放映队在外放映经常遇到需要上电线杆接线的活，我还是经常主动上，我觉得作为一位青年人应当有一种迎着困难上的勇气和积极向上的锐气。

记得那是腊月的一天，我们开着三轮摩托车到十几里外的压气站放映电影，半路上突然下起了冒烟雪，寒风凛冽，雪花漫天，吹得人连眼睛都睁不开。三轮摩托车司机看不清路不敢开，我们三人只好下车推着走，再一发动摩托车发现发动不起来，原来是油嘴冻住了。这下可坏了，在这前不着村、后不着店的地方连饿再冻，可不是闹着玩的。仗着年轻、胆大，天不怕地不怕，我们三个人一合计干脆推着走，前面一人把着方向盘，后面两人推着，冒着大雪艰难地前进。为了壮胆，我们边推边背着毛主席语录："下定决心，不怕牺牲，排除万难，去争取胜利。"

我们冒着风雪，喊着口号，艰难前行了半个多小时，冒烟雪渐渐变小了，距离压气站几里地的时候，来了五六个人迎接我们，大家继续喊着口号，一直走到压气站，这时候我们才觉得肚子"咕咕"直响，浑身冷冰冰的，棉衣、棉裤又湿又沉，手脚冻得不听使唤像猫抓的一样。

那一天回到家已经是后半夜了，走进自家院子，屋里的灯光依然闪亮，让我能够看清门前的小路。推门进屋，只见母亲披着棉衣坐在灯光下静静地在等着我。

放映队没黑没白地忙，我有些过度劳累了。一次在电影院里放映电影《看不见的战线》，放着、放着我就睡着了。一卷片子放映完了，我还在睡，因为没有及时换片子，银幕上一片雪白。观众们在电影院里大声起哄都没喊醒我，直到我的师弟跑到身边扒拉我，我才醒过来。

还有一次在电影院放电影，我的师弟接电源，误接380伏电源，导致整个机器设备连电。我一下子触电了，当时就把我电得昏迷不醒，倒在地上半天没有动静。急得师弟“呜呜”地哭了起来，一个劲儿地喊对不起……有五六分钟的工夫，我才动了动。同志们赶忙在我嘴唇浸了几滴水，我抿抿嘴润润嗓子才感觉好一点，但心脏仍然十分难受。又过了一顿饭的工夫，感觉肚子饿了，吃了点饭，到了天黑才慢慢地打起精神。

事后想起来我有些后怕，从此以后长了记性，暗暗地叮嘱自已，不光是对自己，还有身边的同志，工作上一定要严格要求，千万不能因为粗心大意，给自己和同志带来伤害，更不能给国家、集体造成无法挽回的损失。是呀！人生的道路从来就不是平坦、笔直的，更没有一帆风顺，我们电影放映队工作也是一样。

后来母亲知道了这两件事情，很为我着急担心，一个劲儿嘱咐我工作时千万要加小心，就这一句话她叨咕了近一个月……

那一年，大庆炼油厂成品油车间发生大爆炸，死伤了几十人。因为这个车间离我们电影放映队比较近，第二天母亲知道消息后匆匆赶到我们单位。

我一看到母亲就埋怨说：“妈，你来干什么？我这里是放映队，不会有什么事情的。”

看我一脸的不耐烦，母亲询问了事故单位的一些情况，中午饭都没吃就回去了。现在回想起来真是有些后悔，儿行千里母担忧，母亲时时刻刻牵挂着我，一有风吹草动就马上冲上一线，这是多么大的幸福啊！

过了几天回到家里，我给母亲讲了许多大道理：哪个青年不是父母一把屎一把尿伺候大的？但是每天上班是我们的工作，也是国家的需要，你们不要那么紧张。

放映队长

1973 年 1 月初的时候，一天父亲回到家里说，龙凤公社要成立电影放映队。母亲一听这事，唠叨着让父亲和公社领导说说，千万不要放过这个机会，让勇库回来，上班离家还近。巧的是转眼几天过去了，父亲还没想好怎么向公社领导开口，龙凤公社的党委书记张中岐就找上门来点名要调我回龙凤公社组建电影放映队。说句心里话，我当时是不愿意离开炼油厂放映队的。两年多的时间，放映队的领导和我师傅，不但教会了我放映技术，还在思想上教我树立了正确的人生观价值观。但是，他们还是于 1973 年 2 月通过组织关系，把我从大庆炼油厂放映队调回了龙凤公社。

一到龙凤公社报到，我就开始紧张地工作，购买电影放映设备，组建龙凤公社电影放映队，并担任队长。不久又担任龙凤公社团委副书记兼机关团支部书记。那时候年轻，干劲也足，我们放映队几个人天天起早贪黑，到各大队、各小队去放电影，宣传党的方针、政策，丰富社员们的业余文化生活，有时还要承担市电影公司安排的跨区域放映任务。

记得那时候，上午一个小队刚放映完，在老乡家中扒拉几口饭菜，匆匆忙忙就赶往下个小队的放映点。当时农村文化生活匮乏，除了看电影、看宣传队文艺演出，基本没啥业余文化生活。我们放映队每天都是匆匆忙忙赶着马车到放映点，还没打开机器，放映点的男女老少就早早地拿着自家的小板凳整整齐齐地坐在那里等候了。因此，全龙凤公社东南西北，大队、小队、屯里我们都走遍了，无论走到哪里，放映队都受到广大农民兄弟姐妹们的热烈欢迎。我做电影放映队队长虽然十分繁忙劳累，但心里也感到无限荣光。

9 月初的一天，放映队到公社下面的小队放电影。我们赶着马车在路上疾驰。秋天的季节，蓝蓝的天空上几朵悠闲的白云轻轻地飘荡，大地上到处是丰收的果实，茂盛的野草散发着诱人的香味，草地上有许多吃草的牛、马，还有几群洁白的羊，我们一路上唱着、说笑着，特别开心。快到目的地的时候，突然来了一大片黑压压的乌云，转眼间就是电闪雷鸣、狂风暴雨，大雨下得像瓢泼的一样，紧接着就下起了冰雹，冰雹下得有鸡蛋黄那么大，砸在马车上乒乓作响，我们赶紧把头钻进遮机器的苫布里面。拉车的三匹马被冰雹打得受惊了，在路上狂奔，我们多次喊“吁、吁、吁吁吁”想叫停它们，也不好使。马儿像发疯了一样，我们紧紧地抓住苫布绳子，一方面冰雹打在大腿上、脚上疼痛难忍，脑袋拼命往苫布里面钻，另一方面又担心马毛了、车翻了，损坏车上的放映机。就这样三匹马在无人的大道上狂奔了十多分钟才停了下来，我们藏在苫布里躲过了这一劫。

冰雹终于停下来了，雨也渐渐地停了，大地上到处是晶晶闪亮的像溜溜球似的冰球。路旁的沟壑里面就更多了，密密麻麻的一层，像水晶一样闪闪发光。我和同事们高兴地抓起一把彼此追打、嬉闹着十分快乐，把刚才的担惊受怕都忘到九霄云外去了。

这场十几分钟的大冰雹给公社带来了一场大灾害，据当地农民说，冰雹砸死了两头牛，砸死了许多只羊，砸得马发疯了似的在大草甸子上狂奔。老百姓讲，冰雹把地里的庄稼都砸了个稀巴烂，龙凤公社绝大部分生产队都遭了灾。

那天很晚回到家里，母亲一直在等我。看我进屋把我上下打量抚摸了一遍，直到确认没有什么情况才放心。这以后每当遇到电闪雷鸣、狂风暴雪母亲总是等我回家才睡觉。

还有一次，我的同事左庆喜家里有事，我只好自己去向阳一队放映电影。那天晚上我住小队办公室，半夜突然发起高烧，还梦见满屋子都是黄鼠狼，我烧得糊涂不知不觉就从屋里走到对面马棚前，也不知站了多久，只觉得浑身有点冷了才醒过来，一看怎么站在这呀？我很害怕，赶紧走到办公室对面屋的更房。更夫一看就问我，孩子你怎么了？我说我有点冷。他用手一摸说，孩子你发烧了，赶紧上医院。他穿上衣服赶着马车把我送到采油二厂一个大队的卫生所打起吊针，第二天又把我送回公社医院，连打了几天点滴高烧才退，但一到晚间睡觉就又想起那天的情景，很是害怕，导致一段时间失眠。真正改变睡眠还是在大庆“五七”干校学习期间，由于整天劳动学习，时常累得躺下就不想起来，后来睡眠也好了。

作为龙凤公社电影放映队一队之长，我制定了电影放映队的工作规章制度，把它写在纸上，贴在放映队办公室的墙上。人人看到，我带头遵守。一年后，电影放映队多次受到公社党委的奖励和表彰，我也被评为公社的年度先进个人、优秀团干部。

1974 年 8 月我光荣地加入了中国共产党，那一年我 20 周岁。

走上领导岗位

1974 年 9 月的一天上午，我正在电影放映队研究工作，桌子上的电话响了，拿起电话一接，是公社办公室主任迟金礼打来的。他说钟玉山书记让我马上到他办公室去一趟。我还没反应过来那边的电话就撂了。

我急急忙忙往钟书记的办公室走，一路上想，钟书记找我能有什么事情？钟玉山是龙凤公社的老书记，在公社十几年了，军人出身的他始终保持着军人作风，说话、办事雷厉风行，一就是一、二就是二，把全公社人员、生产管理得井井有条，全公社收入蒸蒸日上，公社无论是干部还是普通群众都很佩服他，在公社里非常有权威。他找我有什么事情?仔细想了想，最近电影队也没惹啥事儿，工作中也没有什么纰漏……再仔细想想，可能是要到中秋、十一国庆节了，电影队有节庆放映电影的重任，那也不对呀！平时这些事情都是主管的公社副书记布置任务，我想着、想着，还没想明白就到钟书记的办公室了。

敲门进屋，一看不仅有钟书记，还有几位陌生人。钟书记把我介绍给大家，我大脑有点乱，钟书记向大家介绍我的情况时说些什么也听不清，然后钟书记又把各位领导介绍给我。我只记得第一位是大庆市政务办副主任程云山，第二位是大庆市政务办副主任兼政治部主任王守德，第三位是中共龙凤区核心小组组长张殿文，还有新调来接替钟玉山书记的宋德芳书记……我紧张地站在那里。

程云山副主任和蔼地说："小鬼紧张啥？你坐下吧!"

我不知所措地坐下来。

程云山副主任问："小鬼你今年多大了?"

"我二十了。"我机械地回答。

"好嘛，年轻人！大家都反映你工作干得不错，经公社党委研究并向中共龙凤区核心小组呈报，经大庆市政务办批准任命你为中共龙凤公社党委委员、革命委员会副主任。年轻人，你看你还有什么说的吗?"

我当时一紧张头皮发涨，冒出来一句"我……我不会干呀!"

在一片笑声中程副主任接着说："年轻人，不会干可以向老同志学习嘛。你认识不认识玉米、高粱、谷子?"

我紧忙回答："认识!"

"那就好!"他说后，全屋又响起一片笑声。

程副主任笑呵呵地接着说："我们刚参加工作时，还没你认识的字多呢，不都过来了吗?"

钟书记接着说："让你干这个工作是组织的信任。至于水平嘛，在今后的工作中慢慢锻炼。你父亲李春荣是我们一起工作多年的老同志，也是咱龙凤公社的老人，他踏踏实实工作了一辈子，你的根子没问题。再说你也是我们看着长大的，这两年当公社团委副书记、电影放映队队长，工作十分踏实、有闯劲，把电影放映队管理得井井有条，工作很出色，上下都很认可，获得大家的一致好评，所以我们班子成员都认为你行，这事上报上级，上级已经批准同意，就这么定了。"

宋德芳书记接着说道："钟书记说得好，至于工作中有什么事情，咱们可以在干中学，有什么事儿，拿到党委会一起商量解决。"

新来的宋德芳书记表完态，我半天没说出来一句话，只觉得这事情来得太突然，我头皮有些发紧、发涨，心里想，我才 20 岁能干好吗？这不是赶鸭子上架吗？几天后，在钟玉山书记主持的公社全体干部会议上，区委组织部长李洪江在大会上正式宣读对我的任命，在全场一片掌声中，我没辙了只得硬着头皮干了。我心里有个念头，既然干那就一定要干好！

1974 年 9 月，我被任命为中共大庆市龙凤区龙凤公社党委委员、革委会副主任，主要负责抓农业生产工作。

刚开始做领导工作心里一片茫然，我就向班子里的老同志请教，向新来的宋德芳书记学习。他愿意下基层，我就和他一起骑着自行车深入田间地头向贫下中农请教，从那以后我经常骑着自行车一头扎入基层农民当中，和他们打成一片。用毛主席的话讲："从群众中来，到群众中去。"转眼间担任公社革委会副主任一年多的时间过去了，在工作实践中逐步摸索出一点经验。自己静下心来总结出来后，就记在笔记本上，闲着的时候，就掏出小本子翻开看看。

当干部必须多往基层跑，凡事到田间地头多向老乡们请教。遇事不要先表态，必须到第一线多了解情况、多调查。采取开座谈会的形式最好，会上大家讨论，三个臭皮匠顶个诸葛亮。在大家群策群力的发言、讨论基础上，我一总结事情就有办法解决了。就像毛主席说的："群众是真正的英雄，而我们自己则往往是幼稚可笑的。"

刚刚上任站在台上讲话不太连贯，自己觉得不好意思。我就向宋德芳书记请教，他不但手把手地教我，还告诉我一些窍门。比如，讲话前要先拉个提纲，有些事情得事先背下来。一有开会讲话的机会，他就主动地让我先讲，锻炼我。那时，公社每个季节都要开一些有关农业生产方面的电话会议。基本上都是宋德芳书记主持，让我先讲话安排部署工作，最后他再总结强调。有时候，班子里面开会他让秘书在一旁闲着，由我来记录，会议纪要也让我整理，待书记审定后再正式印发、存档。经过一段时间的锻炼，我的讲话水平有了明显的提高。

"五七"干校学习生活

在工作中我发现自己的文化水平太低了，知识储备太少了，理论基础就别提了，更谈不上理论修养。虽然业余时间不断地学习，但感觉还得到学校去系统地学习，再充实提高一下。在我的请求下，中共龙凤区核心小组决定派我去大庆市"五七"干校读书深造。1976 年 4 月我来到大庆市"五七"干校学习。

这批大庆市"五七"干校学习班总共有 200 多人，分成两个队，都是来自各行各业的基层干部。时间一长逐渐了解到学习班学员的一些情况。学习班学员们大致分三种情况：第一是年轻干部刚提拔，需要进行文化、理论学习的，还有年岁大要提拔但文化知识偏低的；第二是工作中有失误给组织、单位造成不良影响，思想上需要进一步学习、改造的；第三是能力比较差的待岗干部，思想、业务水平都有待学习提高的。

每天主要学习马列、毛主席的著作，学习中国共产党党史，对照党的发展历史查找我们前进道路上的不足。更好的是，我们不但学习理论，还和实践相结合，采取两条腿走路的方针。学校有农田，学员们自己种地、自己收获，感受农民的辛苦劳作，还有一个队专门搞基建，我就是这个队的学员。

我们还学习解放军“一不怕苦，二不怕死”的优良传统，搞野外拉练，打好背包，整理好行装，全副武装步行几十里路。到大庆油田的一些先进基层单位，特别是到铁人王进喜曾经工作过的“1205”钻井队去参观学习。

在“五七”干校学习期间，除了集中辅导，主要以自学为主，这对我来说也是第一次。学校有几位老师给我们集中上大课，平时靠自学并整理笔记，然后在小组会上交流发言，讲得比较好也可以在全校学员大会上交流发言。时任大庆市物资供应处党委常委、政治部主任的张久生同志就讲得很好，他是正规大学哲学系毕业的高才生。市领导也时常来校给我们做辅导报告，时任大庆党委副书记兼“五七”干校校长的韩荣华同志，就给我们讲过课，后来他到全国总工会任副主席了。

在“五七”干校学习期间，还结识了一位教师叫孔令学，他从黑龙江大学哲学系毕业，分配到大庆“五七”干校任教，讲课很有水平，他在学习期间对我帮助很大。还有一位是我们学员二队队长杨鸿儒，当时任大庆油田采油一厂副厂长，他为人正直，热情实在，很受尊重。毕业后我回龙凤公社任职，他对我们支持很大，专门派钻井队给我包点儿的前进大队无偿打了两口深水井，都在200米左右，那时我们只能杀猪宰羊来慰问钻井工人。当时采油一厂党委书记是张中岐，他曾在龙凤公社担任过党委书记，他们两位都很支持我的工作。

在大庆市“五七”干校的系统学习，让我不但了解了中国共产党历史，也更加全面地了解了中国社会的状况。认识到中国人民能有今天的幸福生活，人们吃得饱、穿得暖，工人阶级、农民劳苦大众真正当家做了主人，这些成就都是在毛主席领导下，中国共产党团结广大人民群众在短短的几十年内取得的，我们这些后辈要继续自力更生、艰苦奋斗，把祖国的明天建设得更加美好、更加繁荣昌盛。同时，我也树立起作为一名党培养的干部，一定要为人民多做一些事情，牢固树立为广大人民群众谋利益的思想。

从那个时代过来的人都知道，1976 年的中国真是多灾多难，发生的几件大事儿深深地影响着中国，也深深地影响着我的一生。

3 月 8 日 16 时，一场特大的陨石雨降落在吉林省吉林市近 500 平方公里范围内，它是世界上最大的一场陨石雨，最大的一块重达 1770 千克，是世界上的陨石之王。

7 月 28 日 3 时 42 分，唐山市丰南一带发生里氏 7.8 级强烈地震，23 秒钟后，唐山被夷为一片废墟，地震罹难场面惨烈到极点，为世界所罕见。

1976 年真是中华人民共和国的多事之秋。

1 月 8 日，中国人民最敬爱的周恩来总理因病去世。周总理的逝世给全中国人民带来巨大的悲痛，全国人民都十分沉痛地悼念周恩来总理。

7 月 6 日，朱德委员长逝世。全国人民还没有从周恩来总理逝世中醒来，朱总司令又去世了。

转眼进入 9 月份，北方的深秋季节秋草黄、秋雨寒、秋风吹，放眼望去，大草甸子、湿地深处芦苇迎风摇摆……

9 月 9 日晚饭时间，我们正在大庆“五七”干校的食堂排队买饭，广播里传出中国人民的伟大领袖毛主席逝世的消息，食堂里顿时鸦雀无声，过了片刻，整个食堂到处是人们的哭泣声……我作为一名五尺高的男子汉也忍不住当众哭出声来，眼泪像断了线的珠子，一串串地落到饭碗里，后来就哽咽得怎么也说不出话来。当时就有几位同志哭得背过气去。那段时间中国人民都沉浸在毛主席逝世的莫大哀痛之中……

简直就像天塌下来一样，大家感到暗无天日，看不到未来，谁也不到食堂打饭吃，后来学校动员大家去吃饭，不然容易饿坏身体，而且饭做出来不吃也是浪费。尽管这样，也很少人去食堂吃饭。经过再次动员后才有更多的人去，但是到了食堂，看到墙上挂着的毛主席像马上哭声一片，一连几天大家都吃不下饭、睡不着觉。有时坐在宿舍想想毛主席就哭，觉得毛主席是中国人民的大救星，是我们的大恩人，没有毛主席就没有我们的今天，毛主席不在了，中国今后怎么办呀……

又过了几年，社会上有极少数人说，对毛主席的情感是个人崇拜，父亲、母亲听了这些话非常生气。特别是解放前参加革命的父亲，他多次当着我们这些儿女的面义正词严地说；“什么叫个人崇拜？我们不懂。只知道，我们这些翻身的工人、农民打心眼里热爱他老人家，没有毛主席咱们家不可能过上今天的幸福生活。在旧社会，你爷爷、奶奶、大爷、叔叔、姑姑们8口人的一个大家庭，从来都吃不饱、穿不暖。你那三个姑姑都长成大姑娘了，还没有一件完整的衣服穿。多亏毛主席共产党领导我们翻身得解放，我们李家才有了今天的幸福生活。如果说这叫个人崇拜，你让我们这些人崇拜你试试？这叫感恩的心。人民群众喊‘吃水不忘挖井人，幸福不忘毛主席’从来都是发自内心的，这不是个人崇拜，这是人民敬仰。孩子们，别人我管不着，但是你们必须得感谢毛主席，可千万不能忘了本呀……”

在大庆“五七”干校近一年的学习，使我真正走近毛泽东思想，每当生活和工作中遇到问题、困难，我就用毛主席教我们的认识论和方法论加以分析，克服前进道路上的各种障碍。

那9个月的学习时间，我看了不少古今中外的书籍，它为我打开了知识的大门，我终于知道了书本的力量。

下基层蹲点吃派饭

1977年初“五七”干校学习毕业后，我又回到了龙凤公社继续担任龙凤公社革委会副主任，主抓全公社的生产、经营，不久公社党委决定我带队组成工作组，来到向阳大队三小队蹲点。

我首先想到的是摸清情况，那时候我们和群众打成一片，挨家挨户吃派饭，就是工作组挨家轮流吃饭。通过吃派饭，全小队100多户农民400多口人，主动地、私下里向我们反映情况，我们基本找到了三小队的病根。

三小队的班子建设搞得不好，一把手有私心杂念，遇事总想自己多吃、多拿、多占……班子成员有人贪污公款、侵占公款几千元，会计、后勤人员经常大吃二喝不下地干活，影响十分不好……因此班子软，没有战斗力。队里风气不好，小偷小摸、打架斗殴、赌博成风，歪风邪气横行，正气上不来。队里一些好干部整天垂头丧气，用当地老百姓的话讲"干的不如看的，看的不如捣蛋的，捣蛋的不如违法乱纪的"。

我们公社每个劳动日人均收入一元左右，是大庆比较富裕的公社。那时候讲究以粮为纲、全面发展，粮食生产要达到上纲要（平均亩产400斤）、跨黄河（平均亩产500斤）、过长江（平均亩产800斤）。而向阳三队一个劳动日人均收入才七角钱，粮食平均亩产才200来斤。难怪早上生产队一敲钟上工农民们都无精打采的，收入太低大家提不起精神来……

回想起那时候的工作，吃派饭最好。根据公社规定，每顿饭如果吃荤菜，每人给人家四两粮票三角钱，如果是素菜，每人给人家四两粮票二角钱。

有些人家院子收拾得干净利落，房前房后种着小白菜、萝卜、茄子、辣椒等各种蔬菜，我们喝着大糙子粥、吃着大煎饼卷大葱蘸大酱，和他们聊天，心里感觉十分舒坦。

有一次去一户村民家吃派饭。一进屋发现家里有七八个孩子，炕上连张炕席都没有，稀稀拉拉地铺着几张发黄的旧报纸。屋里的女主人像50多岁的老大娘，蓬头垢面萎缩在炕上，一问才40多岁，得了严重胃病、心脏病无钱医治。几件脏兮兮的被子堆在炕上，连褥子都没有。厨房里更是乱七八糟，到处都是鸡粪……吃饭的时候，苍蝇围着饭碗嗡嗡地叫唤着，孩子们穿着补丁摞补丁的衣裤来回地走动，那日子过得看着叫人心酸……吃完饭临走时我们几个人给他们家凑了 12 元钱。经过走访，队里像这样的困难人家有八九户，工作组和小队班子成员立即决定把这几家作为扶助的特困户上报到上一级单位给予生活困难补助。

一到队干部家里，吃着白面馒头、猪肉炖粉条，满嘴香喷喷的，但心里十分不舒服……心里想共产党的干部不能只想着自己，应多想想群众。我也暗暗下决心，一定要为这里的老百姓做点实实在在的好事儿。

通过吃派饭，我们还发现有那么三四户人家，整天不出工劳动，在家里大吃二喝，还成天打牌赌博，公安助理仔细调查，发现他们每次输赢都近百元……

根据工作组掌握的情况，我及时拿出处理意见，经大队党支部研究向公社党委汇报，根据公社党委决定，立即采取几项措施。一是解散队里领导班子，重新组建。二是组织开展查账、对账，多吃多占公家钱物的一律补交，涉及违法的交给公安机关处理。

处理这些违法乱纪案件后，成立了新的领导班子，增强了农民搞好生产的信心。我又向公社领导汇报，决定在这里开展科学种田，支援了小队里一些化肥。到了年底一决算，向阳三小队粮食产量超过了纲要，达到 400 多斤，人均收入每天一元五角多。

不久以后，我又带领工作组来到铁东大队，我根据向阳三小队的工作经验，带领工作组蹲点吃派饭，经过一段时间的调查研究，根据群众揭发检举，很快发现铁东大队那几个天天不上工、喝酒、赌博、游手好闲的人有问题。经公安侦查、审讯，查清这是两个专门盗窃大庆油田电缆物资的盗窃犯罪团伙，很快立案查办。其中，有悔过自新的盗窃犯李某，在生产大队现场说法的大会上痛哭流涕讲述自己的犯罪经历，以及查找自己好吃懒做的堕落原因。这起犯罪案件典型人物的现身说法，让全队农民受到一场深刻的普法教育，树立遵纪守法、勤劳致富、科学致富的观念。这件事，市、区党委也很重视，不但龙凤区举行了千人报告会，市里还专门搞了犯罪事实展览会，当时大庆市委陈烈民书记还专门做了讲话。由于狠刹了歪风邪气，提振了干群士气，这个大队的工作当年就初见成效。粮食亩产由过去200多斤跃升到350斤，蔬菜亩产由1500斤达到3500斤，收入由每日几角钱上升到一元二角多。那一年，我被评为大庆市劳动模范，被任命为公社党委副书记兼革委会副主任。

参观大寨

1977年8月底，我作为黑龙江省第六批赴山西省昔阳县大寨大队参观团成员到大寨参观学习。代表团由黑龙江省委常委组织部长谢云清、省农委主任金浪白带队，一共去了600多人，队伍庞大，全省各行各业都有。大庆市带队的领导是市农林办张学华书记。

初秋的大寨一片丰收景象，风吹麦浪，欣欣向荣。我们代表团几百人爬到虎头山上，放眼望去，层层梯田尽收眼底，景色十分壮观，赏心悦目。记得是齐齐哈尔市代表团的一位代表带了一台照相机，给我拍了几张相片。

大梯田上长满了金灿灿的玉米、笑弯腰的麦穗、谷穗，仔细看还有果树林，苹果、梨、核桃……

大寨并不大，只有百余户人家，500多口人，为何被冠以“大”字为村名？相传在虎头山北部有个重要关隘，北宋时，在此安营驻兵扎寨，故而称大寨。过去，全村700多亩土地分为4700多块，全部在“七沟八梁一面坡”上，是个“山高石头多，出门就爬坡。地无三尺平，年年灾情多”的地方。新中国成立后，翻了身的大寨人，在中国共产党领导下，成立了互助组，办起了农业生产合作社。大寨人靠自力更生、艰苦奋斗的精神改变了旧面貌，成为我国农业战线上的一面红旗。

下山的时候，我有意走得慢一点，想再多看看、多学学大寨的经验。大寨七沟八梁一面坡，满山都是石头，自然条件十分恶劣，但是大寨人在陈永贵的带领下，战天斗地绝不向困难低头，靠实干、巧干多年坚持不懈，终于把大寨建成幸福的米粮川。而我所在的大庆市龙凤公社到处是平坦的黑土地，不缺水、不缺肥，缺的就是大寨人战天斗地、苦干实干的精神……这样浮想联翩的，路越走越慢，还有一位和我一起同行的同志，我们俩已经远远地落在了后面。朝山下一看，已经被落下 2 里多地了。我们俩只好抄近路下山赶上参观队伍。

我们俩刚跑下山坡就看见迎面来了十几个头扎白毛巾的人，我的同事一眼就认出大寨劳动模范陈永贵副总理就在其中，他们一路说着渐渐走远。当时我很兴奋，真想走过去和他打打招呼，可是一想到人家是副总理、大领导，心里还是很紧张。

当天下午在大寨礼堂，坐满了各地到大寨参观取经学习的代表。记得有沈阳军区代表团、天津市政协代表团，还有我们黑龙江省代表团……

进入会场，我当时正伸着头往主席台张望，大庆市代表团团长农林办张学华书记来到我身边说："小李，你得到第一排去。"

我疑惑刚要开口，张学华书记接着说道："一会儿陈永贵副总理给我们做报告，他说山西话，你要认真听、认真记，整理讲话材料，供会后同志们学习。"

就这样我坐到了第一排，紧张认真地做好陈永贵副总理的讲话记录。

陈永贵副总理坐在主席台上，谈笑风生地给我们做了一场关于大寨和全国农业学大寨情况的专题报告，他讲一口山西话，十分幽默风趣，代表们听得十分高兴，不时响起阵阵掌声。我也一样，很快被大寨人艰苦奋斗的实干精神所感染，心里想大寨无愧为毛主席他老人家给全国人民树立的农业战线的一面旗帜。

讲话结束后，代表们都散去，唯独我们大庆市代表团被留下了。陈永贵副总理和山西省、黑龙江省领导专门接见了我们大庆市代表团。陈永贵副总理笑呵呵地说："大庆是全国工业战线的一面旗帜，也有许多值得大寨学习的地方。大庆、大寨要互相学习。"一句话说得我们代表团全体人员心里热乎乎的。

参观学习大寨大队的那几天，我身心一直处于一种无比亢奋中。大寨大队的队部、社员家、田间、地头、沟沟坎坎都留下了我的脚印。

返程的时候，我们住在山西省昔阳县的招待所。晚上躺在床上翻来覆去睡不着觉，一骨碌爬起来，结合自己所在的龙凤公社，对照大寨大队这面红旗，查不足、找差距，写下了学习大寨的心得体会。

但随之而来的事情也引起了我的一些思索。我发现不论中午还是晚上，总有当地人拿着挎包掏出大白梨、苹果等当地特产问我们买不买。我们一尝，大白梨、苹果香脆甘甜，价格十分便宜，才几分钱一斤，这价格要是在我们大庆市就和白捡的一样，人们得疯狂购买。刚开始我们少量购买吃着、尝着，后来大家到果农家中，在梨树、苹果树上，亲手摘下新鲜的水果。代表团成员差不多每人买了两大兜子水果，一路下来旅行车上欢声笑语、水果飘香。当时，我在想价格如此低廉，这些农民用辛勤汗水换来的劳动成果，并没有实现他们应有的价值……还有就是那时候昔阳县的饭店里面绝大多数没有炒菜，我们当中有愿意喝点小酒的，到县城里找了一大圈，也没找到。大多数的饭店里面都是面食，面条、馒头、大麻花，没办法，我们几位只好就着猪肺、猪肝等小菜喝了一顿酒。

黑龙江省代表团大寨学习即将结束的时候开总结会，选几个地市指定代表谈学习大寨经验的心得体会，我很荣幸地代表大庆市去主席台上发言。

2019 年 6 月 9 日，我又有机会来到大寨，这次专门去拜访了郭凤莲。毛主席树立的工业学大庆、农业学大寨“两面红旗”，把大寨和大庆紧紧地联系在了一起，郭凤莲还清晰地记得很多大庆的老领导、老同志。那天，我们聊了很多。

参观完大寨后，代表们坐着专列进北京。当时大家都有一个很强烈的心愿，就是一定要瞻仰毛主席的遗容。

代表团的领导很快联系上了。第二天一大早我们早早地办好手续，排队等候在毛主席纪念堂外。长长的队伍望不到头，人山人海。

那是我第一次看到毛主席遗容，看着这位一生为全中国人民奋斗、操劳的伟人，好像是累了静静地躺在水晶棺中休息，我和所有代表一样止不住热泪长流……心里暗暗地下决心，一定要好好工作，用优异的成绩继承毛主席的遗志，不辜负他老人家的希望。

两个月后，我和几位同志又来到了北京，参加“十二个国家农业机械博览会”，虽然学习参会非常紧张，但我还是决定抽出半天时间去北京海淀区四季青人民公社参观学习。10 月的北京，烈日炎炎。我坐公共汽车到四季青人民公社，如果说在山西省大寨大队找到了苦干实干的革命精神，在四季青人民公社我才真正地找到了龙凤公社的差距、不足和今后努力的方向。

走在四季青人民公社的田间、地头，根本看不到拿着锄头干活的农民，清一色的拖拉机、收割机、解放车等机械化设备在工作，节省出来的劳动力都在工厂里面上班，像工人一样拿着月工资，这里基本上消灭了城市和农村的差别。

回到大庆后，我把山西省大寨大队和北京四季青人民公社的参观感想和龙凤公社今后的发展规则写成材料，经公社党委会讨论后，向区领导做了汇报。上级很支持，觉得龙凤公社应当以粮为纲，全面发展，大力发展多种经营，早一点实现农业机械化，把节省出来的劳动力送进工厂当工人。然后，依靠大庆炼油厂多发展一些相关产业。龙凤公社根据这一规划，原有的社办企业进一步发展壮大，新建一些工厂，有砖厂、石灰厂、水玻璃厂、保温瓦厂、石棉厂、抽丝厂、沥青厂、炼油厂、重晶石粉厂等几十家工厂……还买了四五百辆胶轮拖拉机、100 多辆大解放车，还有 60 多台农用链轨车……

农田里的整地、播种、收割、运输等 70%—80% 都实现了农业机械化。这些努力换来农民收入的飞速增长，最富裕的向阳五队人均每天收入近 6 元，龙凤公社被评为全省学大寨先进公社。1982 年，黑龙江省委书记王路明亲临视察。

抓蔬菜生产

有段时间，大庆市市民普遍反映蔬菜供应不好，茄子、辣椒、黄瓜、土豆等这些老百姓经常吃的家常菜也时不时地发生短缺。

那一年初秋，市委召开蔬菜工作会议，大庆市委副书记、市长王苏民点名严厉地批评了一些相关单位，并且让龙凤公社的一把手上主席台解释、答辩，那天也巧了，一把手因有事请假，市长王苏民又接着点名让公社主任上台。

当时我在台下一听，脑袋一下子就大了，事后我都不知道自己是怎么上的主席台。

站在主席台上几秒钟后，我一下子倒镇定了。当时心里想，龙凤区的蔬菜生产汇报材料是我参与起草的，一些蔬菜生产数字都装在我的心里，我就实话实说，有什么说什么，大不了市领导、区领导免我的职。

“这就是龙凤公社管委会主任李勇库同志。”

听了会议主持人的介绍，王苏民市长用眼光上下打量我一遍说：“你很年轻呀！我问问你，你们龙凤公社蔬菜生产搞不好，是对大庆市委、市政府有意见，还是对我王苏民有意见？你要有点自知之明的话，也说说你们蔬菜生产上不去的原因。”

一听市长讲话怒气没消，我干脆实话实说：“首先蔬菜生产上不去，我向大庆市委市政府、龙凤区委区政府检讨，向大庆市民们道歉。”

“龙凤公社蔬菜生产没有搞上去，我作为公社行政一把手应负主要责任。要说原因，主观客观原因都有，从主观上看我们对蔬菜生产重视不够，存在重副业轻蔬菜的思想，我们的领导工作也不得力，特别是基层班子不稳定，存在‘滚子响、换队长’现象，队长没有长远打算，加上农村情况又很复杂，经常出现打骂队长、诬陷队长，甚至有些人还放火烧生产队长家柴火垛等，造成了生产队长存在着‘年过四十五，身埋半截土。生活过得去，何必再辛苦’的想法，用有的队长的话讲，从中央到地方，生产队长最难当。”这时，台下一片掌声和笑声，主席台上一些领导包括王苏民市长也笑了，他还说咱们都一样，都不容易。

我接着讲：“这几年，从客观上看我们技术力量不足，科学种菜水平不高，特别是资金投入不足，农田基本建设不完善，水井不多，旱了不能灌，涝了不能排，温室和大棚生产面积很小，基本上是靠天吃饭，不像油田农工商系统投入多、设备设施完善。”

说到这里，王苏民市长打断我的话：“财务处长张光照，我问问你，明年财政能不能拿出一些钱来，支援蔬菜生产？”

张光照当时就站了起来大声地说：“能。”

我接着又说完成蔬菜生产任务，每年需要多少化肥、多少塑料大棚、多少水井、多少科技人员指导等，结果我的话音没落地就迎来一阵阵热烈的掌声。

我当时就立下了军令状，如果今年我们龙凤公社搞不好蔬菜供应，我就辞职种蔬菜去。我的一番军令状又引起一片热烈的掌声。

王苏民市长说：“看样子你这个小李主任挺厉害，还好面子，今天我答应你的一切条件，年底龙凤公社供应不上蔬菜，老百姓再找我，我可拿你是问。”

我说：“好！没问题。如果完不成任务，任凭上级领导处置。”

这时候，王苏民市长在主席台上突然笑着说：“炼油厂的领导来了吧？你们是不是也天天吃大庆市龙凤公社的蔬菜呀？”

炼油厂领导张凯环忙站起来：“我们是吃龙凤公社的蔬菜。”

“那你们天天大嘴马哈地吃蔬菜，是不是也要给龙凤公社蔬菜生产上一点支持呀？”

炼油厂领导：“是！应当支持。”会场上一片笑声。

紧张、严肃的工作会议，一下子变得风趣、生动了许多。笑声过后，出了会场回到龙凤公社，我马上向公社一把手徐连贵书记汇报，然后开会落实市长关于蔬菜生产的指示精神，要求各大队、各小队必须坚决照办层层抓落实。

市里资金、化肥很快到位了。我也黑白天不分地从源头抓起，一步一步去落实。塑料大棚、蔬菜种子、技术员指导配备等，到了丰收时节，菠菜、韭菜、西红柿、萝卜、茄子、辣椒、黄瓜、豆角、土豆、大白菜等源源不断上市。在年终市里召开的农村工作会议上，我受到大庆市委、市政府的奖励和表彰。

在龙凤公社主持工作

1978 年 3 月，我担任龙凤公社党委副书记、管委会主任，成为公社行政一把手。那一年我刚过 24 岁生日不久，感觉自己身上的担子越来越重了。1980 年，我被中共龙凤区委任命为龙凤公社党委书记兼公社管委会主任。

我一上任首先抓干部队伍建设。当时全公社 12 个生产大队，年龄 55 岁以上的大队支部书记、大队长就有 10 个。他们的文化水平大部分是小学，初中毕业仅有 2 个。这些老同志大部分都是新中国成立初期的农村干部，事业心强，对党有感情，但因为文化偏低，接受新生事物较慢，不适合农村现代化的发展需要。因此，公社党委对大队班子进行了充实、调整、加强。调整后10个大队的书记、大队长年龄在30—40岁之间，文化程度最低是初中，大多数是高中文化，其中有几位还是民办教师和大队会计，还有两位是复转军人。还有两个大队留下的两位老同志，一位是大庆油田老标兵刘军，另一位是全市优秀党支部书记付有志，他们在后来的工作中不但发扬了龙凤公社艰苦奋斗、踏实肯干的优良传统，对这些新上来的年轻大队干部还起到了很好的传、帮、带作用。根据公社党委关于加强基层领导班子的意见，全公社42个小队领导也进行了相应的组织调整。

同时，为了照顾好那些调整下来的老同志，发挥他们的余热，身体好、愿意出来继续工作的，都安排到乡镇企业任党支部书记；年龄偏大，身体较差的，安排到大队做助理员。

另外，我也十分关心公社班子中的老同志。比如有两位党委副书记，多年劳累身体不太好。因此，安排他们负责公社机关日常工作和乡镇企业工作，基本就不安排他们下乡了。如晚间开班子会，他们可以不参加，白天事先和他们沟通好。

结合龙凤公社发展的实际，对公社管理体制进行了改革，撤并、成立、加强了一些部门，比如，公社经营管理站、农科站、畜牧站、林业站、水利站、农机站、电管站、广播站、粮管所、乡企办、派出所等。并明确了各部门的岗位职责和主要任务，还制定了龙凤公社的长远发展规划。

另外，我还组织了近60人的学习考察团，赴山东菏泽地区学习农业大包干的经验，回来结合实际，先后在前进大队、建兴五队开展家庭联产承包责任制试点工作，之后在全公社推广。当时在全市13个公社中，我们是率先实行家庭联产承包责任制的，而且效果很好。实行家庭联产承包责任制后，我们又在强化经营管理方面下了一番功夫，制定了经营管理各项规章制度及奖惩办法并汇编成册，印发全公社42个生产队及所属企事业单位学习贯彻执行。

总结龙凤公社过去的农业发展历史，基本上是靠天吃饭。风调雨顺就增产，一遇灾害就减产。究其原因是没有认真贯彻落实好农业八字宪法。为此，我们坚持大力普及农业科技知识，每年都利用农闲季节，举办各类农业技术培训班，安排专业技术人员现场巡回指导，还在部分小队大搞试验田。

那几年，我们不仅大量引进培育优良品种，同时还借助了大庆化肥厂得天独厚的优势，生产了许多复合肥，特别是结合土地板结的实际情况，在全公社开展机械深松整地和玉米深松播种，这样既解决了蓄水保墒问题，又能使植物根深叶茂，田间管理也得到加强，种、管、收实行科学管理。

记得那一年，刚划归我社的原万宝山公社建兴大队第一生产小队，由于农田水井比较少，当年干旱非常严重，在收割时由于小麦棵矮不便用镰刀收割，他们用大扇刀抡。当时公社党委要求是不宜动镰刀的就用手拔，一定要减少麦粒损失，做到颗粒归仓。派下去在大队蹲点的公社干部向我反映，我一听气不打一处来，叫上司机开着吉普车就去了，我过去一看更火了，只见全小队的社员在王乃成的带头下，每人手里都拿着一把大扇刀，抡得金闪闪的麦穗四处乱飞，损失很大。我一看这么糟蹋麦子刚想发火骂他，转念一想，他也是个犟驴一样的人，搞不好问题解决不了，大家还都下不来台。我心里想，收割麦子就拿你王乃成当典型了。

想到这里我压住火气："王乃成，你们小队收割麦子工作先停下来，你把这几天的工作安排好，明天去公社报到，到其他生产小队学习人家是怎么收割麦子的。"

第二天王乃成和农业站长一起用了两天时间，跑了十几个小队。结果一对比，他的脸一下子就紫茄子皮色了。见到我后耷拉着脑袋说：“李书记，我错了。”王乃成向我哭着说，再给他一次机会，保证全小队用镰刀把麦子收割好。

听农业站长说，王乃成坐着嘎斯车走到哪里都真诚地检讨：“我叫王乃成，我检讨，我用大扇刀收割麦子错了……”

我一看他认识到自己的错误，还积极要求改正，就答应了他。收割麦子过后，我派人到各个小队麦地检查，王乃成小队的麦地收拾得干干净净，做到了颗粒归仓。

我们还大搞农田基本建设，实行田、水、渠、林、路综合治理，特别是连续四年打井 200 口，基本实现了菜田 100%、粮田 50%，旱了能灌，涝了能排。1982 年全省普遍大旱，大庆地区更为严重，但是我们公社英勇大队大部分农田得到很好的灌溉，庄稼长势十分喜人，时任省委书记王路明同志到英勇大队视察时高兴地说，大旱之年全省如果都能像你们这样就不愁丰收了。

千人百车大会战

那一年，贯彻大庆市委常委、副市长刘邦林等领导关于开展玉米机械深松播种指示精神，我们龙凤公社率先垂范。上级要求我们派人到绥化地区学习玉米机械深松播种的经验，学习回来后我们马上在前进大队试点，实施玉米深松播种后，半个月过去就是不见小苗破土。临近社队的小苗已经满大地绿油油的，我们这里一大片土地只有星星点点稀稀拉拉的小苗。那些天我天天早上扒土看种苗，傍晚打着手电筒深一脚、浅一脚地接着观察种苗。

经过几天，我们到田间地头和农民一研究终于找到了原因，那就是我们播种早了一些，大地的冻土层还没有化尽，翻起的土结成了土块，致使玉米种子下土埋得过深，所以小苗拱不出来。转眼间就到芒种了，这样下去前进大队的玉米就得大面积歉收了。

时间不等人，俗话说得好，过了芒种不可强种。我和科研站有经验的老技术员研究，开班子会当场拍板，全面毁种，开展千人百车大会战，所有公社机关干部和乡镇企业职工放下手里的工作，全部支援前进大队抢种玉米，和老天爷抢时间争速度。当时党支部书记付有志同志因着急上火卧床不起、大病一场。我作为公社党委书记，只能赤膊上阵，亲自组织并指挥这场战斗了。

那几天正是绵绵细雨，春雨贵如油，我们抓住这一千金难买的播种好时机。我和公社干部们亲自带头在雨天中抢种，在全公社干部带动下，全体社员工作在绵绵春雨中，信心倍增。那场面至今回想依然止不住热泪盈眶，1000 多人的队伍，100 多辆水车，干部群众不怕苦、不怕淋、不怕累，一身泥土干得热火朝天，整个前进大队掀起播种的滚滚春潮……

一个多月过后，绿油油的玉米苗终于覆盖了前进大队黑黝黝的土地。那一年，大部分生产队都采用机械深松播种。全龙凤公社的玉米、高粱、麦子等，到处禾苗茂盛，长势大大好于往年。

转眼到了秋天，碧空如洗的蓝天下，玉米棒子笑得露出整齐的大牙，高粱像红脸的醉汉随风摇摆，金黄的麦浪连绵几里地，景色十分壮观，金黄色的谷穗害羞地低着头，那情景看了十分喜人。丰收了，全体社员快乐着、欣喜着，都期盼今年的好收成带来好的收入，我也和全体社员们的心情一样，我在全公社秋收动员会上讲，一定要把一年的劳动成果全部收回入库，做到颗粒归仓。

回想龙凤公社 12 年学习成长工作的岁月，有些事情至今难以忘怀。20 世纪 80 年代初，因国家实施 30 万吨乙烯重点工程建设，新兴大队需要全部动迁。可是当时 30 万吨乙烯重点工程指挥部在没有满足新兴大队老百姓合理诉求的情况下，就强行动迁，引发大庆有史以来农民和警察最激烈的冲突。结果，村民非法扣押了乡干部和多名警察，警察抓捕多名闹事儿村民。当时，这件事引起黑龙江省省长陈雷的高度重视，并批示当地政府尽快解决。

此前，龙凤公社永泉大队动迁，永泉大队全部满足化肥厂所需土地，但化肥厂只给了土地补偿款，永泉大队因此失去近70%的耕地，人多地少，因动迁陷入贫困之中。

新兴大队全体村民吸取永泉大队教训，坚决要求一次性解决动迁合理诉求。后来在省政府工作组指导下，经政府、企业、新兴大队村民三方共同努力，问题最终得到了妥善解决。

我作为龙凤公社一把手，全过程指导参与事件的解决。我认为这件事情就是因为当时政府有关部门和企业没有真正做到依法办事，没有充分考虑农民切身利益，没有妥善处理好国家、集体、个人三者的利益关系。

这件事情在我脑海中打下深刻的烙印，我们无论做什么事情，都要把人民的利益摆在第一位，牢记党的全心全意为人民服务宗旨，把实现好、维护好、发展好最广大人民的根本利益作为党和国家一切工作的出发点和落脚点。

第六章 收获幸福

瑞雪孕育着生机勃勃的春天

下雪了，雪飘飘洒洒，纷纷扬扬，像烟雾一样轻柔，像水晶一样晶莹，像棉花一样洁白，从天空徐徐洒下。雪花是那样轻柔，那样清幽，怕惊破了人们的好梦似的，悄无声息地亲吻着久别的大地。

北方人爱雪、喜欢雪。大庆纬度较高，是我们国家的高寒地区，每年10月底就开始下雪，一直下到第二年的三四月……

我也特别喜欢雪，喜欢雪花那神奇的六角形。那时候一到周六、周日，我就会站在窗前看窗外美丽的雪花，还有经常到水井边挑水的那个姑娘。这么个大雪天她会出来担水吗？她就像冬天里飘着的雪花轻盈美丽。

那一阵子，我在龙凤公社当团委副书记还兼电影放映队的队长，工作十分繁忙，一两个月才回家一次。一回到家里母亲就开始叨叨，左邻右舍的七大姑、八大姨过来给我张罗对象，说谁家的姑娘怎么怎么好……多少次的叨咕，我根本就不当回事儿，耳边都有茧子了。

我不耐烦地说："我才二十出头，工作又这么忙，哪有时间处对象。"

母亲见我不高兴就搬出了父亲："你父亲想早一点抱孙子。"

那我也没太当回事儿，公社事情多、工作忙，我相信父亲会理解支持我的。

最近两次回家，在饭桌上，母亲总叨咕邻居董凤山的妹妹董凤兰，说董凤兰不但大高个，人长得标致还勤劳，为人处世端庄得体大方。我心烦地刚要说，父亲也微笑着插了一句："我看了，那姑娘真不错。"坐在饭桌旁的姥爷也说："是得早点张罗了，自古就是这样，俗话说得好'男大当婚，女大当嫁'嘛。"

他们这么说，我也没当回事儿，第二天早早地回公社上班。

那是一个雪花飞舞的周末，我匆匆地往家走，快到家门口了，前面一个担水的苗条身影脚下一滑一个踉跄差一点摔着，引起了我的注意。她挑水的身影随着扁担一起一伏，一双大辫子随身体摇晃着，高挑的身影像柳树枝随风摇摆着，走到身边我才看清，好一位皮肤白皙端庄美丽的姑娘。我用眼角的余光瞄了她几眼，她细长的身体随着扁担和水桶一起一伏，轻盈地走进了邻居董凤山的家中……到家后，我不经意地知道她就是董凤兰！身高一米六七，身材十分窈窕。

初下雪时，往往雪片并不大，也不太密，如柳絮随风轻飘，随着风越吹越猛，雪越下越密，雪花也越来越大，像织成了一面细密的白网，丈把远就什么也看不见了。雪，覆盖了屋顶、马路，压断了小树枝，隐没了各种物体的外表，漫天飞舞的雪花，使天地融成了纯洁的玉体。

说来真是缘分，董凤兰的三哥和我是同班同学，她和我妹妹李永华又在一个班。原来她是董凤山的妹妹，由农村老家来大庆市投奔在派出所工作的董凤山。董凤山是解放军军官转业，分配到大庆市，在龙凤公社当特派员，后来当上派出所所长，和我父亲是同事。他只比我大十几岁，可我刚来龙凤公社工作时还是一口一个董叔地叫着。

每次看到董凤兰的身影，心里都有一种莫名的激动，用现在的话讲，就是初恋的感觉吧。青春期时自己常常幻想，自己身高才 1.7 米，在高大的东北男子汉人群中只能算是中下等的身材，因此自己找未来的爱人一定是位长得十分苗条的高个子姑娘，现在这位姑娘就这么担着两桶清澈的井水，婀娜多姿、姗姗来迟地出现在我的生活中。

多少次我来到院子里，伸出手臂，刚打开门，就有一阵风把雪花送了过来，我马上伸出手掌，想抓住一片飞舞的它，可是，它好像很急似的，落到我的手心就融化了进入我的身体，成为我身体的一部分。

这时候我总在想，如果她挑着水桶出来，我该怎么办？那年月比较保守，我都是20多岁的大小伙子了，还没有单独和一位姑娘说过话。那时候我已经是公社副主任了，难免有许多人给我张罗对象，还有许多人主动上门当媒人和父亲、母亲谈，都被我以工作繁忙、岁数小暂时不考虑为由，委婉地拒绝了。可眼前这位挑水的姑娘不知为什么让我怦然心动，眼前总是浮现她挑水姗姗步履、婀娜多姿的美丽身影。

“勇库，大冬天的进屋吧！大雪天的思考工作也不能冻着呀。”母亲心疼地说话了，打断了我的思绪，我只好进屋。

恋爱时节

转眼间，大庆市的春天来了。春风吹化了冰雪，吹散了薄雾。大地苏醒的消息，早让春风传遍了田野。春天的歌声穿过叠障的尘世，唱绿了大地中的小草、湖边的树林和庭院的青苔；唱来了北归的大雁，唱醒了沉睡中的青蛙……鸟语花香弥漫在大自然中，春风吹开朵朵鲜花，那美丽无比的花儿，在风中散发出无限的诱惑。杨柳树枝在微风中摇摆，广阔的田野就像披着一层透明的碧纱，种子在泥土中也有星星点点的绿色探头探脑地冒出地面，这盎然的生命活力，给人世间带来勃勃的生机。

在春天里，拔节的不只是小草，还有我的梦想；成长的不只是禾苗，也包括我的情怀。我怀揣着一份温暖的感动拥抱春天，把春的消息化作满腔憧憬，在春天里播下爱情的种子。

我了解到董凤兰住在她大哥家，每天除了学习还负责做一家人的饭菜，一家人和和气气……

那时候我回到家里耳朵特别灵，一听到院子外面有担水的水桶响我就愿意到门外看看，渐渐地被细心的母亲发现了端倪。

闷热的夏天一到，街坊邻居都愿意拿个小板凳坐到路边树下乘凉，工作十分繁忙的我偶尔也拿个小板凳，和左邻右舍坐在一起话家常。有时看见董凤兰挑水、路过，我们彼此开始搭话、打招呼了。时间一长，父亲、母亲开始征求我对董凤兰的意见，我脸红地说了句："我听父母的。"

母亲笑着说："不用打我们的招牌。知儿莫过娘，这么长时间，你的心思娘看得出来，你的心呀，早让那一双大辫子给拴住了。现在弄得娘一听到挑水的水桶声也愿意出院门看看。"

听娘这么一说，我的脸涨得通红，像发烧一样。

没过多久，父母亲决定找个熟人做媒人，思来想去就找两家人都十分熟悉的龙凤公社保田大队长张德福。张德福和董凤山大哥一说，董凤山就说："勇库这小伙子为人实在，知根知底，我早就十分喜欢他。这可真是不谋而合呀!"

我和董凤兰正式建立了男女朋友关系。虽然这过程比较传统，但平时我拿着小板凳夏天乘凉、空闲聊天，彼此了解了人品，也和她的家人建立了良好的关系。用兵书上话讲，这叫迂回包抄战术。

虽然我和董凤兰确定了恋爱关系，我依旧每天在龙凤公社起早贪黑忙忙碌碌地工作。她那时候在大庆市机关知青点上班，我们有时候一周都难得见上一面，就是见面了一同走在路上，我们也是拉开一点距离。

那时候，她住在他哥哥家里，我去感觉不太方便。而我们家八口人，男孩子和父母亲挤在一个大屋里，根本没有地方；还有一个房间是我们家的闺房——绣楼，住着我的三个妹妹。有两次她一到我们家，我的几个妹妹，就主动出去找地方溜达玩去，把房间让给我们俩。

我们俩在房间里坐在三四米长的炕檐上，间隔有两米远，半天谁也不说话，只听着墙上的闹钟“嘀嗒”“嘀嗒”……我想了半天开口：“最近你的学习和工作忙吗?”

“不太忙。”她轻描淡写地回答了一句。

我们俩一个来钟头就这么静悄悄地坐着，说话都不到五分钟，她低着头，偶尔抬起头看着我深情地注视着，又满脸红晕害羞地低下头。我把这一切看在眼里记在心上，心里甜滋滋的，对未来美好家庭生活充满了无限的渴望。

记得有一次周末，家里实在人太多，我们俩出了我家大门，她说什么也不和我一起走。我看她十分为难的样子，才明白夏天里下午五六点钟天还是大亮的，街坊邻居很多都是拿着小板凳在外面乘凉，原来熟人太多是有点不好意思。没办法，我只好走在前面，她离我有五六十米远。我们俩就这样像电影里地下党接头似的一前一后地走着。我边走边想，上哪里去呢？哪里碰到熟人会少一些？我是当过放映员的，正好前面不远处是大庆炼油厂电影院，我们就进去了。记得电影院放映的是京剧样板戏《龙江颂》，江水英正在唱：喝令九龙东流水，快向后山展翅飞。端起龙江化春雨，洒遍灾区解旱围。

众人唱：喝令九龙东流水，快向后山展翅飞。端起龙江化春雨，洒遍灾区解旱围。

江水英唱：鼓足干劲千百倍，合龙口上振雄威……

我们俩站在最后面，我也没心思看电影，江水英唱的什么也没心思细听，只是想找一处空座。正巧前面四五排有空座，我和她说着，就先走过去占座位，我都坐下了，她还慢腾腾地像个盲人似的慢慢往前挪步。我心里明白了，我们电影放映员在黑暗的电影院里工作，时间长了早已经习惯了。我就走过去拉她的手，把她带到位置上。开始她还推我不让拉，我就紧紧地握着不撒手，她这才让我牵着手走到空座的位置上。这是我和董凤兰第一次牵手，感觉是那样的细腻温暖，握着十分的舒服。坐下以后她的手还在我的手心里，我感觉得出她那“突突”的心跳声……黑暗中她低着头不敢看我，我想象着她的脸一定像一块大红布。我们俩就这样手拉手不知道过了多长时间，那种感觉真的十分幸福……

一晃几十年过去了，这一切仿佛就发生在昨天，现在回想起来还好像放电影似的，那样的清晰、新鲜、幸福、甜蜜……那年月谈恋爱的人都这样，大街上没有搂脖抱腰的，更谈不上大庭广众下接吻了。要是稍微出格一点，人民群众马上就向派出所报告了。

1974 年元旦刚过，董凤山大哥借了一台美式吉普车和我去他农村老家，看我未来的岳父、岳母，东北土话叫老丈人、老丈母娘。头两天我就做了一番准备，把自己一身八成新的工作服洗得一干二净，头上戴着一顶狗皮工作帽。按照大庆市当地的风俗习惯特意准备了四盒礼，托人买了两瓶全国名酒西凤酒、两盒槽子糕、两瓶肉罐头、两瓶水果罐头。我就这样在北风吹、雪花飘的天气里和未来的大舅哥董凤山一起，神气十足地坐着他借来的吉普车，勇往直前地到百十里外的农村去未来老丈人、老丈母娘家串门。

一路上天空飘着小雪，雪花轻盈曼舞，一如我和董凤兰纯洁的爱情。虽然只是一个寻常的日子，但在满怀热情的我的眼里，这一天充满了节日的喜庆，吉普车风驰电掣，代表着我火热焦急的心情。

因为师范学校放寒假，董凤兰早早回到了家在等着我们。从董凤兰的口里知道，她父亲董永生 1907 年生，那年 60 多岁，是一位一辈子和黑土地打交道、老实巴交的农民，斗大的字不识几个，踏踏实实地伺候土地一辈子；她母亲殷殿珍 1920 年生，那年 50 多岁了，是个一辈子忙家务的农村妇女。

到了董家，我赶忙跳下车与站在大门前的董家父母打招呼，大声地叫大爷、大娘好，他们俩人很实在地答应着。老两口儿话非常少，但能看出对我这未来的姑爷很热情，董老爷子忙着杀鸡、切肉、择菜招待我，一会儿的工夫准备了好几大盘子硬菜，什么蘑菇炖小鸡、猪肉炖酸菜、炖鲤鱼等，大娘忙着下厨房包饺子，我也撸胳膊、挽袖子下厨房动手干活，想好好地表现表现。

“你在家啥活都不干，到我家也不用装相了。”董凤兰冷不丁地来了一句，弄得我倒有点不好意思了。

“这不是第一次来老丈人家吗？等到当上姑爷子就不用‘装’了。”我笑着小声说着。

“去你的，真滑头。”董凤兰娇嗔地说了一句，忙着进厨房帮母亲干活。我也洗洗手擀起饺子皮，心里说多亏我在供销社学会包饺子。

圆圆的炕桌上摆满了菜，董老爷子还烫了一壶酒。老爷子话不多，不停地给我夹菜，大娘也劝我多吃点。未来的老丈人、老丈母娘都是地道的庄稼人，人既朴实又好客。他们家主事儿的就是我未来的大舅哥董凤山，他早已经认可我这个未来的妹夫，所以基本上大事已成。

此时的东北大地，还是千里冰封、万里雪飘的季节，小村庄在皑皑白雪覆盖下显得格外安详、静谧，而未来丈母娘家里却温暖如春，其乐融融。

三天时间眨眼就过去了，临走的时候，大娘特地擀了大半盆面条，我足足吃了两大碗。老两口儿依依不舍地把我们送到院子门前，我心里十分感动，心想这么好的人家，这么苗条漂亮的姑娘，嫁给我，我一定要好好地待人家，让她幸福一辈子。

回家以后大伙儿问我，在未来的老丈人、老丈母娘家吃了什么好吃的。我想了一会儿，笑呵呵地说：“上车的饺子，下车的面。”大伙儿哈哈大笑。在我们这里有个这样招待贵客的风俗，不管你做多少道菜、喝多好的酒，家里来的客人一定要吃到饺子，走的时候一定要吃到面条，它的寓意就是长长远远、地久天长。

1976年我到“五七”干校学习。董凤兰到“五七”干校看我，从早上到中午一直在帮我收拾东西。她先是把我的床铺整理了一遍，然后把床单、被罩、衣服、裤子、鞋、袜子、内衣、内裤，所有穿的、用的都洗了一遍，从外到里洗了一整天，我当时心里那个美啊。心里说有这样一位勤劳能干的好妻子真是幸福。

从那以后，几乎每到休息日她都到“五七”干校去帮我洗洗涮涮，同学们看到后都露出羡慕的眼光。

我的孩子我的家

1977年12月底，我又去了一次未来的岳父家，这一次我十分认真地准备了礼品，在当时来讲这些礼品是十分豪华的。我托朋友买了一瓶8元的茅台酒，一瓶6.8元的五粮液，一条红双喜、一条凤凰香烟，还有两包果子、四瓶罐头，这些东西几乎用了我半个月的工资。

我和董凤兰迎着漫天飞舞的瑞雪，从大庆坐火车用了将近30分钟到安达，而后再走到县城公交总站，买汽车票从安达到吉星岗四大队未来的岳父家，这次是正式求婚。一路上，长途汽车上一点暖气都没有，但有董凤兰坐在身边却一点也不感觉到冷。长途公交车，车上和外面一样，外面刮大风，车里刮小风，外面下的小清雪都进车了，茫茫的雪原一望无际，长途汽车像一条冻病了的老黄牛一样，“吭哧吭哧”地爬行着，平时一个半小时的路走了近两个小时。到了吉星岗四大队下车后，路上到处是一尺厚的大雪，我们俩拎着四盒礼“吭哧吭哧”的，一路上走出一身热汗进了家门，她二哥马上让我们俩上热炕头，我的大头鞋半天才脱下来，我们俩这时候才觉得有点累、有点饿。

未来的老岳父给端上热茶，二哥又给我大腿上盖上条棉被，不到一顿饭的时间，我们的身体就感觉到家里的温暖了。

未来的岳父、岳母不太愿意说话，看着我这未来的女婿只是乐得合不拢嘴……我和他二哥东一句、西一句地聊着天。因为我对他们家都已经熟悉了，他们家凡事都是大哥董凤山说了算，我们结婚的事情已经定了下来，只是来正式和他父母说一声求婚走走程序。

这边厨房里她母亲和她二嫂忙得热火朝天，董凤兰忙下地去厨房帮忙，一会儿的工夫鸡、鸭、鱼的就摆了一大桌子，还有大虾、鱿鱼、黄花鱼等海鲜。她二哥一说才知道，这是她三哥也是我的同学董凤和在大庆市政府招待所上班特意买回家的。我这才知道为了迎接我，他们全家张罗了好一阵子，真是比过年还忙活人。但我看出全家人从老人到同辈哥、嫂心里都充满喜悦，这也都是为了衷心祝福我和董凤兰的婚姻美满。

回到大庆后，我俩就决定办理结婚证。我俩是 1978 年大年初八办的婚礼，那时候结婚都很俭朴，没啥好讲究的。记得我家就给她一块清灰色的的确良布料做了一套新衣服，我也是和她的差不了多少。当时结婚也不许铺张浪费，再加上我已经是公社主任，必须遵守纪律，发挥模范带头作用，就在家里办了两桌，把她的几个哥哥嫂子请来，还有我家的几位长辈，大家欢天喜地地吃了一顿，婚房就是在我家收拾出的一个小屋子。

结婚后就是一家人了，我爱人董凤兰没少挨累。在我家她是大嫂，每天早早起床和我母亲一起做全家八九口人的饭菜，星期天休息了就和我母亲一起洗全家人的被、褥，收拾屋子。当时我在公社工作，经常到基层大队去，有时候一蹲点就是十天半拉月的，好不容易回家住上一晚上，第二天匆匆忙忙又去公社上班了。董凤兰从不抱怨，和我母亲一起不嫌脏、不嫌累地操持家务，我的几个弟弟妹妹都十分敬重她，一家人特别和睦。那时候我的工资已经涨到每月76 元了，比我父亲每月62 元的工资还多14 元，每月一发工资我自己留下10 元剩下的都交给我母亲。董凤兰一个月45 元的工资也得交给我母亲。我母亲掌握着家里的财政大权，安排着全家八九口人的日子，一家人过得十分美满和谐。

1979年底董凤兰怀孕了，成天大口大口地吐酸水，妊娠反应特别厉害，她的工作从龙凤区十九中学调到龙凤区房产科。

1980年8月29日，我的女儿在大庆市龙凤区出生。说出来心里有些惭愧，董凤兰都快临产了，我还在几十里地外的公社基层大队蹲点，家里人一看根本指望不上我，就分头负责忙活起来了。大妹妹李永琴，她马上给我的好朋友广播站站长楚振库打电话，求他帮忙联系产院的床位，二妹妹李永华、三妹妹李永芬她们拿上暖水瓶、开水、小孩的衣服、被子等，带上我母亲不到一小时就赶到了医院，董凤兰进入产房一切安排妥当后，全家人站在产房门前焦急地等待我。此时我母亲的心情最激动，听妹妹们说母亲就像年轻人一样，激动得手舞足蹈的，一会儿说像是男孩，一会儿说像是女孩。产房的门一开，就迫不及待地往里张望。

妹妹们安慰母亲说："今天一定能当上奶奶，只是不要这么紧张。"

当我急急忙忙赶到产院的时候，女儿已经出生了。护士把襁褓中的小婴儿抱过来让我看一眼，我一把接过来，把女儿紧紧地抱在怀里，我终于有了孩子，我这个当父亲的一定要让你幸福，说着就要亲我的女儿。

"大哥，孩子刚出生。"大妹妹的一句话提醒了我，旁边的女护士也提醒我，我这才依依不舍地把女儿还给护士。

"你们都来了，我就回家了。"这时我母亲张罗着要走。

"妈妈你怎么要走呀？看我嫂子生的是女孩你不高兴呀？"妹妹们开着玩笑。

"哪能呀！生男生女都一样，我是想回家做点小米粥，一会儿回来换你们。哪像你们这些孩子似的，一个个没心没肺的。"

几天后，董凤兰和孩子出了产院回到家，她说应该给孩子起个名字了。那时候刚刚流行给小孩起叠字的名字，男孩叫明明、强强的多，女孩叫娟娟、秀秀、晶晶的多。亲戚们也张罗给我姑娘起这么个名字，我坚决不同意。想来想去，我决定给女儿起名字叫李岩。那时候国家已经号召一对夫妻一个孩子了，我心想就一个孩子，女孩也得有男孩子的坚韧不拔的性格，社会这么大、这么复杂，人活在世上首先要像高山上的岩石一样，傲然屹立、坚韧不拔，只有这样才能战胜各种各样的艰难险阻。

第七章 到区里工作

难得的学习机会

那时候从中央到地方，都讲领导干部要有文凭，要知识化、专业化、年轻化。我当时刚30岁，在工作中经常遇到一些问题困扰，比如理论学习上、农业科技上，这些问题的解决都需要自己掌握一定的文化知识。因此，自己向组织提出了再学习的要求。那一年正好赶上石油工业部要对部属的劳动英雄模范代表办中专学习班，地点在大庆市委党校，市委组织部分配给龙凤区两个名额，大庆市委组织部领导指定要我去脱产学习。这时候自己却有一点犹豫了，担心脱产学习影响工作。另外，自己有一点小小的私心，那时候都希望上大学，获得一个大学文凭，可自己知道这次脱产学习只是中专。但一想到这是组织上的决定，个人必须服从。区委做出决定，我脱产学习期间职务不免，继续负责龙凤公社的党政全面工作，学习期间指定一名副职协助我抓全面工作。

在中专班学习，我还担任副班长。在开学典礼上，大庆市委书记陈烈民就讲，你们这批干部除劳动英雄和劳动模范学员，绝大多数都是后备干部。因此不但要学习文化知识，还得接受大庆精神的传统教育。当时我作为副班长，代表全体学员在会上做了表态发言。

没想到我在中专班刚刚学习了一年多，大庆市委党校又办党政干部大专学习班，我一听到这个消息就强烈要求到大专班去学习。结果学校领导向大庆市委组织部请示，组织部的答复是参加大专班必须通过全省统一考试，只有考试合格才能参加学习。我当时听了半天没有说话，这对只有初中文化的我来讲，参加全省统考有一定的难度，好在我们在中专班学习这一年多也开设了高中课程，加上我身上一股不服输的劲头，我暗暗下定决心一定要考出好成绩。

当时刚结婚没几年，孩子才 3 岁，妻子董凤兰身体又不太好，有点贫血，龙凤公社还有许多工作等着我，但妻子非常支持我参加考试。那段时间自己就起早贪黑、废寝忘食，就一个心思一定要考上大庆市委党校大专班。我不但把自己学过的初中课程复习了一遍，还学习了高中语文、数学、政治、历史、地理，真是忙坏了，连到学校食堂吃饭都快步走，上厕所都想着背几个名词解释，甚至周日都不回家，抓紧一切时间就是学习。现在回想真的是十分的辛苦、紧张，事后自己切身体会到，时间就像大庆油田的抽油机，你不挤、不压，它就不出油，人也一样，压力转换好了就是前进的动力。

经过不断努力，自知底子薄的我，硬是凭着肯吃苦不服输的劲头去参加考试。考试成绩一发表，在大庆市 400 多名考生中我排在了 70 多名，终于如愿以偿地成了大庆市委党校大专班一名新生。大专班共有 4 个班，我被分配到培训 2 班并担任班长。

这样的话，我就得在大庆市委党校学习二年，要两边忙活，这边一刻不停地学习大专课程和忙活班里的工作，天天精神高度紧张，那边又风风火火地忙龙凤公社的工作，虽然经常忙得脚不沾地、十分疲劳，但自己感觉内心很充实。

每当回想起在大庆市委党校的学习生活，自己都有很多的感慨。

在中专班学习时，我认识了全国劳模吴全清。他已经 40 多岁了，是我们班级最年长的一位老大哥。可就是这样一位班级里德高望重的老大哥，平时劳动、下基层、班级讨论发言等都抢在前面。而且他每天克服着一身的伤病，腰不好经常直不起来，浑身是伤痕，从他身上我们体会到大庆油田的铁人精神，仿佛看到千百万石油工人大会战中的矫健身影。随着我对他了解的加深，对全国劳模吴全清的敬重更加深刻。

吴全清1937年8月出生，是山东滕县人，1956年参军，1966年入党，1960年转业到大庆参加石油会战，历任井队钻工、司钻、队长、大庆钻井指挥部党委常委、副指挥，大庆石油管理局钻井二公司党委委员、工会主席，大庆市人大常委会副主任等职务。1974年被大庆油田授予“钢铁钻工”称号。1978年被黑龙江省人民政府和石油工业部命名为“劳动英雄”。1977年、1979年先后在全国工业学大庆会议、全国劳模表彰大会上被授予全国先进生产者和全国劳动模范称号。是中国共产党第十一届、第十二届中央委员会委员。

1960年3月，吴全清同志由部队转业到大庆参加石油会战，曾任著名的1202钻井队副队长、队长。20多年里，他以铁人王进喜同志为榜样，为我国夺油会战做出了突出贡献。大庆石油会战初期，零下四十度的严寒冻裂了两根水管线，眼看钻机供水就要中断，这时他已经下班了，但他不顾一天的疲劳，扛起镐头，顶着风雪，破冰取水，连着干了两天两夜，直到完成任务。1970年，他参加江汉五七油田会战，有一次井架还没拖到井位，拖井架的19台拖拉机就全部陷在了泥塘里。为争取时间提前开钻，他带领全队职工人拉肩扛，奋战了三天三夜，压断了40多根扁担，硬是从7里外的公路旁拖回井架，又把几百吨石头、沙子、水泥运进工地，打好井架地基，还用人工在井场内筑起了200多米长的围水堤坝，用脸盆、水桶排除了露天井场的几万方积水。

1973年11月25日，开发大庆油田新油区的会战正干得热火朝天，吴全清患了肠炎，三天只吃了两顿饭，浑身没有力气。当他听说井下卡钻的消息，急忙从床上爬起来，直奔井场。吴全清和大家研究抢险措施后，抢过刹把喊道：“这儿危险，让我来！”他把其他人撵下钻台，自己留下来处理故障。随着缠在钻杆上的钢丝绳绷得嘎嘎作响的声音，大家的心都提到了嗓子眼儿。突然一声巨响，100多公斤重的大吊卡从转盘上飞了出来，将吴全清打倒在地。他浑身是血，昏了过去。医院检查结果：他颅底骨折，肋骨断了3根，右肩胛骨粉碎性骨折。在医院里抢救了七天七夜才脱离了危险，这是吴全清在大庆油田工作期间第三次负伤在工作岗位上了。

吴全清到大庆油田后，学铁人、做铁人，哪里活最累、最苦、最危险，他就出现在哪里，是远近闻名的“拼命三郎”。他常说：“不吃大苦，拿不下大油田，舍不得千把汗，换不出万吨油。要加快石油工业的发展，就得革命加拼命！”后来吴全清担任了大庆石油管理局二级单位的领导职务，仍然不改钻井工本色，一有空，就穿上工作服，打起铺盖卷到钻井队跟班劳动。工人身上有多少泥浆，他身上就有多少泥浆。他到过几十个钻井队蹲点，除了开会，大部分时间都在井场度过。

在市委党校学习期间，吴全清从单位领导到课堂里的学生，环境变了，角色换了，但对学习的韧劲没有变。他当时是全国210名中央委员之一，也是班里职务最高、年龄较大的一位，可他没有架子，积极乐观朴实，很快就适应了学习生活，和老师、同学打成一片，从不搞特殊化。由于他文化底子薄，脑部又受过伤，记忆力很差，为克服学习上的困难，他起早贪黑，记笔记、写作业、背名词，把会战时期学“两论”的精神用到了党校学习上。除了完成当天的学习任务外，还积极参加课外活动，和班里的年轻干部交朋友、谈体会、授经验，毕业时积极向组织推荐年轻干部。在党校学习的三年时间里，吴全清同志受到老师和同学们的一致好评。

后来在党校大专班学习时，我与李红玉同志分在了一个班。

李红玉1978年2月参加工作，1979年加入中国共产党。她年少志高，勇于进取，坚持以大会战为榜样，时时对照自己，被誉为大庆油田采油“铁姑娘”。1982 年 6 月的一天，南 3—丁 3—丙 28 井在维修中突然发生井喷，李红玉顶着喷射出来的油气流，冲进井口关了闸门，避免了一起恶性事故的发生。她所管的油井离俱乐部、商店、邮局都很近，天天路过，但从来没有脱岗去办个人的事儿。她在岗位上录入的 30 多万个资料数据，无一差错。她刻苦钻研采油技术，读了 17 本专业书籍，记了 19 万字的学习笔记，在两次技术考核中均名列前茅。1978 年她被石油部授予“技术能手”称号。1979 年又被树为“大庆青年标兵”“石油部技术能手”“三八红旗手”。1979 年至 1983 年均被评为“大庆模范标兵”。1983 年 12 月出席了共青团中央第十一届代表大会，并当选为团中央委员。在庆祝大庆会战 20 周年大会上，李红玉被授予“会战标兵”称号。

在学习快要结束的时候，龙凤公社的曲万波接替了我的工作，他是在我学习期间主持龙凤公社日常工作的副书记、副主任，主持了三年多的时间后，转为公社书记。

三年半的学习生活很快结束了，说心里话有些依依不舍。高兴的是在这三年多的时间里，系统地学习了文化知识，学习毛主席著作，让我在思想认识水平上有了很大提高，共写了 20 多万字的读书笔记。学习了马克思主义哲学、政治经济学、科学社会主义、中共党史、党的建设以及中国近代史，了解我们的国家、我们的党苦难辉煌的历史，让我更加热爱我们的祖国，让我更加珍惜今天的幸福生活。特别是继承石油会战“两论”起家的光荣传统，认真学习毛主席的《实践论》《矛盾论》，学会了用辩证唯物主义的立场、观点、方法认识问题、分析问题和解决问题，深刻理解了调查研究是一切工作的前提，没有调查就没有发言权；认识只有回到实践中去，才能得到检验，才能纠正其错误或片面性；矛盾贯穿于事物发展过程的始终，正是矛盾推动了事物的运动和发展；正确处理主要矛盾和非主要矛盾的关系……这些工作方式方法，让我受益终身。更重要的是接触了很多大庆油田的英雄模范，从他们身上近距离感悟到大庆精神、铁人精神的深刻内涵，并以大庆精神、铁人精神不断激励自己奋勇前行。

任职龙凤区整党办

1986 年 7 月党校学习结束后，龙凤区委任命我为区整党办主任。我到整党办报到时，整党工作已经进入尾声，只剩下最后一批农村整党工作和整党工作总结。我很快进入了工作状态，除了指导农村整党工作外，主要工作是做好整党工作总结和档案整理归档。

1987 年的春天，大庆市委组织部干部科科长马富同志带队来龙凤区考察干部。事后我才知道，原来马富科长是在考察党校学员毕业后的一些工作情况、政治表现，准备提拔年轻区级领导干部，当时我是拟定提拔人选之一。后来得知，时任大庆市委陈烈民书记听取汇报后说，大庆市各区领导班子换届马上要开始了，要提拔的干部等区里换届时一并考虑。

结合换届工作和大庆市委组织部考察的结果，市委决定让我到让胡路区做副区长候选人。我们到让胡路区上任是班子大换血，新去的区领导有区委书记张留松、副书记周德奎、区人大主任、区委组织部长、区武装部部长。我是作为换届副区长候选人去的。

筹建聚丙烯化工厂

刚到让胡路区报到的时候，区里人代会还没有开。区委张留松书记找我谈话，让我多负责一些区里大项目工作。我心里清楚，要干的工作千头万绪，但重中之重是 2000 吨聚丙烯化工厂大项目。

我理了一下工作思路，首先到曾经负责该项目的毛林健区长办公室听取他的建议。毛林健区长以前是负责 2000 吨聚丙烯项目的，我虚心向他请教，了解大项目各方面情况、大项目存在的问题，找到解决问题的钥匙。

时间一长，我渐渐了解了毛林健区长。这是一位懂化工的技术型领导，四川人，知识分子出身，办事实在、认干，但在行政管理上经验不足，有时工作方法也比较简单，因此，2000 吨聚丙烯项目才出现了不上不下的被动局面。

经过一段时间的调查走访，2000 吨聚丙烯化工厂项目情况我基本上已经摸清楚了。2000 吨聚丙烯化工厂项目考察、论证都搞完了，而且让胡路区委班子成员一致支持上这个项目，只是在具体落实环节上出了许多的问题。

这么大的项目区里只委托一家挂靠区里的民企小化工厂领导来牵头运作，他根本没有这个能力。作为区里投资方的喇嘛甸镇政府出资、出地、出人，对该项目却又说了不算。因此，难免有这样那样的想法，对项目推进根本就没有积极性。大庆石化总厂化工原料没有落实，各方心里都没有底。

认真了解一番，总结归纳主要问题是：由于体制不顺、区里没钱、镇上说了不算，因此项目落实出现扯皮，遇事各吹各的号、各唱各的调。我主张要喇嘛甸镇政府说了算，镇里出领导、引进高端技术人员，出人、出钱、出地。区里成立以我为总指挥、镇长为副总指挥，以小化工厂领导做技术顾问的领导小组，这样就兼顾了各方面利益，然后通过市里领导出面协调大庆石化总厂签订协议解决原材料供应、工程设计、设备安装等事项。

把方案拿到区委常委会会议上一汇报，获得大家一致赞同。区里批准后，我马上组织有关方面立即实施。方案一公布，各方面都积极响应，时间不长，工地、厂房灯火通明、热火朝天，大家伙儿挑灯夜战，发扬大庆油田会战的光荣传统，不到一年的时间工厂就建成投产。

那段时间里，我吃、住在工地，和工人天天摸爬滚打在一起，掉了一层皮，瘦了十几斤，但看着工地、厂房一天一个样心里非常高兴。特别是张留松书记不但自己多次深入工地，还几次组织全区科级以上干部到工地参观劳动，给我极大的支持和鼓舞。2000 吨聚丙烯化工厂开工投产典礼时，大庆市领导亲临讲话、剪彩。

2000 吨聚丙烯产品生产出来后十分畅销。时任广州市常务副市长雷雨同志专门到大庆石化总厂搞聚丙烯原料，因为当时大庆石化总厂的原料是国家调拨物资，根本无法满足广州市的原料需求，因此，正在雷雨副市长一筹莫展的时候经人介绍来到让胡路区，听了我们的介绍，看了我们的产品，决定立即订购我们生产的产品。

担任让胡路区副区长

1987 年 10 月，让胡路区召开人民代表大会，我被选举为让胡路区副区长，区政府领导班子分工，我主要负责工业、农业、城建等工作。

当时让胡路区工农业基础特别薄弱，商品流通不畅，许多产品卖不出去，因此区里决定新建一个 2 万平方米的农贸大市场和乘风庄商场，通过兴建这两个商场很好地解决了农民自产的农、副产品销售问题。我们还引进全国各地的商品，基本上满足了让胡路区居民的消费需求，给区里的财政、税收增加了新的税源。

当时正值改革开放的 80 年代，区里有很多待业青年在家里闲着。职工上班人在工作，心里惦念在家待业的孩子。当时区里有个大车队，车辆陈旧适应不了日新月异的生产、生活需要，连年亏损，最后只有破产倒闭了。我去大车队调研，觉得那里的厂房还不错。通过走访、调查、研究，觉得利用车队的房子可以建一个毛巾厂。当时大庆油田的经济效益特别好，几十万名职工的劳动保护用品，都是到全国各地去采购，如果我们建一个毛巾厂，就可以为大庆油田做些服务，满足他们的一些需求。

这个思路得到区委区政府的同意，很快一个200多人的毛巾厂开工建设了。投产后，不但解决了大庆油田部分劳保用品的需要，还因为产品质量好、花色品种齐全、造型时尚深受当地老百姓的喜爱，市场上一度十分畅销。

经过一段时间调查研究，又向区委区政府汇报征得同意，把区里一个只能满足几十人吃饭的小食堂就地翻建，改造成一个可接纳百人以上住宿就餐的招待所。通过这样一改造，来让胡路区办事的客人有了吃饭、住宿的地方。招待所卫生清洁，服务员接受旅游学校的专业培训，服务规范、彬彬有礼，基本上满足了客人们的需求，不但有了很好的经济效益，还解决了区里职工子女就业问题。

改革开放的浪潮席卷全国，东北大地也跃跃欲试，让胡路区也要走出去看看外面的世界。正好我们的老朋友广州市常务副市长雷雨曾经任职海南特区一把手，我和区里主要领导请示后，决定到海南去考察。到了海南以后，发现改革开放的海南商机无限，那里离港澳台比较近，一些港澳台的电子产品、日用百货、服装鞋帽等商品都十分时尚，而且物美价廉。大庆市的石油化工产品在当地销售也是我们的一个优势。本着这样的想法和思路，我们在海口市挂牌成立了“海庆经济技术开发贸易总公司”，负责大庆市和海南的商贸交易，并取得良好的成效。时间一长，大庆市领导通过到海南特区实地考察，发现这一做法很好，就把海庆经济技术开发贸易总公司升格为大庆市驻海南办事处，直接隶属于大庆市人民政府，这也是我们让胡路区对大庆市改革开放做出的一点贡献。

那时让胡路区只有一区一镇，对分管的农村农业工作，我不仅熟悉，而且有一些经验。当时的定位就是大力发展郊区农业，围绕市场需求大力发展蔬菜生产，积极拓展棚室经济，依托喇嘛甸镇乳品厂大力发展奶牛生产。同时，根据大庆油化产业优势，强化农民钻井公司，大力发展小化工和建筑材料等加工企业。

在分管的城建工作中，通过调研了解到职工住房还有一些欠账，区政功能也不完善。为此，我积极向区委提出意见和建议，向市里申报立项、争取投资，寻求驻区企业支持。那两年多，我们先后盖了十几栋职工住宅楼，大企业也先后帮我们解决了几十套住房，特别是喇嘛甸镇，小城镇建设得到长足发展，不仅给农民钻井工人盖钻工楼，而且还改造了几条街道，新建了学校、幼儿园、敬老院、邮局、银行、商场，以及镇政府办公楼、钻井公司办公楼和镇政府招待所等设施，区里也先后修建了 4 个街道办事处，并新建了区卫生防疫站、乘风商场、让胡路农贸大市场、区政府招待所、区委党委教学楼、区武装部办公楼、区建委综合楼、勘察测绘院办公楼等一些设施。在实施这些项目的过程中，我们坚持自己能干的自己干，自己不能干的寻求大企业支持，请企业帮助干，这样既可节省资金又能保证质量和时间。当然，我们也转变政府职能，主动为企业发展提供服务、保驾护航。

建设固然重要，但更重要的是管理，特别让我头疼的事情就是冬天的清雪工作。大庆市地处北温带大陆性季风气候区，受蒙古内陆冷空气和海洋暖流季风的影响，冬季寒冷多雪，每年 10 月份就开始下雪，大雪铺天盖地，雪后路滑不但影响、阻碍交通，还造成许多交通事故。老百姓的生命安全是个大问题，怎么才能既让政府少花钱，又能让老百姓参与解决这一问题呢？

我开始认真思考，区上清扫队人手少，如果清扫队增加人员，不下雪的季节干什么？再说区里那点财政收入根本解决不了增加人员、物资的费用。这件事情花了我许多时间精力。

那是一场大雪过后，我早早起床想看看路面清理得怎么样了。我走着走着，发现路边的许多食杂店、饭店等早上营业的门店都把自己门前的路面清理得干干净净。我突然想起了毛主席说的：“革命战争是群众的战争，只有动员群众才能进行战争，只有依靠群众才能进行战争。”

我豁然开朗，心想，对，毛主席说得多好呀！只有把人民群众发动起来，才能取得清雪战役的胜利。我马上结合让胡路区的财政实际，分区划片，承包到户，临街的居民单位都给予一定的象征性奖励，把老百姓的积极性调动起来，既清理了大马路上的积雪，又节省了区财政开支。我把这个方案向区政府主要领导做了汇报，经区政府常务会研究，很快同意了这一方案。

几十年过去，一到下雪天，那情景还会出现在我的脑海。不论是白天还是黑夜，每当漫天雪花纷纷扬扬，在让胡路区大马路附近的居民们都不畏天寒地冻，从温暖的被窝钻出来，拿起清雪工具来到大马路上清雪，大家干得热火朝天，头上、身上冒着热气……我看在眼里，喜在心头。有一次，我看到一位七八十岁的老大爷也在清雪队伍里，就走到他面前说了句：“大爷，让您起这么早，辛苦了。”

“不辛苦，你不也一样起来了嘛。孩子，看你像个领导，客气啥？这都是咱老百姓自己的事儿。”

“自己的事儿。”听老大爷这么一说，我心里不由得重复了一遍，心里感觉热乎乎的，眼眶里一下子涌出了热泪。多好的大爷、多好的让胡路区老百姓呀！只要全心全意地为他们服务，他们就打心眼里拥护你，一心一意地跟你走，听你指挥，即使北风呼啸、大雪纷飞都无所畏惧。群众路线就是我们党的生命线，是我们党永葆活力和战斗力的传家宝。不论过去、现在和将来，我们都要坚持一切为了群众，一切依靠群众，从群众中来，到群众中去，把党的正确主张变为群众的自觉行动，把群众路线贯彻到治国理政全部活动之中。此情此景，我心里不由得坚定了一个信念，这一辈子一定要为人民服务，做实事、做好事，做有利于老百姓的事儿。

让胡路区的清雪经验很快在大庆市推广，每当下雪的时候，就是全市领导和市民清雪劳动的时候。后来，大庆市的清雪经验在黑龙江省推广，每当一场暴雪席卷全省，各地的报纸都会发表几张全民集中清雪的照片。

在让胡路区工作时间虽短，但很充实，也充满激情和感恩。当时总怕工作干不好对不起组织，对自己要求也很严。当时我家住龙凤区，距离让胡路近 30 公里，而且还要穿越中心城区，如果上下班每天车接车送往返就得两个小时，司机会很辛苦。为了照顾司机，确保安全又不影响工作，我基本上是每周回去一趟，平时就住在办公室。后来家搬到让胡路，我就每天步行 20 分钟上班，没想到就这一点也受到全体机关干部的赞许。那时在机关基本上都是早来晚走，有时工作忙，周末也不休息。当时年轻，身体又好，也不知道累。记得 1988 年夏季，大庆下了一场特大暴雨，采油六厂淹了不少油井，喇嘛甸镇红旗村、富强村淹了不少农户。我连夜组织镇、村干部和区有关部门的同志赶赴现场，组织排涝抢险工作并转移安置灾民，基本上干了一个通宵。第二天又陪区长毛林健同志赶赴采油六厂，协助企业开展防洪排涝工作。

那几年在工作中也存在一些急躁情绪，有时动不动就发火训人。记得有一次让胡路区基建大队副大队长刘石同志到我办公室汇报工作，因工作过失出点小问题，当时就让我猛批一顿，批得他当场痛哭流涕。事后我爱人知道后，还跟我说为了工作都不容易，有话好好说，别伤同志自尊。但这个同志确实不错，没有怨恨我，而且工作干得也很好，后来我到市里工作还推荐他担任市热力公司党委书记。像这样的事也发生过几次。现在想想，我的自身修养确实需要很好地加强。

在让胡路区的工作虽有一定付出，但也得到了组织的肯定和同志们的认可。那时每年市委组织部都要到区里对几大班子和处级干部进行考核，并通报考核结果。那两年我的考核结果都是优秀，而且排名靠前。有一年市里还单独给我一个 2% 的工资奖励指标，区里几十名处级干部我是唯一一个。

酒　局

小时候家里孩子多，比较穷，全家八口人就靠父亲微薄的工资过日子。稍微长大一点知道，父亲过年、过节的时候才能喝上一点酒，小酌几杯后的父亲脸色微红倒在床上就睡。那时，自己从没有想到喝酒。上班以后才赚三十几元的工资，每月工资交给母亲三张大团结，留在手里的零花钱一动不动。那时候人们真的淳朴，父母教育儿女细水长流、勤俭持家。因此，我从小到大从来不会乱花钱，就更不知道上饭店喝酒的滋味。

清楚地记得，第一次喝酒是在龙凤公社的电影放映队，支援一家兄弟单位，人家请我们吃饭的时候，桌上放了一瓶白酒，我在主人再三劝说下只喝了一小口就辣得不得了，因此再也不愿意喝酒了。真正喝了几次酒是在担任龙凤公社党委书记时，那是在大庆市委党校学习期间，我们几个同学在学生宿舍里闲聊喝了几次酒。那时候的我也就会喝点啤酒，白酒根本不敢碰。记得有几次，喝完一瓶啤酒就迷迷糊糊得不知道东南西北了。因此，老师、同学们都知道我不胜酒力。

一晃几年过去了，真正喝白酒是我在让胡路区当副区长的时候。一天党校的几个同学要在一起聚聚，话题是我升为让胡路区副区长了还没庆贺庆贺，那时候大家都不习惯到饭店吃饭。同学韩文达也是我们让胡路区的人事科长，说到他家去吃饭地方挺敞亮。我们几个同学就去了，结果周末休息日韩文达准备得十分丰盛，做了一大桌子十几个菜，在同学们再三劝让下，我十分不好意思。因为几个同学里就我年纪小，大家举杯庆贺，没办法就第一次干了一杯，过了一会儿我感觉没啥大事，就又喝了一杯。好长时间同学们没见面了，说话又十分投机，还有一大桌子菜，你一杯，我一杯，同学之间酒越喝越厚，话越说越多，我们有两位同学当时就喝得躺在韩文达家的床上睡着了。那天我感觉没事儿，酒后告别韩文达还骑着自行车回家了。

第二天，大家在电话里说着昨天的事情，说我喝了将近半斤白酒。我听后吃了一惊，可自己一算计还真是哦，从那时开始，我就知道我也能喝点酒了。从这以后，自己碰上酒局也能喝个二三两白酒，有点场面的酒局也都能应付过去。

记得有一次为了向大庆市劳动局要招工指标，请他们局领导和有关部门到区政府现场办公。那天下午我的心情也急了些，想想毛巾厂的厂房、设备都齐全了，技术工人来得差不多了，可这招工指标迟迟落实不了，真的要耽误毛巾厂开工的大事了。

那天会议气氛十分融洽，劳动局的领导从工作出发十分愿意为毛巾厂招工的事情特事特办，可是招工指标大庆市控制得非常严格，会议一直开到晚上 6 点才结束。吃晚饭时，不知是哪句话，我和劳动局领导打起赌来，他说："勇库你要干一杯，我就给你 10 个指标。"因为他以前知道我不能喝酒。当时我也豁出去了，一晚上喝了 12 个七钱杯，事后真的给我们解决了 120 个招工指标。那天酒后司机开车把我送回家，回到家只是觉得头有点发晕，倒在床上没脱衣服就睡着了。第二天照常上班，因为年轻身体一点事情也没有。从此，我能喝酒的名声也传出去了。事后我才知道，有关部门给我们 120 人的招工指标，是根据工厂的生产需要，和我喝多少酒没什么关系。

此后参加酒局喝酒渐渐地多了一些，直到我到蔬菜公司工作身体喝出了毛病，渐渐地我开始躲酒局，对酒局上的酒嗑开始反感，什么"人若不喝酒，白来世上走""酒是粮食精，越喝越年轻"……

从那以后我开始戒酒了，一直到今天，只是偶尔喝点红酒，其他酒很少喝。

张留松书记

张留松书记和我是上下级的工作关系。虽然从我到让胡路区报到开始，我们在一起工作才两年多的时间，但是张留松书记模范共产党员的形象，一直深深地刻在我的脑海里，永远是我学习的榜样。

我和张留松同志相识于1982年，那时我在龙凤公社担任党委书记。那年大庆地区大旱，大草甸子上的草蔫巴巴的就露出几寸高的脑袋。牛、马、羊等牲畜吃草都十分困难，看着这些大牲畜个个都瘦骨嶙峋的，我心里十分难受。一天，我同大庆市副市长李同起谈起这个事情时，李市长说，他前几天在北安大庆油田五七农场时，看到那里的青草半人多高一望无际。他在那里当过场长人很熟，帮我们打过招呼后，我和龙凤区区长左彦文同志一起来到了北安。我们坐着吉普车一路上心里乐开了花，那一年五七农场那地方风调雨顺，路两旁的青草十分茂盛，如果不仔细看都看不到青草深处的牛、马、羊。当时接待我们的正是农场书记张留松。

张留松书记一米七左右，40多岁，江苏人，长得瘦小精干，一开口说话干净利落。听我们说完来意，马上就答应支援我们一批大牲畜草料。就这样我们和张留松书记相识了。

从我到让胡路区报到那一天起，就感受到张留松书记的人格魅力。这时的张书记已经50多岁，他是大庆油田会战的干部，资历深，为人特别亲切、和蔼，待人十分诚恳，就像老大哥一样。

刚到区里工作不长时间，张书记给区领导开会时讲道：“一是要求区干部做到的事情，我们区领导一定要首先带头做到、做好；二是区常委会定下的事情，分配的工作，不准打折扣，一定要完成好；三是区委今年抓的几件大事要按照领导分工，逐个落实到人头上，必须一抓到底。”

有一天，张书记找我谈话，布置工作任务。他说：“刚到让胡路区，情况基本摸排得差不多了。因为 9 月份区里才能人大换届选举，你目前没有任命职务。班子开会决定成立大项目办，我想了想，由你来当总指挥。区里的工业底子比较薄，目前正在筹建的年产 2000 吨聚丙烯化工厂是区里的龙头企业，是我们工作的重中之重，只要我们把这个大项目抓上马，及时开工生产，一切问题就都解决了。抓好这一主要矛盾，其他次要的、小的矛盾就不算什么了，我们全区的工农业产值也会大步地迈上新台阶。”

“首先谢谢领导的信任，我一定会努力完成任务。”我满怀信心地回答。

“我们都刚来这里，要多熟悉情况、多听取各方面意见，多想办法，化工厂项目以前是毛林健区长亲自抓的，有什么情况一定要及时沟通，区委会支持你的。”

张书记让我挑起筹建区里 2000 吨聚丙烯化工厂的重担，如果没有张书记的鼎力支持，我不会把工作完成得那么好。

张书记严于律己宽以待人，为人十分低调。他每天上下班骑自行车，区里的小轿车没有接待任务始终闲在那里。记得当时有一位新上任的副区长，刚上任就天天坐着自己在镇里当镇长时的吉普车上下班，十分招摇，背地里大家都在议论，区委书记天天骑着自行车上下班，副书记、副区长们也一样，就他一个新上任的副区长，天天上下班吉普车喇叭哇哇响，好大的架子。有人说，等下次区里再选举，一定要让他学会夹起尾巴做人。

因为此人曾经在龙凤公社工作过，曾经是我的部下。我听到群众这些反映后就找个机会和他谈话，还批评了他。我不留情面地说：“刚从基层到机关，为人要低调，办事情要注意影响。你没看人家张书记、毛区长，所有的常委上下班都是骑自行车，怎么就你汽车喇叭声声响搞特殊呀?”

“李书记，经你这么一提醒我才明白，我说每天上下班人家看到我像没看见似的，原因在这儿啊！咱是基层上来的业务干部，哪注意到这些事儿啊。谢谢老书记!”他真诚地感谢我，虚心地接受批评。

“明天起，你上下班不要车接车送。工作需要的时候，该用再用。找个机会你本人当面和张书记说明一下，挽回影响。”

过了一段时间，张书记跟我说：“勇库这事儿你做得好，他主动向我检讨了，要不然在班子民主生活会上，我一定得撸他一顿，刚刚当上副区长就这样脱离群众搞特殊化，实在是不像话。”

过后不久，这位干部分管的工作干得很出色，张书记多次在会上表扬他。

在让胡路区委区政府，人人都知道张留松书记办公室的灯光夜晚总是亮着，干起工作没黑没白的，他的身体也就是这么累垮的。

记得有一次我二舅哥得了急病，我去求张书记帮忙联系大庆油田总医院，他曾担任过那里的党委书记。

他说好，我最近身体也不舒服，正要去查查，咱们明天就去。

第二天来到医院，我二舅哥经医生诊断很快办理了入院，张书记说他去做个 B 超马上就回。我在住院处左等右等就是不见他的身影，直接跑到 B 超室去找他。医生说你是他什么人？我说同志。我从大夫脸上看出一丝犹豫，就说有啥事你和我说没关系。医生这才说，我们为了确诊，又给他做了个 CT，发现肝部长了个瘤子，怀疑是恶性的，还得进一步会诊，明天才能出结果。我说那好，明天我来取。

过一天我来取结果，医生说基本确诊就是恶性肿瘤。我一听赶紧向组织汇报，病情暂时瞒着张留松书记本人。

不久，组织让我陪他一起到上海治病，经上海中山医院进一步检查确诊，张书记已经到了肝癌中晚期。他当时也感觉到自己得的不是好病，就和我说：“勇库，你就实话实说，我能承受住。”我一看他这么说，只好告诉他实情。

医生批评他不重视生命健康。他说：“我的肝痛已经有一年多的时间了，成天忙着工作也没当回事儿。”

“那你为什么不早点检查？你这是对自己不负责任，对爱人、孩子不负责任，说大了是对国家、事业不负责任……”医生非常严厉地批评了他。

那天晚上张留松书记满怀感悟地说：“医生批评得对，我就是对妻子、孩子、事业不负责任呀！不行，你马上和副书记周德奎说，让区里所有的干部都去医院做一下体检，检查身体对工作有好处。”

听了他说这句话，我的眼泪一下子就流出来了。他都病成这个样子了，心里想着的还是区里的干部们。

这就是大庆精神培养出来的干部——参加大庆石油会战的党员干部张留松同志。

张留松同志病逝后，大庆市委做出“向张留松同志学习”的决定。他是我心中永远活着的一位优秀共产党员，每当我工作、事业上遇到困难、挫折的时候，他都是那样栩栩如生地出现在我的眼前，给我勇气、给我鼓舞，更给我战胜困难的力量！

第八章 到市政府工作

临危受命

在张留松书记的带领下，让胡路区工农业生产得到了快速发展，区里工作开始走上正轨，用现在的话讲叫步入快车道。张书记病了，全区的干部和群众都为他着急，我也是一样。两年多里跟张书记在一起工作学到不少知识，积累了不少经验，感觉天地大了、眼界宽了、力量足了，要为广大人民群众办的事情越来越多了。

有一天，带病工作的张留松书记让我到他办公室去一趟。一路上，我就觉得有些纳闷，什么事情这么神秘？这和他平时的作风习惯不太一样。

进了他的办公室，我刚坐下，倒好的茶水还没有喝进嘴，张书记就开口了。

“勇库，毛区长的任期快要到了，你知不知道我心目中区长的人选是谁？”

看着对面一脸严肃的张书记，我有点丈二和尚摸不着头脑了：“不知道，张书记你还不了解我，我这阵子忙得没有时间寻思这些事。”

“今天告诉你，我心目中的区长候选人就是你，就是你李勇库呀！否则的话，区里的基本建设、工农业生产等重担怎么都压在你的身上？”

“张书记，你今天说话有点让我摸不着头脑了，到底发生了什么事情?”

“你还不知道呀? 市里准备调你去任大庆市政府蔬菜办主任，兼蔬菜公司经理。已经征求了我的意见，我还以为是你自己想去的呢!”

“你说的什么呀，张书记。我发誓这事我一点都不知道，我压根儿就没想过到蔬菜公司。”

“好！既然你这么说，我再和组织上谈谈。”

几天后，大庆市委组织部主要领导找我谈话，要调我到市蔬菜公司任经理，我一听连忙推托，说自己的工作能力难以胜任。组织部的领导特别强调，你还年轻，做过公社书记、分管农业生产的副区长，蔬菜工作你也很熟悉，组织上相信你一定胜任，这也是组织上对你的考验，过几天市委张轰书记还要找你谈话。我知道这件事情是推脱不掉的了，只好无条件服从。

当年，几千人的大庆市蔬菜公司是备受瞩目的单位，担负全市市民蔬菜、副食品供应任务，在很多人眼里蔬菜公司经理是个肥缺。可到任后我一了解，公司亏损2000多万元，职工发工资都困难了。市里领导很着急，要求组织部抓紧选一位有能力的领导，配强班子，转变局面。

那天晚上我躺在床上翻来覆去地睡不着觉，爱人关心地问我怎么了。我不耐烦地说了一句，这事和你没关系。我的语气十分生硬，把她顶得够呛，她几天都不愿意理我。思来想去，我觉得这事还得和张留松书记好好商量一下，让他帮我出出主意、想想办法。

第二天正是周末，我一大早就跑到张留松书记家，跟他汇报了组织部找我谈话的事。

张书记一听也十分吃惊，自言自语地道：“这么快就定了，我还没约上市委张轰书记呢。”他发自肺腑地说：“勇库，我是真想把你留在区里。你想想，我的身体病成这样，毛区长马上就到任期了，咱们区的干部就你年轻，最近这两年你工作干得好，群众口碑也不错，特别是我生病以后这段时间你承担了很多工作。”

听张书记这么一说，我心里十分感动。但要想改变市委做出的决定，那是不可能的。张留松书记本着对我负责、对让胡路区工作负责的态度，利用向市委张轰书记汇报工作、病情的机会，代表让胡路区委、区政府提出把我留在区里工作的要求，并且讲了很多理由。

张轰书记要求张留松同志养好身体，然后谈到我，他说勇库同志在龙凤公社做过多年的公社副主任、主任、书记，在区里也分管过农业，选他到蔬菜公司任职是去救火，蔬菜是大庆市一件民生大事，他年纪轻轻就提拔到正处级领导岗位，这是市委对他的考验、重用。

过了两天张轰书记找我谈话，和蔼可亲地说：“这几年你在副区长的岗位上工作干得很好，市委让你到蔬菜公司任职是锻炼、重用你，还提为正职，你可不要辜负组织对你的希望。工作上有什么困难就提出来，我们会支持你。”

我望着张书记那信任、期待的目光，马上说：“没有。”

临走时张书记握着我的手说：“我等你的好消息。”

然后，我又分别到分管大庆市政府常务工作的张立中副市长办公室、分管财贸工作的王汉民副市长办公室报到并征求意见。我又按照张轰书记的要求，专门看望了原大庆市委书记，时任省人大常委会副主任陈烈民同志，他对蔬菜工作很重视，并对我的工作提出了一些要求。我于1990 年 3 月到大庆市蔬菜公司上任了。

上任前，大庆市蔬菜公司发生了一件事。蔬菜公司财务负责人向市有关部门反映，蔬菜公司实际亏损 2000 多万都埋在账里面。市委市政府对大庆市蔬菜公司工作高度重视，马上成立工作组开展专项调查。这一调查，各方面的问题都暴露了出来。情况和蔬菜公司财务负责人向市里反映的一样，而且有过之而无不及。在如此复杂的背景下，肩负着组织的信任和群众的期盼，我只有背水一战、知难而进。

走马上任

刚到蔬菜公司时，办公桌上连本台历都没有，报纸就更不用说了，因为这个单位根本就没有钱订报。再看四面墙上，白灰脱落得左一块、右一块，上面的白灰癣露出好几层，暖水瓶上蒙着一层厚厚的灰尘，就像刚出土的文物。忙了一整天，感觉头脑发涨，中午饭也没心思吃，一直在思索打开蔬菜公司这把锈迹斑斑锁头的钥匙。我想起了毛主席的话："没有调查研究，就没有发言权。"一想到这句亲切的话语，心里一下子亮堂了起来。

我开始眼睛向下，找干部群众谈话。第一个找的就是蔬菜公司财务科长40多岁的陈德有同志，身体消瘦的他不太愿意说话，进到我办公室后一根接一根地抽烟。谈话中我知道这是一位有着20多年财务经验的老科长，通过谈话他把一大堆数字摆在我面前，2000多万的亏损，厦门、广州、海南等驻外机构每年费用二三百万元，下个月几千人的工资都还没有着落。

通过与干部群众的谈话，逐渐理清了蔬菜公司的状况，心里慢慢地也有了一点谱，那就是干部群众的衣食住行都靠蔬菜公司这棵大树，他们衷心希望企业能走出困境，起死回生、扭亏为盈，他们对美好生活充满期盼。广大干部群众就是我依靠的力量，只要大家心往一处想、劲往一处使，没有过不去的火焰山。通过一段时间的调查研究，我头脑里形成了一个基本的工作方案。

在蔬菜公司第一次科级以上干部大会上，我首先传达了市委、市政府的指示精神，肯定了蔬菜公司全体员工对大庆市民蔬菜供应作出的贡献，然后摆出公司面临的问题并客观地分析了原因。

也开诚布公地谈了我的感受和想法："我对到蔬菜公司任职没什么思

想准备，但作为一名党员干部，个人必须服从组织。我不是什么救世主，真正能够解决企业困难的，只有我们自己，也就是说必须依靠全体职工脚踏实地的努力。大庆市委、市政府非常关心重视，我对做好蔬菜公司的工作充满信心，这些年来企业自身也积累了正反两方面的经验和教训，我们这支队伍是好的，群众也是有觉悟的，特别是广大干部职工对企业的明天是充满期望的，这是我们做好工作的基础。”

我宣布了四点要求：第一，全体干部职工要把思想统一到市委、市政府的部署要求上来。第二，大家必须始终坚守岗位，确保安全生产，经营工作正常运转。第三，公司各级领导班子保持相对稳定，原则上半年内不动干部，各就各位把本职工作做好。第四，今后所有重大决定要在蔬菜公司党委会上研究讨论，职工代表大会上审议通过，全公司员工要齐心协力、克服困难、团结一心、共渡难关。还强调，干不好工作的首先要换思想，不换思想就换人。

在蔬菜公司干部职工长时间热烈掌声中我结束了简短的就职讲话。下午开始，我就单独和每个班子成员深入交谈了解情况。

同志们都反映蔬菜公司原主要领导愿意当家长，凡事自己说了算；喜欢拍脑袋，脾气不好喜欢拍桌子，凡事党政班子不事先坐下来研究，听不进去大家的意见和建议。

有一位市委组织部考核亮黄牌的干部，也是军转干部，性格倔强，为人一身正气，愿意多管事儿，因此得罪了许多人。我和他谈话，发现他非常直爽，有啥说啥，也就不绕弯子，直接指出大家对他的反映。他听后紧紧地握住我的手，说来地方工作，第一次遇到性格相投的人。他当时就向我保证，一定改掉自己身上的缺点，努力为党工作。

我鼓励他说：“蔬菜公司的事情从今天起就翻篇了，关键是今后怎么干工作。”

有一位在蔬菜公司工作20多年的老人，对蔬菜公司感情非常深。他说自己以前也当过基层一把手，有很多的生产、经营经验，到了机关做领导工作后，感觉身上还有使不完的劲。

我一听心里十分高兴，这么大的蔬菜公司，如果所有干部都有使不完的劲，主动要求加点工作那该多好！我进一步鼓励他把自己的想法讲出来。

他本来不想说，怕我说他想要官、要权。看我的态度十分诚恳，就说出了自己的一点想法。那就是所有的班子成员都要分片包干蹲点，只有这样才能把责、权、利相统一，才能看出一个干部的工作水平和工作效率。这个想法太好了！过后不久，我就正式把这项合理化建议拿到蔬菜公司班子会上研究，很快得到大家的认同。他分片包干蹲点一年后，果然生产、经营都有很大的变化，超额完成公司下达的任务，各项指标都排在公司的前几位。

与班子成员谈过话后，得到很多信息、发现许多问题，也受到很多启发，集体的智慧不可小觑！我决定下基层进一步了解情况，为蔬菜公司下一步怎么走提供依据。

我到商场第一线去调研，许多商店的营业员反映收入问题，工资不高、奖金没有，干好干坏一个样。职工工作积极性普遍不高，多数都存在当一天和尚撞一天钟的思想。还说每年的菜市场都扔掉一大批蔬菜，损失十分严重。几十万斤的蔬菜就这样浪费掉，说明我们公司蔬菜生产计划、销售经营管理有问题，不顾下面基层菜点的实际销售情况和老百姓的生活需求。用他们的话讲："老百姓不满意，市领导不高兴，职工白忙活，蔬菜公司留骂名，单位效益一天不如一天。"

我到蔬菜调拨站调研，职工群众们反映强烈，领导盲目下计划：春菜不多，品种单一；夏菜过剩，堆积如山；秋菜不缺，大路品种；冬菜外进，耗资很大。大庆市老百姓生活水平提高了，秋天里的大白菜、土豆、大萝卜等这些冬储菜都是老黄历了，谁家还挖菜窖冬储蔬菜。

我到汽车队去调研，队长、书记领我到汽车库一看，都是清一色老掉牙的解放牌汽车。当时有位师傅开了句玩笑，这哪里是汽车队，这就是一个解放牌汽车的博物馆。他们还反映，有几次铁路专用线着急要车，说春节市场紧俏的南方娇贵蔬菜到货，得赶快卸车抢运。我们好不容易组织车队浩浩荡荡地开车过去，专用的冷藏专列打开了，南方蔬菜五颜六色、娇翠欲滴，我们刚要卸货，南方驻在员来电话说搞错了，到货的不是我们蔬菜公司的，是给其他企业订的货。我们当时就蒙了，再有十几天就过春节了，大庆市的老百姓着急过年准备年货，公司领导像盼星星、盼月亮似的盼来一专列蔬菜，结果我们南方驻在员说是别人的，你说可笑不可笑？难道说，发来质次价高的破烂蔬菜就都是蔬菜公司订的货？

比这可笑的还有。有一次，车队浩浩荡荡地去卸蔬菜，结果把边上的蔬菜卸完，中间是两台崭新的日本小轿车。不一会儿，来了两个人，一人一台，开出专用线绝尘而去。我们这些人都看傻眼了，这场面简直和看电影一样。听许多人说，海南走私车如果开到大庆市，一台车能赚上十几万元。

我走访大庆油田会战时期的一些老英模、老职工，他们讲当时的大庆油田会战，战三九、抗严寒抢运蔬菜，使大庆市每个会战职工的饭碗里都有肉、有菜，充分体现了党和政府的温暖。他们大多数都五六十岁的人了，为大庆油田奋斗了一辈子，工资不高、住房不宽裕，让他们闹心的是 20 多岁的大姑娘、大小伙子待业在家里，整天在社会上晃来晃去的，愁得大人们不知怎么办好。我想起许多在职职工也问，现在大多数青年都是父母单位安排就业，咱们单位什么时候能为职工们解决这最大的后顾之忧？

到大庆市民中走访，对蔬菜公司的反映是反面的问题居多。许多市民说，你们是国营单位，是吃财政补贴的单位，亏损不亏损和你们没关系，国家照样管你们。看看大庆市就那么几家商场、菜店，买个菜要骑车走七八里地。就不能多设一些蔬菜网点，方便一下咱们老百姓？再看看商场、菜店那些菜，不是黄瓜、西红柿，就是土豆、辣椒，一个冬天就是大白菜、大萝卜，还都蔫蔫巴巴的。

近三个月的走访，这些问题像乱麻一样一件件浮现在我的脑海，一到晚上像过电影一样让我彻夜难眠。爱人天天叮嘱："再忙，工作再重，你也得吃好饭睡好觉呀！别蔬菜公司工作还没开展起来，你就先住院了。"

我想想也是，那一阵头发一把一把地往下掉。我在寻找今后工作的突破点在哪里，我思索着所有职工一直反映的许多话，工资不高，奖金没有，干好干坏一个样。由于亏损工资年年不长，机关连党报党刊都订不上。自己不争气，外部看不起。私下乱攀比，不比贡献比待遇，比来比去领导没激情，职工没干劲，公司没发展还倒退。真是黑瞎子敲门熊到家了，在市场面前是狗熊，在公司台上逞英雄，胸中无胆嘶哑叫，耗子别枪窝里横……

这时候我才渐渐地了解蔬菜公司的重要性。蔬菜工作是上顶天、下接地，做好蔬菜供应工作，百姓竖大拇哥，搞得不好，老百姓天天骂市长。经过一段时间更深入细致的调查，我找到蔬菜公司病根，也摸索出一些解决问题的办法。

改革焕发生机

通过深入基层调研，深入企业第一线和职工们一起摸爬滚打，我总结出治理病根的三句话，就是深化改革、转换机制，一业为主、多种经营，强化管理、提高效益。公司组织专门力量，研究蔬菜公司三年发展规划和改革方案，并经过蔬菜公司党委会、经理办公会多次研究，确定了一年打基础、二年求发展、三年上台阶的三年规划，制定了以总额包干、增亏不补、减亏留用为主要内容的改革方案，改革方案经过职代会讨论通过，经市政府同意后很快实施。

以往大庆市财政每年补贴近1000万元，这次改革动真格的了，每年一次性划拨740万元。以前政策性补贴，企业职工是不允许发放奖金的，这次同意减亏留用，这就意味着，干好了企业盈利了，蔬菜公司职工可以有奖金发放了。

有了大庆市委、市政府的支持，蔬菜公司全体职工可以放心大胆地干了。

那一天和公司基层签订责任书，场面十分庄严。主席台上清清楚楚地写着“总额包干、增亏不补、减亏分成”，一行十二个大字十分醒目。那场面至今回想就像上战场一样，基层负责人们心里十分清楚，这回可得真刀真枪地完成蔬菜公司交给的各项任务，完不成任务拿不到工资、奖金，就真的没办法向单位职工和他们家里的老婆孩子们交代了。

下面的基层单位领导排着一行队伍依次和党委、财会、业务等部门签字画押、盖章。签完责任状以后，下面一下子热闹起来。虽然事先谈完话、讨价还价、几番商量，可这毕竟是蔬菜公司成立以来的第一次。

公司经理、党委书记除外，蔬菜公司实行全员绩效挂钩，公司副职也都分片包干到各基层单位。基层单位与公司实行什么二八、三七、四六分成等。我们还对责任人给予特别的奖励，在一般的公司奖金发放外，如果再创佳绩，可拿到职工平均工资最高3倍以上的奖金奖励。

责任状都签完了，签订责任状的蔬菜公司大会也轰轰烈烈地结束了。不但我心里七上八下的没有底，整个公司从领导到员工们心都悬着，用现在话讲叫危机意识。那段时间，我天天往下面的商场、蔬菜调拨站、汽车队、食堂等基层单位跑。公司各级领导们也一样，心思都在基层，关心下面的销售任务完成情况。这些我都看在眼里，喜在心头。只要我们领导带头和职工们劲往一处使、汗往一块儿流，一心一意干工作，就没有什么克服不了的艰难险阻。

我不打招呼就到菜市场，看到的情况与以往大不同，营业员们再也不聚堆聊天了。顾客们还没有走到近前，营业员就主动和顾客打招呼，介绍各式各样的蔬菜，个个都卖力地忙活着，工作劲头十足。

我到蔬菜站了解情况，大老远地就发现他们大门前出现了新搭起的蔬菜大棚，货架上摆放着各种新鲜的蔬菜。三三两两来的顾客正在挑选，营业员主动服务着。这和几天前在屋里调拨蔬菜，有事就开单，没事就坐着喝茶水、扯闲篇儿的态度完全是一百八十度的大转变。

我到单位食堂，食堂里也一下子变得窗明几净。就餐的人员来来往往，再也不用躲闪避讳我了。因为蔬菜公司新规定，迎来送往一律在食堂用餐，算自己部门的费用。食堂管理者还主动联系附近的工厂、企业到这里用工作餐，或者招待宴请、接待婚丧嫁娶……食堂职工由过去当一天和尚撞一天钟，到如今变得干部职工都在忙忙碌碌。

我到基建大队，工人们正忙着加工门框、水泥预制板。上一次我来的时候工人没有几个上班的，单位也没什么活干。企业亏损，基建没有活干，就是简单地做一些不花钱、少花钱的企业营业室、办公室的维修工作。因此，一年有大半年是闲着的。这回签订了责任状，基建大队自己就找活干了，给大庆市建筑企业加工门窗、水泥预制板。

我到车队去，车队领导再也不问我又来什么任务了，而是主动说现在就是解放车老掉牙，耽误事、效率差。我问他有什么打算，想什么办法解决。他想了想说，我们车队今年效益肯定不错，能超额完成公司责任状上的各项任务。就是想能不能从上交给公司的利润中拿出一部分换几台新车，这样拉脚、跑运输也方便，节省费用还不耽误客户的时间。我当时就说这事儿可以考虑，等班子开会后决定。队长听了我的话，一下子舒展了眉头，露出了满脸的喜悦。

我到大菜库去，还没走到地方，菜库前就车水马龙交通堵塞了，这和以前冷冷清清的场面完全颠倒了个儿。我转了20多分钟，菜库主任才过来，他说业务忙，和客户谈论租仓库的事。我笑着说："没事儿，就是来随便看看，你有事就忙你的。完不成责任状上的任务，你就是天天陪我也没有工资拿。"

这里是亚洲第一大库，火车专用线完备，仓储设备齐全。现在人们生活水平不断提高，消费水平不断提升。国外的、南方的，从时令蔬菜，到新鲜家禽、生猛海鲜，哪一样不得使用仓储？这里还有核物质钴60，能起到杀菌不生虫子作用，而且效果非常好……看到这些我满意地离开，不想让菜库主任再陪着，人家还有很多工作要干。

回到公司机关，我发现领导干部的办公室都上着锁，都包片下到基层网点去了。看到蔬菜公司短时间内发生了这么大的变化，我的心里渐渐地有底了。

更让我高兴的是，下班回家后在吃饭的饭桌上，妻子说，她单位的同事们都说，现在菜市场卖菜的营业员服务态度一下子变得和蔼可亲了。她问我用了什么灵丹妙药？我微笑着说了四个字：绩效挂钩。

大庆市每年到了四五月份偶尔还会下一场大雪，但那一年早春，天晴日暖，黑黑的沃土上，厚厚的积雪正在慢慢消融着。向阳的土坡上，小草、树木已经孕育了春天的芽苞，绿色的枝叶嫩黄嫩黄，春风拂面，满目的新绿，让人期待着一个姹紫嫣红、百花齐放的春天。

割除企业病灶

蔬菜公司的生产经营全面迈上了正轨。我根据调研得到的情况，针对群众反映最大的几个问题开始建章立制，对蔬菜公司多年顽疾从根上开始治理。

群众反映最大的不正之风，就是领导随便拿，有的连白条都不打；领导随便吃，还得送上门，一分钱也不花。这件事儿我也专门让党委纪检部门做过一些调查，事实上绝大多数领导都是好的，只是少数领导干部不太自觉，在群众中造成不好的影响。单位生存在社会上，难免要有各种各样的关系，特别是像财政、税务、银行、铁路等必须得维护的关系，尤其是元旦、春节期间，是蔬菜最紧俏的时候。我随便走了几家大商场、仓库一看，白条好几大把，领导一开口子，下面的科级干部、股级干部也跟着打白条，个别职工也冒用领导名义冒领、多拿，不良之风把公司弄得乌烟瘴气……而且这些人拿的都是一些南方来的紧俏蔬菜、生猛海鲜、土鸡活鱼等。把白条子拿来一算账，把大家吓了一大跳，蔬菜公司仅此一项，每年就有近百万元亏空。在党委班子会上我提出，从今往后，从我做起，任何人无权在下属企业打白条，公司领导不准再让基层准备礼品，基层一律不准给公司领导送礼，如果发现了基层送礼、领导收礼，公司都要给予相应的纪律处分。

以前公司大小干部出差都坐飞机，公司领导还喜欢多带上几个人到全国各地开会。上行下效，下面的部门负责人都跟着学，商场、库房、调拨站等领导出门也坐飞机，费用高，开销大。我到任的时候，财会显示每年的飞机票费用合计就达 140 多万。

我提议并经蔬菜公司领导班子研究决定，今后只有公司正科级以上领导干部出差才能坐飞机，还必须有公司总经理一支笔签字审批。一年后财会显示，仅飞机票一项一年节省近百万元。

这些规定传达后，蔬菜公司上下各部门一致拥护。公司纪检部门为此事还专门到下属的商场、菜库、菜站等单位做专项检查，结果没有任何领导违反纪律，一张白条都没发现。职工们高兴地说，领导说话算数，以身作则，蔬菜公司的风气正了，企业走向正轨了，我们干工作也有劲了。

过去蔬菜公司机关食堂管理混乱，吃饭时拥挤得很，饭菜质量不高，品种少得可怜，用职工们的话讲，不是茄子炖土豆，就是土豆炖茄子，再不就是大白菜炖豆腐，或者是豆腐炖大白菜。食堂伙食不好，招待客人上外面饭店吃，每次报销招待费金额都大得惊人，财会账上显示每年招待费合计六七十万元。许多人向我反映说，那不完全是招待费，还有烟、酒款。我让食堂的负责人把账单拿来，纪检、财会一查账，账里面的猫腻很快就水落石出了，果然是进了大批的高档烟酒，而且都是成条、成箱地拿，摊在招待费中。我问食堂负责人进这么多高档烟酒干什么？都谁拿去抽了、喝了？他脸上黑一阵白一阵，支支吾吾递不上报单。我说从今天开始谁再把高档烟酒摊在招待费里，查出来连你一起处理。你们食堂主要职责是把伙食搞好，饭菜花色品种弄多一点、好一点，用的是单位补贴，因此一定要做好，让职工不但要吃好，还得满意。再有就是把迎来送往的业务关系户热情招待好。他说，招待都到外面酒店，食堂养不住好厨师。我当时就告诉他，从明天起蔬菜公司所有的迎来送往招待业务户一律在食堂。他问那我们找一个好厨师可以吗？我说，公司不是和你签责任状了吗？具体的事情你们食堂自己算经济账。

从那以后职工们反映，中午、晚上机关食堂的饭菜有七八个品种，早餐也不错，既经济又实惠。业务部门也说，业务上招待客人的饭菜做得也不错，厨师手艺好。有一次业务部门招待一家到访的大客户董事长，我也参加了，我看宴席上的菜，无论是冷拼，还是热炒，都做得不错，色香味俱全。后来附近的工厂、企事业单位招待客人都愿意到我们蔬菜公司食堂，因此蔬菜公司食堂在当地也有了一定的知名度。这正是有了梧桐树，不愁凤凰来。我们蔬菜公司有全市最新鲜的蔬菜，牛、羊、猪肉，还有南方海边最新鲜的生猛海鲜，食堂怎么能做不好？顾客怎么能吃得不满意？

下面一些基层单位招待费管理从严，招待费用根据本部门的销售额提取一定比例，如果超出就从奖金、工资中扣除。这下子牢牢堵住了大吃大喝这个漏洞。在短时间里，蔬菜公司完成了整章建制、废旧立新、依规治企的过程。

有一次，基层单位的一位科级干部没有请示上级领导，私自动用职工通勤车到哈尔滨出了车祸。蔬菜公司党委、班子开会决定严肃处理，不但撤销了他的科级领导职务全公司通报，还给予了一定的经济处罚，这件事情不但教育了全体职工，还增强了大家的法纪观念和执行纪律的自觉性。

剩下的一个老大难问题就是蔬菜公司那些驻外办事处。海口、广州、厦门等这些都是改革开放的窗口。经过调查研究，不否认当初他们为大庆市蔬菜公司做过的贡献，采购进一些花色品种齐全的南方特色蔬菜、水果，还有海鲜产品等。可最近几年公司内许多人反映他们损公肥私，甚至倒腾一些走私货。听说还有家属在大庆市开店做买卖，那边给进货，这几年发得直冒油。拿着蔬菜公司的工资、补助，干着自己的事，挣钱揣进自己的腰包，赔钱一甩手推给蔬菜公司……

这几家办事处每年花蔬菜公司将近300万的费用，究竟怎么办好？带着这些疑问，我决定亲自到南方几家办事处去走一走、看一看。那一次，我出差近半个月，走访了福州、湛江、海口、南宁、广州、厦门……

俗话说得好，百闻不如一见。来到福州看到这里的商人把生意做得红红火火，鞋子、服装既便宜又时尚，特别是服装上电脑绣花，立体感特别强。我想起大庆的大姑娘、小伙子，个个长得又高又帅，如果能穿上这些时髦的东西一定十分漂亮。来到湛江，满街的海鲜既新鲜又便宜，跨海到了海口，海鲜就更便宜了。这些丰富的五颜六色的海鲜什么带鱼、黄鱼、鳗鱼、大虾、螃蟹……许多海鲜品种我都是第一次见，大庆市根本就看不到。我到了广西南宁，那里的水果赤、橙、黄、绿、青、蓝、紫什么颜色都有，水果的形状也五花八门、奇形怪状……这一切的一切看得我眼花缭乱，我心想一定想办法，让大庆市人民吃上这些既新鲜又便宜的海鲜、水果、蔬菜，同时也感到我们蔬菜公司在大庆市是可以大有作为的。

可是看看我们的办事处，他们整天不是忙着单位的工作，而是忙着接待大庆市各单位的客人，私下里还有人向我汇报他们许多人都有自己的买卖。倒腾汽车、服装、蔬菜、金银……用他们自己的话讲，花着公家的路费，拿着白给的工资，赶上赚外快千载难逢的好机会，不赚白不赚。怎么解决这个问题，那些天这件事一直在我脑海里反复琢磨……

到福州拜访蔬菜公司领导，当地负责人的一句话一下子打开了我的思路。我和他谈两地的信息沟通问题，以及我们办事处的人员费用太大。他还没等我说完就主动地说，其实你们根本不用搞办事处，现在是市场经济了，是买方市场了，天下哪有兜里揣着钱买不到商品的道理，我们可以派人员到你们大庆去搞办事处，你们需要什么商品，我们就给你们组织什么商品。你们节省了费用，我们还提高了效率。省着我们天天找你们的办事处人员问需要什么食品、海鲜、蔬菜，人家忙得天天看不到人影，我们还总给人家添麻烦。

听了他的一席话，我觉得很有道理。我到过这几个办事处，他们天天忙着接待，大庆市政府的、企事业单位的，还有自己家来旅游的七大姑八大姨。因此，我暗暗地下定了决心。

回到大庆市后，我把出差考察的情况向班子成员做了介绍，还没等我把话说完，党委书记就说这样的办事处早该取消了，党委书记一表态，班子成员一致拥护。就这样班子会上达成了共识，蔬菜公司设在南方的几个办事处一律撤销，人员一律分到商场的一线工作。不服从单位分配工作的，限期调离工作。你别说，公司班子会决定后，驻外办事处人员大部分都选择调离了蔬菜公司，很好地解决了蔬菜公司历史上老大难问题，也为企业节省了几百万的费用。更主要的是消除了蔬菜公司的一个大病灶，增强了职工干好工作的信心。

多业并举

蔬菜公司的主营业务就是负责全市200多万人民的蔬菜、副食品供应工作。把大庆市委、市政府领导交给我们的任务完成好，是我们蔬菜公司的重要职责。

首先，我们强化主营业务。强化科研所、精干生产指导科，搞了100栋“四三型”蔬菜节能温室大棚，作为蔬菜生产试验基地。冬天在大棚中种叶菜、少部分果菜，把品种好、质量好的蔬菜引进来。我们还南菜北种，把南瓜、丝瓜、苦瓜等引进来，还分期分批种植西红柿、黄瓜、豆角等，使大庆市四季都有新鲜蔬菜、瓜果上市。记得1991年8月的一天，中顾委领导康世恩在省人大常委会副主任陈烈民、大庆市委书记张轰同志陪同下，兴致勃勃地参观了我们的蔬菜大棚，亲自品尝哈密瓜，赞不绝口，连连说我们干得好，解决了大庆职工吃菜这一生活大问题……

思想解放了，工作就有了劲头。一时间蔬菜公司推小车走街串巷的吆喝声不绝于耳，大家都知道那是蔬菜公司的便民服务流动车。我们还在大多数居民区都设立了铁皮棚子，那是蔬菜公司的固定网点。一些商场、菜市场多年失修，建筑物陈旧得直掉渣，我们就改建、扩建、新建。这三年蔬菜公司新建菜市场五个，改扩建五个，其中最大的让胡路菜市场有5000多平方米。改扩建这些工程没有资金，我们就想办法找市委、市政府领导。我还多次到大庆石油管理局求援，当时大庆石油管理局有许多在家待业的职工大龄子女，我就让他们投资建商场，然后把200多名符合条件的大庆石油管理局的职工子女招工进商场。同时，大搞多种经营，启动钻60生产线，直接为油田生产服务。成立经贸公司，开展边境贸易。更新运输车辆，旺季拉运蔬菜，淡季对外运营。闲置库房对外出租，铁路专用线对外服务。开发建设饮料厂，生产饮料、冰棍。在大型菜市场开设服装鞋帽、日用百货、五金家电、金银首饰等楼层或专柜，拓宽经营品种，开展便民服务，蔬菜公司面貌发生了很大变化。

转眼间，两年多的时间过去了，蔬菜公司人多了，商场大了。全国各地的名优新特产品也都进来了，老百姓看到这些实实在在、物美价廉的实惠商品和亲人般的优质服务十分满意。人民高兴、政府满意，蔬菜公司也有利润，这样蔬菜公司在大庆市人民心中，不但有了面子，生产经营利润一天比一天好，更有了里子，大庆市菜篮子工程终于形成了多方共赢的新局面。

担任大庆市政府蔬菜办主任兼蔬菜公司经理的三年多时间，我坚持改革，强化管理，拓宽经营渠道，使这个“老大难”企业步入了新的辉煌时期，获得黑龙江省实施菜篮子工程先进单位，我本人获得“全市企业扭亏工作、财政保盘子工程先进个人”等称号。

上任前的插曲

蔬菜公司工作打开局面以后，我带着全市蔬菜系统决心大干一场，设想着明年、后年要干些啥，实现哪些目标，一切都在按着计划有序地进行。

1993 年春节过后，我到市政府向市长请假。因为蔬菜公司的一笔生意，俄罗斯方面邀请我率领蔬菜公司代表团去拍板、签合同，可是市长没有准假。

他说：“去俄罗斯经贸洽谈一事儿你可以交给副职去办。”

我听了一愣，口头上答应着，但心里很不理解。上了车往回走，正好与市委书记李智廉的车碰了个对面。他向我摆摆手，我也回手打了一下招呼。

在回公司的路上，我想这是怎么一回事儿。春节前市里领导还号召我们出国做好俄罗斯边贸工作，还说苏联解体后，俄罗斯国家经济陷入困境，什么物资都是短缺的，尤其是老百姓的日常生活物资，那里的商机无限、大有可为，要求我们探索易货贸易。俄罗斯的资金比较紧张，大庆市蔬菜公司的资金链也不宽松，我们在黑龙江省边境城市黑河曾经成功地用方便面、羽绒服换来了俄罗斯50台大马力农用链轨车，很快就销售了出去，效果非常好。俄罗斯的农机具结实耐用，在国内市场很受欢迎。蔬菜公司初战告捷后正准备春节后大干一场，所以公司党委班子决定由我亲自带队赴俄罗斯，市领导也非常支持，也是我们今年的工作重点。怎么一下子突然不让我出国了？

一路上我也没想出个所以然来，回到办公室，我和党委书记马培业一说，他想了一会儿说："是不是你的工作有变动呀？你来的时候市领导不是答应你只干三年吗？"

他这么一说，我才恍然大悟，觉得他说得十分有道理。当天下午我到分管副市长办公室开会，散会后我又到市委李书记办公室。

李书记笑呵呵说："你上午不是过来了吗，怎么下午又跑过来了？"

我赶紧说："上午我到市长那里请假，他没准我。下午我来开会，散会后我就想问问领导为什么不给我假？"

他听了又是一笑："你可能也知道点了。"

"什么？我不知道。是不是我的工作有变动？"

"嗯，让你猜对了。市委书记碰头会研究，准备派你到龙凤区任书记。你来了，正好征求一下你的意见。"

听李书记这么一说，我感到很突然，想了一下说："首先感谢组织上对我的信任。但我觉得我是龙凤区走出来的干部……"

按照常理讲，衣锦还乡、荣归故地任职，可能是多少人十分愿意、求之不得的机会，可自己当时就是想是否对开展工作有利，选别人是不是更合适。

"熟悉龙凤区的情况，这是你的优势，有什么顾虑你现在就可以说出来。”李书记用鼓励的目光看着我。

“我想，我们家亲属在龙凤区工作的太多……”

“啊，这倒是个理由……”

“能否让我到让胡路区、萨尔图区都可以。”我怀着感恩的心，向李书记敞开了自己的想法。

对我来讲，当时还年轻，有机会走上区县主要领导岗位，是十分难得的施展抱负平台，内心虽然有压力，但确实是非常愿意展示一番的。

“好！我们组织上考虑一下。”

刚刚走出李书记办公室，在院子里遇到了多日不见的大庆石油管理局关晓红副局长，她热情地邀请我到办公室坐坐。她看出我好像有心事，就关切地问我怎么回事儿。

我把刚才在李书记办公室的谈话内容简略地说了一下。她听后表情郑重地说：“你说得很有道理。现在有一些年轻干部对自己要求不严，一人得道，鸡犬升天，正常的工作关系都搞得很不正常，作为一名年轻干部你能想到这一点真是难能可贵。”

我看关大姐这么支持我，更觉得我向组织上表达自己的想法是正确的。

关大姐还说：“你是农村基层出来的干部，涉及农业方面的工作是你的强项，所以领导才想到你。”

我听大姐说得这么诚恳就掏心窝子地说：“大庆市熟悉农村的干部很多，我只希望换个区更好，回避一下自己的亲朋好友，真的没啥其他要求。”接着又聊了一些其他话题，我就回去了。

过了半个月李智廉书记正式找我谈话。经市委常委会研究任命我为市政府副秘书长，协助分管农林财贸的副市长工作。

那时候大庆市政府秘书长、副秘书长加一起才四位。副秘书长一般都是市里资格比较老的部门一把手，或者表现比较好的区县委书记调回市里担任。说心里话，组织上这样安排我，真的事先一点也不知道，更是没想到。

几年后我才慢慢了解一些，原来那天我和关大姐聊过后，关大姐在食堂吃饭的时候，与分管市委常务工作的李长玲副书记谈起我去龙凤区任书记的事儿。

其实，让我去龙凤区是李长玲副书记提出的建议。当时市委准备对龙凤班子做些调整，物色接任书记人选时长玲书记觉得我合适，提名后得到了智廉书记和书记碰头会成员一致认可，计划拿到市委常委会讨论决定。听关晓红大姐一说，长玲书记就说："李勇库同志作为一名年轻的正处级干部能想到这一点，说明他对自己要求十分严格。这名年轻干部我熟悉，他在让胡路区当副区长时工作干得就很有成绩，接手蔬菜公司这个烂摊子以后又很快打开局面，对自己要求也很严，我们应当理解和支持他。"

长玲书记还说："市政府苑柏琴副秘书长刚提为市长助理，副秘书长位置刚好空缺。柏琴年岁大了，总往外县跑有些跑不动了，那里缺少懂得农业方面的干部。"

李长玲副书记和关晓红大姐觉得这个位置正好适合我。

又过了几天，李长玲副书记向李智廉书记一汇报，并征求分管市长和市长助理苑柏琴的意见，提交了市委常委会研究，这事儿就这么定了下来。

时至今日，每当回想起这件事情，还要感谢市委、市政府领导们对我的信任和支持，特别是李长玲副书记、关晓红和苑柏琴大姐，那年月大庆市的党政风气就是这样，像大庆市冬天每年铺天盖地的大雪一样，那么的厚重，又那么的纯洁。

1993 年 5 月，我担任大庆市政府副秘书长。

副秘书长工作

担任市政府副秘书长，协助分管副市长联系农业、财贸口工作，刚开始有些不太习惯。当时大庆市所辖萨尔图、让胡路、龙凤、大同、红岗五个区和肇州、肇源、林甸、杜尔伯特蒙古族自治县四县，还负责联系大庆市农牧渔业局、林业局、水利局、乡企局、工商局及商业、粮食、蔬菜、供销、医药、烟草等，负责协调石油管理局、石化总厂、林源炼油厂所属的农工商系统……工作内容由一条线变成了一大面，抓工作也由主角变成配角，但多年养成了认真的习惯，每天工作量很大，忙得我脚打后脑勺。

我所协助的分管农村、财贸的副市长40岁出头，经验丰富，能力很强，但性子比较急，属于抬腿就走、上台就讲的年轻领导干部。我作为副秘书长，既要跟上他的工作节奏，凡事想在前面，又要遇事仔细斟酌、考虑周全，补台善后。我们磨合了一段时间后，渐渐地我熟悉了这份工作，那就是综合协调、参谋服务、督办落实。不但工作上要拿得起来，对上、对下都要服务好，很快得到了分管副市长的信任，他总是把更多的工作交给我。

综合协调是秘书长的一项重要工作职责。那时我经常安排政府办公室农林财贸组的同志，定期或不定期地将分管领导的这路工作情况，通过表格或文字综合汇总，有时也组织办公室的同志下去掌握一些活的素材，包括正反两个方面的都要收集，适时提供给分管市领导。同时协调各部门密切配合，同心协力推动工作落实，特别是对会议议定和领导交办的事项，还要与有关部门统筹协调并向有关市领导请示汇报、谋求支持。

参谋服务是秘书长的一项经常性工作。日常工作中，我努力去领会和把握市委、市政府及主要领导的工作意图和决策取向，增强“身在兵位，胸为帅谋”的意识，始终站在全局和领导的角度去思考问题、谋划工作，当好参谋和助手，多下及时雨、少当马后炮，多做拾遗补缺的工作，做到帮忙不添乱，参之有道、言之及时。

督办落实也是秘书长的一项重要工作。工作中，我不仅注意工作方法，还注重效果，特别是注意发挥部门的作用，避免越俎代庖，注意抓两头带中间，注意总结宣传、推广工作落实中的好做法好经验，用典型说话，绝不瞎指挥。

作为领导的助手，无论是办文办会办事，都必须把握上头精神和领导意图，做到超前思考，把问题想在前，做到灵活、高效、有序、主动、周密，只有这样才能收到好的效果。

记得有一次市长安排分管农林财贸的副市长到大庆石油管理局农工商总公司调研，帮助企业解决一些自身解决不了的问题。我与市有关部门负责同志随同前往，但听取汇报后，感到大部分问题已超出我们的职责范围，不归分管领导负责，比如引进人才、财政税收、车购控编等，当时副市长征求随行的部门负责同志意见，他们在会上就提出了一些不同意见，还表示回去得向相关分管副市长汇报后才能定。这时我感到如果领导在会上当场拍了板，会后也难以落实，而且也不便于工作协调配合。当时我建议分管副市长，请农工商就需要市里解决的问题整理形成文字上报市政府，待研究后正式答复。回来后，我根据分管领导的意见，主动向市政府相关分管领导请示汇报，说明情况并建议给予支持帮助解决。果不其然，相关领导也提出了一些不同意见。后经反复沟通，终于同意让我与有关部门再沟通协调，尽量帮助解决。后来，在有关部门的支持配合下，问题总算得到圆满解决。农工商皆大欢喜，分管领导也十分满意。

因为我长期在农村特别是基层工作过，对大庆市里的情况比较熟悉，有时我会负责地向他建言献策，供他参考。对领导交办的工作，还要结合实际加以督办落实，逐一反馈，不挂空挡，不留死角。有时也帮他做一些拾遗补缺的工作，比方有时他因工作毫不留情面地批评了一些老局长，有时在众人面前让老同志无地自容，一段时期这些老同志不能理解，而且还有一些怨气。为了化解矛盾、求同存异，我反复多次做工作，直到双方见面沟通了解、理解、谅解、和解为止。由于自身努力，我的工作得到了他的充分肯定和高度信赖。有一年向省委组织部考核组递交的述职报告需经分管领导签字，他曾这样评价我：是一位非常难得的秘书长。因为他曾当过县委书记，善于抓大放小，因此他总是把更多的工作交给我。那几年，我也得到了锻炼和提高，同时也结下了深厚的友情。

做副秘书长，还有许多额外的工作任务，例如市里主要领导直接交办的工作。记得做副秘书长工作一年多，大庆市萨尔图市场大楼失火。当时，我和分管安全的刘阜茂副市长都跑了过去，望着浓烟滚滚的火灾现场，我们紧急调动全市的消防力量，可是还是有些晚了。眼睁睁地看着 2 万多平方米的萨尔图市场转眼间变成一片火海，50 米之内人不能近前……那可真是水火无情！

全市 9 个公安消防中队、57 台消防车、277 名指战员参加灭火战斗，大火终于被扑灭。火灾中商业局、蔬菜公司、供销联社等 8 个县处级单位所属的 11 个经济实体和 80 名个体工商户受灾，烧毁大量冰箱、电视机、录放像机、洗衣机、药品、针纺织品等商品，造成了重大经济损失。

当时，主要领导当场指定我负责保护现场，避免发生新的人员伤亡和财产损失。得知商场里面有爆炸危险品氨气罐后，我立即调动安保人员分兵把口，安排好分工，要求各尽其责，保护现场，死看死守。随即组织力量给氨气罐浇水降温，并紧急疏散商户及围观的群众。我和负责安全的人员顾不得别的，一直在现场坚守，距离现场只有十几米，事后想起来都有些后怕，如果商场里面的氨气罐发生爆炸，我们这些人都会有生命危险。

大火扑灭不久，我冒着火灾后的余烟最先进入现场。现场一片狼藉，烧焦的各种纺织品、百货商品，连白菜、土豆、地瓜、黄瓜等都烧得直冒烟。来到二楼，由于现场保护得力，金店的首饰、金条摆放完好，依旧明晃晃地摆在那里。我发自内心地对临时组织的安保人员的奉献精神表示赞叹，他们一整夜不休息站在寒冷的秋风里，秋毫无犯，一身正气地守护着国家和人民的财产，这是些多么好的同志呀！

凭我多年在商业工作中积累的经验，我当即宣布对受灾物资采取财产管理临时性保护措施。

两人一组对没有损失或者还有价值的财物清点登记造册，避免新的损毁、丢失；找有关方面的专业人士，统一评估价值。

在各有关方面的大力协助下，我们争分夺秒地工作。由于清理现场有条不紊，大庆市相关保险公司积极配合，商场内商户的理赔工作井然有序。火灾善后工作十分顺利，把失火损失降低到最大限度，绝大多数人都很满意。

不断充实自己

任大庆市政府副秘书长期间，我还忙里偷闲，参加了黑龙江省委组织部、哈师大联合办的经济管理专业硕士研究生进修班学习，学制是二年，就是1993年3月至1995年3月。每年都集中两次，每次20多天。全班一共40多名学员，有黑龙江省的厅级、县处级、科级干部，还有少量的民营企业家，我们大庆市去了4位。

学习期间我是班级里比较忙碌的人之一，边学习边兼顾着副秘书长的工作。课堂里强迫自己静下心来听课，课间脑袋里转的全是市领导安排的工作，日程总是排得满满的。

1993年8月至1995年12月，我又报名中央党校函授学院直属大庆石油管理局经济管理专业本科班学习。这个班是函授性质的，每年集中二三个月。但挤出这个时间实属不易。我当时就是非常渴望参加学习，也特别感谢组织上对我的照顾，满足我的求知愿望。

在学习中认识许多同学，他们都是各行各业的精英。俗话说得好，近朱者赤，近墨者黑。每天和优秀的人在一起，耳濡目染，觉得自己提高很快，开阔了视野，增长了见识，特别是在工作中得到了同学们的很多支持和帮助。

外地参观考察

1994 年 9 月，以大庆市主要领导为团长、我为秘书长的代表团一行赴温州考察个体、民营经济发展情况。

这是我第一次到温州市，不了解那里的气候。9 月份在大庆已经是秋高气爽、天高云淡了，因此我特地在大庆市买了一套新的西装、领带，穿戴整齐直奔飞机场。到了温州一下飞机，顿时感觉热浪滚滚，一问气温三十七八度。坐上温州市政府接待的大客车直奔宾馆，到了宾馆浑身是汗，特别不舒服。进了宾馆房间，赶紧把西装脱了下来，打开空调，换上半袖衬衣，一边感受着空调带来的阵阵凉意，一边感慨祖国之大、南北的差异。

在温州市考察，听人家一介绍，把我们全体人员吓了一跳。温州面积 11784 平方公里，七山二水一分田。1978 年温州市国民生产总值 13 亿元，工业产值 11 亿元，财政收入 1. 35 亿元。经过十多年的快速发展，国民生产总值近千亿元，城镇人均可支配收入近万元。温州经济快速发展主要是民营经济的发展，国有经济占 1. 1%，集体经济占 1. 5%，民营经济占 97. 4%。温州经济主要是老百姓经济，它是以市场为导向，以小城镇为依托。温州民营经济的发展，创造了辉煌的业绩，也积累了宝贵的经验，很多方面对我们有着十分重要的借鉴价值和指导作用。

比如，“不唯书，只唯实”，“哪里有市场，哪里就有温州人”。温州人办企业、做生意，不看领导讲了没有，也不看别人做过没有，只看市场需不需要，只要市场中需要的而且又能做得通的，法律没有明文禁止的，他们都会千方百计地去做。在温州人思维中，没有“等、靠、要”这些概念，他们总是积极主动地寻找市场、寻找商机。

在这里，家家开工厂、人人做买卖。在内地还大张旗鼓地宣传“万元户”的奇迹时，温州地区流行的是，一万元不算富，十万元平常户，百万元刚起步，千万元才算富。在温州大大小小的买卖，只要能赚钱就有人做。天上飞的、地上跑的、水里行的，大到火车轮船，小到纽扣、螺丝钉，温州人都能生产都能经营。对比温州地区的市场观念，我们才明白什么是市场经济，和大庆一对照，差距一下子就出来了。大庆人的就业思想观念中还存在油田、国营、集体，最后实在不行才去干个体。大庆市经济是结构性矛盾，原油生产一柱擎天，产能 5000 万吨保持了 27 年，利润率特别高。但大庆市其他行业，就是比较好的企业赚钱也不多。

大庆在经济上是纯而又纯的国有经济，是当时中国国有企业比重最大的城市。民营经济占大庆经济比重只有 4%，大庆的企业是统而又统的计划经济体制。

再看看温州地区的地理，这里除了大海就是山地、丘陵，平地很少。因此这里只有两条出路，不是经商做买卖开工厂，就是下海打鱼摸虾。也有极少数人漂洋过海，全家移民海外的。

东北人怕热，我这个做代表团秘书长的，跑前跑后地张罗，一路上还得照顾好老弱病者，弄得我天天像从澡堂子出来的，总是一身的汗水。

满载着学习收获，满脑子的新思想、新观念，在回程前我还要挨个儿房间提醒大家去机场之前一定要收拾好随身物品，千万不要把个人物品忘到房间里……累得我坐上了飞机就睡着了。

飞机到了哈尔滨，打开机舱门，冷风“嗖嗖”地吹过来，顿时浑身直哆嗦。左右一看别人都换上了秋装，只有我还穿着半袖衬衣。大家提醒我赶紧找出西装穿上，可怎么也找不到我那套西装上衣了。我才想起来，我的西装还在温州的宾馆房间里。第二天，一通电话，温州市政府接待我们的同志到宾馆一看，西装上衣在宾馆的衣柜里整整齐齐地挂着。

这次考察后不久，市里根据考察团报告的建议，决定大力发展个体私营经济，专门召开全市各行各业代表5000多人参加的大会，主要领导做报告，发出号召，安排部署。从这次大会以后，大庆市的个体私营经济有了很大的发展。

1995年5月，大庆市组织各县、区主要领导到苏州、无锡、常州、扬州考察江苏省的乡镇企业发展经验。当时是市领导带队，我是副团长。在苏州、无锡、常州等市考察期间，苏南地区乡镇企业的经验对大庆市乡镇企业很有启示，去考察的县区主要领导都深有同感。我一路边听边看边记，认真地体会这几年乡镇企业给江苏省，特别是苏南地区带来的变化。

到江苏省的参观考察效果非常好，代表团回大庆后向市委、市政府做了汇报，建议加快大庆市的乡镇企业发展，并召开了工作会议，对发展大庆市乡镇企业进行部署。随后，大庆市的乡镇企业从规模、质量到效益都有一个从量变到质变的飞跃，实现了跨越性发展。

还有一次，省委常委、大庆市委书记王先民率大庆市经贸代表团，赴河南省郑州市参加经贸洽谈会，随行有市级领导等80多位代表。我作为政府副秘书长一路忙坏了，每天要汇总情况、编发简报、安排人员吃住行等等。到洽谈会结束总算松了口气，大家相约一起逛逛郑州最大的商场长长见识也散散心。

到了商场忽然想起，临出门的时候妻子开玩笑地说，咱们都相识20多年了，你还从来没有给我买过什么像样的衣服。她说这话的时候上初中的女儿也在身旁跟着起哄："可不是嘛，爸爸心里从来就没有装着咱们娘儿俩，整天就忙着他的工作。"

我一听这话不是滋味，再一想，可不是嘛，从1974年上岳父家认门到现在都21年了，女儿李岩已经15岁快初中毕业了，我整天忙工作真是很少顾及妻子和孩子的感受。想到这里心里不由得有些歉疚，答应她们这次回来一定给妻子买一件喜欢的风衣。大庆处在松嫩平原上，一年四季都会有风，风衣比较实用，妻子总说要买一件像样的风衣。

想到这里，我找到商场卖女士风衣的专柜。我这个从不会自己买衣服的人，在营业员的精心介绍帮助下，还真相中了一件。我说出妻子的身高、胖瘦，女营业员找了位和我妻子身材相仿的同事试穿一下，显得身材十分苗条、漂亮。我当时就决定买下了。交了款把付货票递给营业员刚要拿风衣，营业员说："这件是样品，我到库房去取货大约需要20分钟，麻烦您过一会儿来取可以吗？"

就在这当儿，代表团一位同志过来说，领导在那边叫你，我就匆匆忙忙赶过去了。原来市领导在商场巧遇一位在大庆石油管理局工作过的领导，大庆老乡在郑州相见，大家高兴寒暄，这一忙活我就把取风衣的事情忘了。

直到代表团回到大庆，我进了家门，看到妻子我才想起，花钱给妻子买的风衣还在郑州的商场里。上班后打电话，商场才把那件风衣寄过来。

第九章 大庆市副市长七年

我是1996年11月担任大庆市副市长的。

当时组织部门考察干部，我的优势是从基层一步一步干上来的，从一名油田工人到公社、区政府、市蔬菜公司，再到市政府机关工作，38岁就提为正处级干部并担任市属二级单位一把手，然后又当了三年多大庆市政府副秘书长。组织部门认为，我属于多层级历练，无论哪个岗位，工作干得都很出色，实践经验丰富，成熟稳健，干事认真，敢于担当，协调能力强，群众认可。当时按照中央改善领导班子结构要求，地市级领导班子中至少要配备一名40岁左右的年轻干部。

经省委考察组建议，省委常委会决定提名我为大庆市政府副市长人选。那一次，省委领导找我谈话时说：“勇库同志，省里去年就要提你做大庆市副市长，因为市委领导班子调整，新上任的主要领导建议，他到大庆市以后了解一下情况再说，这事儿就这么放下了。”

虽说领导告诉我提拔的事儿拖了一段时间，但我并没有放在心上，我关心的是党把我放在大庆市副市长这么重要的位置上，我能不能胜任，能不能为大庆市人民、我的父老乡亲们做些实实在在的事情。

在未履行副市长任命法律程序期间，市委书记王先民让我随他率领的大庆市招商引资代表团赴香港招商引资。

第一次到香港，在境外招商引资没有什么经验，那几天大家伙儿跑得非常累。我们先是拜访了香港几大财团，推介招商引资项目。然后又拜会了香港马会，想要引进香港赛马项目。每天马不停蹄到处介绍大庆，请人家投资合作。这是第一次在香港国际大都市面前展示、宣传大庆。

香港招商回来不久，12 月 7 日，大庆市人大常委员开会正式任命我为大庆市政府副市长。

“油城”农业

上任之后，经市委同意，政府分工我负责全市农业工作。

当时正值年底，市里面的会议多，年底走访慰问多，我没有急于组织召开全市农村工作会议，而是挤出时间深入县、区调查研究，了解“三农”情况。调查研究后，结合大庆实施 13633 发展战略和农村的实际，在现有发展基础上，进一步提出了把农村经济工作的战略重点转移到发展乡镇企业上来，并经市委、市政府同意，实施了旱作农业、中南引开发、菜篮子、绿色生态、铁牛杯、康居等六大工程，为全市农村经济的发展进一步明确了方向，确定了重点。

搭建“四梁八柱”

一年之计在于春，机不可失，时不再来。正好赶上备春耕生产。我结合调研情况和下面反映的问题，协调市里有关部门，帮助农村解决备春耕生产中急需的资金和物资，比如化肥、农药、种子，以及农机具等等。在抓好这些工作的基础上，根据过去了解的情况，特别是当副秘书长期间就意识到一个比较突出的问题，农口干部队伍不适应，机构设置也不合理。

肇州、肇源、杜蒙、林甸四个县划归大庆之前，大庆只有大同区的 10 个乡镇，龙凤、让胡路、红岗三个区各有一个乡镇，再加上市属三环公司，全市的农业就这么个范围。石油系统农工商公司自成体系，市里就是综合协调和指导服务。四县划归大庆之后，增加了 40 多个乡镇，

“三农”工作成为重要板块，农口机构设置不合理、人员素质不适应问题越来越突出。

过去，农口大多都是科级干部往乡下跑，处级干部多数年龄偏大，有的身体也不好，一年下乡次数有限。四县划归大庆后，我发现县里的干部生活工作在农业第一线，讲起工作头头是道；市里农口的干部有的长期在机关工作，缺少农村和基层工作经验，个别干部还不愿意动脑筋，指导工作讲不到点子上，三言两语就说完了。受财政体制限制，市里对县里工作支持力度不大，部门不好表态。

为了解决机构和干部不适应、业务不熟等问题，我分管农口后，先后到毗邻的齐齐哈尔市、绥化市考察学习。回来后经过研究，建议市里在原有农牧渔业局、林业局、水利局、乡企局的基础上设置了一些临时机构，比如成立农副产品深加工领导小组、乳制品及畜产品深加工领导小组、农业综合开发领导小组，等等。在这些临时机构的基础上，后来结合全省机构改革又重新提出了调整设置农委、农业局（含种子公司、蔬菜生产指导处）、林业局、水利局、乡企局、畜牧局（含水产局）、农机局、农业综合开发办等部门。把这个建议报告给大庆市委、市政府主要领导，经市委常委会讨论研究，报请省里得到批准。

机构有了，我又向市委建议选调一批熟悉农村工作、懂农业、有专长的干部，充实、加强农口部门的领导班子。在我的建议下，畜牧局选调了董砚田，农委选调了于万金，农业综合开发办选调了吴迪，中南引管理处选调了董胜田，林业局选调了刘子荣，一批经验丰富的干部走上农口领导岗位。还从县里选调了何英明、王文瑞到市政府办公室农林财贸组工作。这些干部上任后都发挥了很好的作用。

我看中了大庆市杜尔伯特蒙古族自治县副书记于万金同志。于万金同志长期从事农村工作，当过公社党委书记、常务副县长、县委副书记。常年生活工作在农业生产第一线，是熟悉农村工作、农业生产的行家里手，缺点就是有时对自己要求不严。有一次到市区考察学习，用餐后被接待方邀请在工作时间去舞厅跳舞违反工作纪律受到了党内警告处分。因为这件事，他感到在县里工作压力大、抬不起头，希望上级领导能帮助换个工作环境。

我把他的想法向市委王先民书记做了汇报，王书记开始没表态。我接着又说：“我们党的政策是允许同志犯错误，也允许同志改正错误。王书记你看这样好不好，既然他已经认识到自己的错误，可不可以调到农委先不下任职令，让他负责主持工作，用一段时间，干得好再任职。”

王先民书记听我这么一说，就同意了。

于万金同志到农委工作后，果然不负众望，经常深入农村基层开展调查研究，推动农村改革，积极为大庆市的“三农”工作建言献策，受到市领导的认可，获得市委、市政府、县区一线同志的一致好评，一年后就任职为农委主任。

董砚田是一位任职多年不到50岁的副县长，他是黑龙江省知名的畜牧业专家，专业技术水平很高，为人正直，个性较强。但有时说话不分场合、地点，甚至抬杠、顶撞县里的主要领导，因为这个毛病一直得不到提拔，还被安排到县人大任副主任。我和市委王书记介绍了他的情况，建议先把他调上来任畜牧局副局长主持工作并兼任畜牧产业化办公室主任，发挥他的专业特长。市委班子经研究同意了我的意见。

董砚田上任后首先组织起草了大庆市畜牧业产业发展规划，围绕伊利集团和金锣集团两个龙头企业在大庆安家落户，组织抓奶牛、生猪生产，这对大庆市畜牧业发展起到积极的促进作用，极大地提高了畜牧养殖户的经济效益。他的贡献有目共睹，不久经组织考核被任命为大庆市畜牧局局长。

刘子荣当时在大庆市大同区任副书记。一段时间里，群众关于他议论很多，说是亲属挨着区政府开饭店，不少下属单位拿公款去吃饭拍马屁。因为这事儿，市委领导找他谈过话。我知道这些情况后想，我熟悉的刘子荣同志，工作能力很强，也不是不讲原则好占小便宜的人呀。私下里一打听，原来开饭店的确实是他一位远房亲戚，不好的影响已经产生。我和刘子荣一谈，他十分苦恼："都怪当初自己没有绷紧这根弦，对亲属要求不严，现在这个远房亲戚开饭店赚钱了，我说什么他都听不进去，他说他开饭店也不违法，随便别人怎么讲。"因此，他很想远离大同区政府这个是非之地。

刘子荣就这么来到林业局先任副局长，主抓大庆市生态林工程建设工作，取得了一定成绩，后被市委提拔为农业局局长。

后来又陆续在县区选拔了一些干部，充实到市里农口相关部门，因为他们业务熟、能力强又比较年轻，干起工作都很投入、很有成效。选拔干部说起来容易，做起来很难，第一他们的思想觉悟要高、工作能力要强，第二原单位得同意放，第三本人有意愿。最重要的是市委同意，主要领导通过一段时间工作业绩考核，具备这些条件才能选拔任用。选拔推荐干部尽管我花费很大精力，但为了工作需要和事业发展，苦心没有白费，这些同志不负组织期望不辱使命，这点上我自己没啥私心，也证明了用对人是多么关键。

探索发展新路

搞农业靠天吃饭、土里刨食是没有出路的。新的部门设立起来了，部门的局长、主任配齐了，大庆市的农业怎样才能实现跨越式的大发展？围绕着"13633"战略的实施和两大支柱产业的发展，我经过深入调查研究，决定重点抓乡镇企业发展和农业产业化。

乡镇企业这块，过去也在抓。对市里直属的乡镇企业来说，发展很艰难，原来搞无限扩张，坐吃山空。我分管后采取死一块、活一块的办法，亏损严重的就破产了，不亏损的下放给所在区管起来。后来证明这个改革是对的。然后，坚持重心下移，重点是抓区县乡镇企业的发展。

主要是依托石油资源、农业资源，发展地方乡镇企业，抓好龙头建设，推进产业化，实行产加销一体化。

畜牧业方面，结合金锣集团项目上马，大力发展畜牧产业，大养特养生猪，市内的生猪不足，把周边市、县的仔猪通过市场行为从老百姓手中买过来，大力发展生猪生产，保证了金锣公司火腿肠加工的需要。结合大庆奶粉生产、大同区肉牛屠宰，大力发展奶牛、肉牛养殖。特别是杜蒙县，有养奶牛的传统和优势，奶牛养殖发展起来了，就千方百计引进龙头企业。那个时候乡企局徐广国局长已经到杜蒙县任县委书记了。他在乡企局的时候，就与伊利集团接触过。任县委书记后，把伊利引到了杜蒙投资办厂，成为大庆市重要的畜牧业龙头企业。围绕畜牧业发展，发展饲料产业，促进粮食就地加工。

引进金锣企业的时候，还有一段故事。当时市里几顾茅庐请人家来，人家不肯来。后来同意来了，但提出了很多条件：第一税收减免，第二是专项资金扶持，第三是保证猪源，第四要保障专用火车车皮计划，第五是要有场地、冷库等。市里能做的都好办，有些需要向省里汇报争取。

大庆市常务副市长和我一起就此事到省里做过一次专门汇报，请求省里支持。当时，我们向省委书记岳岐峰同志详细汇报了有关情况。

岳书记听后说："你们懂不懂什么叫市场经济？"

我们听了发愣，谁也没敢吱声。

他接着说："照你们说，大庆地区之外几个县生猪也必须卖给金锣企业？市场经济就要减少行政干预，金锣企业能怎么样还不知道呢。再一个，农民的猪为什么非要卖给你金锣企业？龙头企业应该主动跟农户对接，你给人家价格合理、服务到位，农民自然会往你那里送，谁也挡不住，你收的价格低，老百姓赔钱，生猪也会卖给你？那是不可能的。这些都是市场行为，你们俩找我这个省委书记，我看是找错了。

"第二，铁路车皮问题，不仅仅是计划，还有费用。铁路也是企业，你搞企业要赚钱，人家搞企业也要赚钱，再说铁路不归咱们省里管，归铁道部管，铁路企业是否愿意给优惠，这得企业自己决定，如果有必要，政府可以帮助协调。

“第三，税收减免和专项资金支持，都是省政府的事儿，省委怎么能管那么具体呢？再说双汇企业还在哈尔滨投资呢，同样的企业也没有给这么多支持，都要靠自己，做事要考虑关联度，要一碗水端平，你们大庆这么办了，以后其他地方怎么办，别人也没法干了。”

我们俩出了省委大门后，常务副市长说：“很不理解。”但是我觉得很受教育，说：“岳书记说得很有道理，我们得调整思路。”

农业产业化方面，在开发区建设胡萝卜汁生产线。在林甸县发展胡萝卜种植基地，种子是从日本引进的。还在林甸县建设大豆蛋白粉生产线，带动大豆种植业。肇州县的中大化工有限公司，需要大量玉米做原料，农民把玉米送中大化工有限公司换来了现金，解决了农民卖粮难的大问题。

还有贡米，大庆的贡米历史悠久，知名度较高。

杜蒙的兴隆贡米，历史悠久。据史料记载，康熙二十四年（1685 年），清朝为了加强北部边防，便于京城和边境联系，补充边防所需建立驿站。使者常来往于京城和驻地，在带去公函的同时，将小米带至京后，在交付公函时，将随带的小米一并奉上，以御食用。皇帝食后大喜，甚赞兴隆小米质优味佳，并令每年进贡，兴隆贡米由此全国闻名。

兴隆贡米发源于黑龙江省大庆市杜尔伯特蒙古族自治县腰新乡兴隆村，其外形似珠，粒大饱满，质黄如玉，米色纯正，具有煮粥鲜稠味美、蒸饭油亮适口，食味醇香、营养丰富的特点。兴隆系嫩江之滨，有着得天独厚的土壤、水源和光照，良好的农业原生态环境使兴隆贡米种植传承至今，风靡全国。

但是那几年由于设备老化、资金短缺，企业生产困难。我带队现场办公，给了很大的资金支持，改造更新了设备，使贡米生产得到了较快发展。那个时候，各县还根据自己的实际情况围绕农村小城镇建设招商引资，龙凤镇、喇嘛甸镇、新站镇等都取得很好的成绩。当时黑龙江省10个产值超亿元乡镇，大庆市就占有三席。

那一年，时任黑龙江省委副书记王建功来大庆考察，他对农业产业化非常重视。农业产业化源自山东，他以前曾任山东省委副书记，山东的农业产业化搞得比较好。他对大庆农业产业化做出了很多指示要求：光靠种地老百姓很难富裕。无工不富、无商不活、无农不稳，农业要发展，必须实施产业化。我们也确实按照这个思路来抓产业化。第一，能使农产品就地转化，提高附加值，也解决卖粮难的问题。第二，可以增加农民收入，解决了农村富余劳动力转移问题，光乡镇企业就安排几万人就业。第三，还可以反哺农业，集体有钱了，打井不愁了，干旱需要“小白龙”，咱们买，蔬菜生产需要塑料大棚，咱们上！由于大庆乡企抓得好，全省乡镇企业现场会在大庆召开，省政府省长、分管副省长都参加了现场会。

筹措资金

由于大庆市是因大庆油田而建市的，大庆地区的特殊情况就是“地上服从地下”。哪里发现石油，哪里就得服从采油的需要。因此，当地的农田、基础设施也因此损失得比较多，但大庆地区人民宁可小家受损失，也顾全大局全力支持大庆油田建设。大庆油田等企业也都积极承担社会责任，对大庆市无论是工农业生产还是城乡基础设施建设发展都做出了巨大的贡献。

四县划归大庆市时，省、市与中石油集团总公司及驻大庆所属企业就商定，石油企业支援四个县发展县域经济资金，每年给4000万元，连续五年。

另外，石化总厂每年出资700万元，大庆林源炼油厂每年出资300万元，支持大同区 10 个乡镇农业发展，而且是连续五年。这对大庆市农业发展提供了很好的资金保障。我接手分管农业副市长后，觉得这笔钱不是个小数目，不能像撒芝麻盐似的一撒手撒出去不见影子，琢磨着怎么让这些资金发挥更大作用。想出来一个办法，用这些钱做杠杆，放大资金规模，扩大受益覆盖面和使用效果。经研究市里决定一起存入农业发展银行，按 1∶5 的比例捆绑贷款，这样每年就可以贷款 2.5 亿元。然后根据各个县区的实际情况，经过规划、论证、申报，统一研究审批，支持这些县区上项目、建工厂，增强这些县区的造血功能，而不是像以往只是简单的输血。

几年后，很多县区乡镇企业成了当地利税大户，像杜蒙的伊利乳制品加工厂，利税一直都是杜蒙县的财政支柱。

1997 年大庆地区大旱，农作物缺水严重，禾苗都干旱得枯萎了。市委王先民书记和大庆石油管理局、石化总厂、林源炼油厂等领导协商，大庆石油管理局初步决定支援四县资金 4000 万元，石化总厂、林源炼油厂支援资金 1000 万元，解决农村的抗旱打井问题。市委王书记让我这位分管农业的副市长抓紧落实，石化总厂、林源炼油厂支援资金 1000 万元很快落实到位。

我风风火火来到大庆石油管理局，结果丁贵明局长说他知道这件事儿，可怎么办还没想好。和我说上几句话就去开会了。我一想这事不会这么简单，只得回市政府，过了几天我又来到大庆石油管理局找丁局长。

他当时很忙，但还是接待了我，说："真不好意思，又麻烦你跑了一趟。说心里话，我们企业现在资金也特别紧张，你再等等吧。"就这样一周的时间又过去了，我真有点着急了。那一阵子在政府院子里我都怕遇到市委王书记，担心他问到资金落实的情况我无言以对。

我打听到大庆石油管理局丁贵明局长的开会地址，我和司机开着车就直接上去了。正好会议刚结束，我就直接找到丁局长。

他看到我不请自来突然站在他的面前，就不好意思地向我笑了笑说："哎呀，这事儿让勇库市长跑了三趟了，真的不好意思。"

我笑着说："只要你给我4000万，我就是再跑三次也心甘情愿啊。"

"那我就实话实说了，4000万这么大数目我们真的一时拿不出来。说心里话，大庆市政府对我们石油管理局始终如一给予支持，我们油田支持农村抗旱也是理所应当的。但这么大金额，我们相互之间也得商量一下，怎么花、花在哪里。"

我一听今天有门，就接着说："是啊，四个县也不能平均打井。听说你们资金非常紧张，那么支援一些抗旱用的汽柴油、水泵、变压器、井管等物资也行呀！"

"那也不能4000万，这数额我们实在是承受不起。"

"丁局长，今年的旱情你也看到了，农村大面积受灾，农民生活真的不容易呀！"

"李市长，我们是老朋友了，你就说个实数。不瞒你说，下面还有个会议等着我。"

"既然你这么说，那我也就不客气了。"我听他话音，估计能承受2000万元左右，我就说了心目中的最高值，"这么的，就3000万吧，四个县一平均下来也就没多少了。"

丁局长还要讨价还价，我连忙堵住他的嘴："就这么的吧，你看看我的鞋底都快磨漏了。"

他笑着说："你可真会说，那就一言为定。"

从大庆石油管理局一出来，我忙回市委向王书记汇报。他听了很高兴说："好！不错。比我的预期好多了，这回你这位分管农业的副市长有抗旱资金了，可以甩开膀子大干一场了。"

1997年初，王先民书记了解到国务委员、国务院秘书长陈俊生同志正在黑龙江省调研农业综合开发工作，而且有一批资金支持，他和有关部门联系后就让我负责这件事情。我经过一番准备后就主动找上门去，介绍大庆市肇源县的农业综合开发情况。

肇源县地处黑龙江省西部，松、嫩两江左岸，长春、哈尔滨、大庆“金三角”的中心，位于北纬45°23′—45°59′，东经123°47′—125°45′。西北与杜尔伯特蒙古族自治县、大庆市，北与肇州县，东与绥化市肇东市接壤。西南以松、嫩两江主航道为界与吉林省白城市镇赉县、大安市、前郭尔罗斯蒙古族自治县、扶余市和哈尔滨市双城区隔江相望，被誉为松嫩平原腹地集粮牧渔油于一体的“塞北江南”“鱼米之乡”，是全国商品粮基地，全省产粮、牧业、渔业大县和省绿色食品基地。那里不缺水，如果国家能投一部分资金，就能加快变成北大仓的步伐。

听过一番介绍后，陈俊生表态说，请黑龙江省农业综合开发办李方旭同志再组织研究论证一下，评估后可以报到国家农业综合开发办，让他们再研究看资金能不能再平衡一下。后来，国务院主管农业综合开发的部门同志亲自到肇源县调查研究，决定给肇源县农业综合开发资金支持，连续三年每年3500万元，但必须专款专用，用于分期分批建设旱涝保收农田，到时间国务院主管部门亲自验收。

在分管农业期间我抓住时机，把肇源县农业综合开发典型经验在全市进行推广，起到很好的示范作用，大庆地区的农田开发建设大变样，取得了很好的经济效益。1997年全市农业总产值实现30亿元，比上年增长21%；农村经济总收入为54.8亿元，比上年增长52.2%；农村人均收入1602元，比上年增长23.7%。

当时还到省里农口争取资金。市财政也有松动，市里专项资金也在增加，把这些资金捆绑到一起，确实解决了大庆市县域经济发展问题。

一年多时间里，我分管农业的时候基本不在市里待着，总往下面跑，我不带那么多人，就两台车，一台是我和工作人员，另一台车是电视台、报社的记者。通过媒体来传播指导农村工作，实行面对面的指导和服务，作风得到转变，农民们非常欢迎。

我还组织离退休的市级老领导到四县去视察。跟县委书记、县长交代，我到县里你们可以不出面，但是这些老领导来了一定要出面接待，这是给市里汇报工作的好机会。因为现任市里的领导大部分都是离退休老领导的老部下，他们视察，既了解了工作，又能帮助解决一些实际问题。

在这一年多的时间里，不管风霜雨雪、天寒地冻还是骄阳似火，我走遍了大庆地区的每一个乡镇，了解乡村、接触农民，我和许多农村基层同志同吃同住，雨中一脚泥、晴天一身汗。在农民家中吃着大碴子粥、玉米饼子、茄子炖土豆、小白菜炖豆腐、煎饼卷大葱，与农民建立了深厚的感情。但不知是什么时候我开始感觉腰越来越酸，如今落下了一个腰痛的毛病。这一年，我被评为“全省科技兴农先进个人”“全省水利先进工作者”。大庆发展旱作农业、科教兴农、乡镇企业发展等项工作处于全省前列，省政府多次在大庆召开现场会推广经验。

城乡建设

1997 年 11 月，市政府领导分工调整，由我分管城建工作，对此我一点思想准备也没有。分管农业的时候心气正盛，平时总是往下跑，工作安排得很紧凑，过得很充实，因为轻车熟路，也不觉得太累。

有一天，我正在喇嘛甸镇开会，市长给我打电话，问我在哪里、干什么，并说他要来找我。

他来到喇嘛甸镇，见到我就说：“最近先别出国了。”按照市委统一安排，原定我近期要去日本、韩国考察。

“为啥不让去了呢？”我很疑惑。

“你工作有变动。不让你管农业了，让你管城建。”

我笑了笑说：“我管农业正顺手呢，还有些想法要实施。调整不会是你的意见吧?”

他说:“不是我的意见，是市委书记办公会上商量定的。”

11 月的一天，省委常委、市委书记王先民找我谈话，正式通知我分管城市建设工作。我从熟悉的农业领域转到城市建设领域，觉得难题很多。第一个是大庆城市建设欠账挺多，矛盾突出。第二个是想干事儿，没有钱。第三个是处理好城市建设和产能建设关系，协调量非常大。因此，工作压力很大，但作为一名党员领导干部，我必须服从组织分配。

房改破题

刚接手城建副市长的那个冬天，气温极低，晨光熹微，雪花飞舞，我刚起床就听电话铃声响个不停。我想什么事儿这么急，抓起电话就听里面大声说:“李市长，你家暖气热不热?”我说:“你稍等，我摸摸。”我一摸，暖气有点烫手，就说:“都烫手了，供热很好。”我以为他是锅炉房供暖的师傅。我话音还没落地，就听电话里说:“你们市长家的暖气都挺热，我们老百姓都快冻坏了，放出暖气水都是冰凉的。”说完电话“咣当”一声撂下了。爱人看我站着直愣神，就问怎么了，我这才缓过神来穿起衣服就要出门。爱人说:“大冷天，你吃两口早饭呀!”我着急得头都没有回就走出了家门。到了单位办公室，我把房产局、公用事业局、供热公司的负责人都叫来开会。问他们，今年的供热情况老百姓反映怎么样?挨家挨户询问验收了吗?他们几人支支吾吾地说人手不够。我说，现在就开展挨家挨户询问验收，人手不够从机关抽人，马上组织人划区、分片负责，立即行动起来!不到三天的时间，供暖挨家挨户询问验收工作结束，确实发现有一大批老百姓家存在供暖问题。通过工程改造、修理，绝大部分老百姓家都有了热乎气。从这以后每年到了供暖期前，挨家挨户询问验收成了一项制度。

这件事给我的印象非常深刻，使我认识到分管城建工作绝不仅仅是搞建设、抓管理那么简单，必须办好老百姓的事、维护好群众利益，千方百计办好事、解难事。那么到底怎么搞、从哪里下手、第一件事抓什么？有几天真是嘴角起水泡，半夜睡不着觉，越想越着急。老虎吃天无处下口，怎么办？想来想去，还是走出去学习。从房改入手，先解决老百姓最关心的问题。带着房改任务去学，同时学学其他城市怎么搞城市建设。

不久，我组织一些相关人员到深圳、珠海、中山、顺德、张家港、上海等城市考察。年底的塞外到处是皑皑白雪、千里冰封。火车过了山海关冰雪逐渐消融了，火车开过长江已经看不到冰雪了，到处是绿油油的庄稼……

先到深圳市，这里是全国改革开放的试验田，在这里老百姓的住房分配早就实现货币化了。深圳市是一座年轻的城市，到处是热火朝天的建筑工地，到处是青春的气息。接着到了绿树成荫、鲜花满地的珠海、中山、顺德，这几个城市房改刚刚搞完，积累了好多经验，最后又到了张家港、上海。

六个城市住房分配货币化都有力地推动了本地区经济发展和社会进步。比如，建立了独立的住房基金系统，加快了住房建设，改善了职工的居住条件。减轻了国家和企业的负担，取得了明显的经济效益。调整了消费结构，改变了消费观念。活跃了房地产市场，带动了相关产业。平衡了职工利益，抑制了不正之风。住房分配货币化，使职工住大房多掏钱，住小房少掏钱，充分体现了住房分配的公平性。职工之间在住房上的利益基本得到平衡，用经济手段配合以各种制度，使住房分配中的不正之风得到了有效的抑制。

一路走下来，思路越来越清晰，想法越来越成熟，对大庆市房改豁然开朗，觉得房改要是撬动起来，一是老百姓得实惠，二是能够刺激房地产二级市场发育，三是政府减少麻烦，我就下决心尽快启动房改。

当时社会上有一种疑惑，说让我们老百姓房改，市领导改不改？我们改完，政策能不能说变就变？了解了市里退下来的老领导意见，他们强烈要求改，有位老领导说，这是好事儿啊，要不改，去世了什么都没有；要是能改，还能给后代留下点资产。市领导当时住的是联排别墅和多层楼房，而且是独立成院儿、相对集中，按当时的政策和外地的做法可暂不参加房改。当时我就想，领导应当参加房改，这样才能给老百姓吃一个定心丸，也给为党工作了一辈子的老同志解除后顾之忧，让他们在房改中得到实惠。后来向市委常委会汇报房改方案时，我建议市级领导参加房改。规定房改房 5 年内不上市交易，5 年后视情况再定。市委常委会同意了我们提出的房改方案和建议。

房改方案总体思路是以住房分配体制改革为突破口，以建立住房公积金制度为中心，加快住房分配的货币化进程，配套推进住宅投资和建设体制改革，大力发展普通民用住宅建设，发展住房金融，培育住宅市场。在住房分配货币化方面进行大胆的实践，逐步实现住房由实物转为货币分配，补贴由暗补转为明补，到 2000 年初步建立大庆市适应社会主义市场经济体制要求的城镇住房新体制的目标。

思路确定后，我就带领市房改办，搞摸底调查，科学测算论证，制定《大庆市住房货币分配试行方案》，同时制定出台《大庆市建立住房新体制实施方案细则》《职工购建住房政策性贷款暂行办法》《大庆市已购公房上市出售试行办法》《大庆市经济适用住房建设管理暂行办法》《大庆市经济适用住房销售试行办法》等配套政策。

实施过程中，提出了“整体设计、一步到位、分步实施、规范运作”的原则，采取局部试点、逐步推开的办法，1998 年先从市直机关和财政全额补贴的事业单位开始试点，石油管理局、石化总厂、林源炼油厂等单位可根据实际情况，自行选择试点单位，各县区及市属企业可参照执行。

房改工作从出去考察学习到制定方案、先行试点出台文件、组织动员，加起来不到一个半月的时间，在春节前正式启动了。启动后，在全市引起极大轰动，反响很好，大家都说大庆市房改是政府给老百姓办了一件大好事儿。老百姓多少年的期盼，终于有了自己的房子。

大庆市的职工，根据参加工作的年龄、参加会战的时间、房屋建造的时间等条件，根据房产部门的一个测算公式，就能计算出要花多少钱。我具体调查了许多职工买房子的案例。有一次，我到房屋交易大厅溜达，到处是人，非常热闹，我感受到人们对房改的热情。我停留在一个角落里，听到一对五十来岁中年男女的对话。

“看来得抓紧时间买了。咱们家 72 平方米，我算了一下加上咱们俩 30 多年工龄还得交 2 万左右。”

“用不了，我找房产局熟人一算，花一万七千多就可以得到房子的产权。”

“那就定下来吧！”

“那今天就问问买房都需要什么手续，一万八不到就买个两代户（两室一厅），这不是和捡房子一样吗？”

“这回政府真是办了件实事儿。”

听到这里我心里落底了，老百姓高兴，说明房改政策合理，大庆房改成功了。我对房改办负责人说办事要细致，特别是对一些特殊群体要出特殊政策，对一些实在买不起房子的特困户，政府要给一些优惠政策，对刚刚毕业分配到大庆市的大学生买房子也要有一定的优惠，让他们买得起、有房住。

大庆市房改得到老百姓的衷心拥护，解决了城市建设资金不足的问题，缓解了当时历史条件下的一些社会矛盾，加快了大庆市老城区改造步伐，为加快城市现代化建设注入了新的生机和活力。

房改成功后，我们又相继推出一些改革措施。对市物业总公司按照专业化模式进行了先分后改，成立了物业、热力、给排水、燃气等专业公司，分立后的物业公司与林源物业公司合并重组，新建住宅小区实行物业管理招投标，社会力量参与热源建设和经营；对市建一、二公司进行分离分立重组，分离了企业办社会职能，对企业资产进行了优化重组；对市城建部门也进行了一系列改革，组建城建投资公司，成立城市管理综合执法局，设立大项目办，全面推行土地公开拍卖，建设项目实行设计施工监理全招标，推行城市基础设施有偿使用和卫生保洁、绿地养护、广告设置经营权公开拍卖等。当时改革阻力很大，记得物业管理改革就很艰难，原物业总公司里面包括政府一些按事业单位管理的财政补贴单位，如供水、供热和污水处理等，基本都是“吃皇粮”的，政企不分，统一核算，没有竞争、没有压力，干好干坏一个样，群众对物业管理意见很大，所以市委做出决定必须改革，实行分离、分立，独立核算，自负盈亏。一部分干部职工不理解，在我出国期间打着横幅到市政府，要求罢免我副市长职务，其目的是给市委市政府施压，阻止这次改革。我回国后，按市委的要求，专门组织工作组，由我带队进驻物业总公司，通过近一个月的过细工作，终于统一了思想，形成改革方案，并经市委批准顺利实施，效果很好。

规划先行

在抓好房改的基础上，我开始深入调研，跑各委办局，跑县区，跑大企业，通过召开座谈会、个别谈话、查阅资料等方式，征求相关方面意见，并听取离退休老同志意见。调研用了两三个月时间，掌握了整个城建口的情况。当时了解到的主要问题如下。

第一，大庆的城市建设没有统筹起来。各自为政，政府干政府的，企业干企业的，都是在自己的地盘上画地为牢。政府只能在东风新村建，各区只能在房前屋后建，石油管理局在企业地盘建。虽然过去有规划，但都没有按照城市特别是现代化城市框架弄，都在自己搞大而全、小而全。

第二，城市发展空间受限。受制于大企业，特别是油田坚持地上服从地下，地上建设需让位油田开采。同时，有82万亩土地由中央授权大企业管理，城市建设的发展空间受限。

第三，违章建筑遍地皆是。那时候市政府支持搞个体私营经济，开始跑马占地、见缝插针，搞了一些临时建筑。特别是市政府召开全市5000人大会，号召大力发展个体私营经济，后来小市场就遍地开花了。石油管理局挡不住了、管不了，他不批老百姓就搞临时建筑。后来市政府同管理局协商，需要打井但未打的地方，搞临时建筑就跟管理局签协议，约定将来如需打井，临时建筑无条件拆除。这样，很多违章建筑就这么出来了。

第四，城中有村、村中有城。石油管理局农工商系统在城中有耕地可种。在市政府这边，从高速公路一下来，先进屯后进村，首先看到的是青龙山屯，接着是三永屯，再往前走是市政府所在地东风新村。

第五，城市功能不完善。有城市框架，但城市基础设施不完善不配套，欠账很多，政府所在地东风新村几十万人口既没有污水处理厂，也没有垃圾处理厂。还有青少年宫、图书馆、影剧院这些都是七八十年代的建筑，标准不高、体量不大，早已经适应不了大庆城市的发展。

怎么解决这些问题？广泛听取各方面专家意见后，大家一致认为，还是要从规划入手，首先要修编好符合大庆市现代化发展的城市规划。

大庆是个新兴的工业城市，先有油田，后有大庆市。大庆会战初期，敬爱的周总理提出“工农结合，城乡结合，有利生产，方便生活”的十六字建矿方针，成功指导了油田的生产和建设。

1978年9月，邓小平视察大庆，提出“建设美丽的大庆油田”。从那时开始扒平房建楼房，进行大规模的城市建设。

90年代开始，党和国家领导人提出要把大庆建成高科技现代化城市。

在这一阶段，规划部门先后编制了大庆市城市总体规划及分区规划、专业规划和详细规划，但对高科技现代化城市的内涵还没有形成一个明确的概念。

80 年代初大庆市实施的是政企合一体制。一套机构两个牌子：一个是大庆市委市政府，另一个是大庆石油管理局。政企分开后，一度处于大企业小政府、富企业穷政府的状态。加之国家授权大企业管理油田规划区域内 82 万亩土地，大庆市政府无论做什么工作，都需要得到大庆石油管理局的支持、配合，搞城市建设也一样。建设美丽的大庆油田还是要以油田为主。

要搞新的城市规划，从大庆实际情况看，首先要强化对规划工作的领导。谁来组织这件事儿？必须政府来牵头，但光靠政府不行。我就建议成立大庆市规划建设管理委员会，市长任主任，分管城建的副市长任常务副主任，大企业主要领导也作为副主任，相关部门作为成员。时任市委书记刘海生是一位开明领导，我的想法得到了他的大力支持。规划建设管理委员会每年开一次例会，他都出席并讲话。我们作为直接组织实施者平时及时沟通协调。这样就把大庆市城市规划工作统起来，大家共同编制、审查、决策规划。对城市建设和产能建设的长远规划、年度计划、重点项目、涉及的敏感问题等，共同决策，决定取舍。此外，还成立了专家咨询委员会，包括吴良镛等全国著名的规划专家，由这些专家作为规划建设管理委员会顾问。

城市的规划纲要和城市总体规划的编制，由市里统筹，分区规划——西城区和东城区的规划分开，西城区规划由石油管理局牵头，负责招标选择队伍组织实施，钱也由他们出。东城区规划由市里牵头，政府出钱。两边规划拿出后，进行整合，再由专家进行论证，然后提交到规划建设管理委员会审查，一起讨论决定。

有了规划建设管理委员会，很多事就好商量了。企业研究产能建设时离不开市里，市里需要给它征地，办理各种手续，甚至动迁也需要政府配合。城市要规划，需要大家坐在一起，统筹考虑，避免各自为政、重复建设、浪费资源。比如，垃圾处理厂、污水处理厂等，不能市里建，企业也建，而是不求所有，但求所用，一个区域服务半径是多少公里，这个范围内就不能重复建设。

还有火车站，当时大企业认为西城区是市中心，主张把西城区火车站命名为大庆站，但市里强调东城区是市中心。后来，经规划建设管理委员会研究并征得铁道部同意，大庆市原有的萨尔图火车站命名为大庆站，大庆市政府所在地东城区火车站建成后叫大庆东站，石油管理局所在地西城区火车站建成后叫大庆西站。

按照这个思路，当时市政府、石油管理局各建了一个广场。最初市政府建的命名为铁人广场，油田那边觉得不合适，“铁人”应该是他们的专利。把他们建的广场命名为大庆广场，市政府也觉得不合适，大庆应该是城市的名片。最后，经过反复研究协商，油田建的广场命名为铁人广场，政府这边建的广场后来全社会征集命名为时代广场。这样大庆市委市政府和石油管理局，不但协调到位，两家的关系变得更融洽更紧密了。

有了一个强有力的决策议事协调机构，一些问题好沟通、好协调，城市规划进展也很顺利。当时把1998年确定为城市规划年，政企联手先后投资3000多万元，邀请清华、同济和省内的资深规划设计单位进行规划设计。在规划设计的过程中，坚持城市规划的系统性、科学性、超前性和统一性；强化城市规划管理，树立城市规划的权威性、法律性、严肃性和连续性，切实做到“规划一张图、审批一支笔、建设一盘棋、管理一条龙”。

根据大庆特点，确定了组群组团布局、中心城区突出、卫星城镇拱卫、绿色空间相隔、快速通道相连、泡泽水系相通的城市特色风格和以现代风格为主、多种风格协调并存、突出寒地特点、反映石油文化、倡导高新技术、体现以人为本的城市建筑风格。严格遵循“富规划，穷建设”的指导原则，完成了城市总体规划等100余项规划成果，基本构筑起了以城市总体规划、村镇体系规划为主体框架，以分区规划和控制性详细规划为支撑，以各类专项规划为脉络的城市规划体系，结束了规划跟着建设走的历史。

还有一个很重要的问题，就是地上地下的关系怎么处理。过去是按照矿区规划建设，现在是按照现代化城市规划建设。专家提出，原来的地上服从地下得变。这一变，管理局不接受，地下服从地上油田没法干，他们不同意。后来，我们提出了地上服从地下、地下兼顾地上的原则。地下怎么兼顾地上，比如说油田打井，井位不能设计在操场中间，否则操场就破坏了。怎么办？可以打斜井，这就兼顾了。再比如井位与楼房重叠了，如果把楼拆了，损失很大。而且打完井，这个位置油采没了，又需要这个建筑，怎么办？最后，还是要从规划上解决，地上服从地下，地下兼顾地上。这个理念的确立，影响是十分深远的。

有了规划重在执行，如果只是纸上画画、墙上挂挂，再好的蓝图也不可能变为现实。在这方面，我动了不少脑筋，相应采取了一系列的措施。

先是理顺管理关系。加强了市政府规划部门，统筹协调全市规划工作，各县区也都相应设置规划局或规划办，具体负责规划复核及申报工作，加强经常性监督检查，并结合城市规划定期开展法规宣传教育。同时，还要按区域管理要求，加强与企事业单位的沟通协调和指导服务，并承办各县区申报的规划项目。对规划项目，首先由规划局组织现场勘查筛选，然后由我亲自带队，组织有关部门及大企业深入实地召开现场办公会审定，并形成政府办公会议纪要，然后上网公示一周，如没有异议，由市规划局正式下发通知单并组织实施。对于一些重大的规划项目，一般都要经过充分讨论后提交市规划建设管理委员会审批。

在规划设计方面，对每一个规划、建设项目，特别是重点工程项目，请名院、聘专家，实行设计公开招标。所有规划项目都经过严格的技术论证、反复修改，才按审批程序报批。市人民医院项目设计方案在公开招标筛选的基础上，经过专家、市几大班子领导在5个方案中反复对比，优中选优，综合几个方案的长处才确定下来。九号院宾馆改扩建、教育文化中心、时代广场、世纪广场居住区等大项目的规划设计，聘请了清华大学、同济大学、哈工大、上海现代设计集团等进行编制设计，确保建设项目成为精品工程。还充分发扬民主，重点规划问计于民。对时代广场、世纪大道等重大城市基础设施规划设计，都进行了大范围的民情民意调查，增强了市民的参与意识。

在规划实施上，健全、完善了规划审批程序，实施建设项目规划审批分级受理、集体审批制度。规划建设管理委员会下设规划技术审定领导小组、建设项目规划审批领导小组及办公室，统一负责全市规划建设项目的把关。各区政府负责初审，市规划部门技术论证，市审批小组集体审批，审批结果通过新闻媒体和互联网公示，再由规划报建大厅统一办理审批手续，使审批进一步规范化。建立了规划管理信息系统，开通了大庆规划信息网，实现规划部门各业务单位的微机联网，所有建设项目均通过信息系统履行规划审批手续，提高了工作效率和透明度。

在规划管理实践的基础上，坚持可操作性、实用性和规范性的统一，制定出台了《大庆市建设项目规划管理审批规定》《大庆市城市规划管理办法》《大庆市城市规划标准与实施准则》等一系列规范性文件，使规划管理有了切实可行的依据。

当时处理了这么几件事，现在想起来还值得回味。

城市广场是城市的客厅，也是市民们散步、休闲、娱乐的地方，更是一个城市的门面。记得建时代广场时，广场内有市土地局、交警队两栋办公楼很难动迁。怎么办？规划设计图纸放在我的面前，管动迁的负责人眼巴巴地看着我。我心想这事儿一定要解决好，搞不好不光是我这个分管城建的副市长难堪，整个大庆市委、市政府的威信都会受到影响。那些舍小家、为大家牺牲自己利益、服从拆迁命令的老百姓也在看，政府是不是在搞官官相护，难道说法律、规划只是管老百姓的?

一连几天没想出解决办法，这件事在心里盘桓数日，真有点儿茶不思、饭不想了。有一天听城市热点直播，触动了我敏感的神经，一下子来了灵感形成思路。对！搞一个城市老百姓问卷调查。结果，问卷调查的消息在报纸、电台、电视台一公布，老百姓对不服从城市规划建设的行为反应强烈，舆论一边倒。老百姓的呼声就是人民的心声，也是党委、政府为人民服务的方向。市土地局在老百姓的舆论压力下，主动来找动迁办，没有多长时间就搬走了。

还有一件事令我记忆犹新。市政府右侧有一块 100 亩的闲地，规划的时候地面是绿地，地下是人防指挥中心，只是暂时还没有实施。一个政府部门要在这里建大厦、建体育运动中心。市里一名领导找我说这事儿，被我一口回绝了。他一看在我这儿说不通就直接向市长反映了。市长找我说，我还是坚持按规划办的意见。市长一看我不同意，说那就上政府办公会吧。

在市政府办公会上，我以大庆市的总体规划为依据说明情况，与会的绝大多数同志都同意我的意见，大家都说既然有城市规划就一定要按照规划执行。

对大企业我们也是一视同仁。到过大庆市的人都知道大庆市区十分空旷，而且到处都是大庆石油管理局的抽油机。因此，抽油机旁边边角角的空地被油田职工利用起来，开荒种地，养鸡养羊，还有一些城市外来人员搭起小窝棚既自住又开荒，弄得城市不像城市，农村不像农村。这些人不但破坏绿地植被，还经常乱砍盗伐林木当烧柴，影响极坏，群众对此意见很大。

经过城建执法部门和大庆石油管理局协商，本着“谁家孩子谁抱回”的原则，大庆石油管理局不但教育职工把开荒种地的草地恢复，还种上一些花草树木，恢复了自然生态景观。

重点工程建设

规划好了就要建设。那几年，根据城市规划和城市发展的需要，全力推进重点工程建设。在推进方式上，主要是抓储备、抓启动、抓实施。先从规划上来考虑，储备项目，再通过招商引资、市里融资或者其他方式，吸引投资者。有人投资后，项目从设计、施工、监理全部公开招投标，并实施目标管理，进行考核，倒计时推进。特别是实行了项目法人负责制，对项目质量终身负责。比如，世纪大道由市长助理黄太春负责，时代广场由市政府副秘书长罗延胜负责，人民医院由建委副主任褚俭负责，建设大厦由大项目办主任耿生伯负责等。当时，凡是投资亿元以上的工程，全部列为市政府重点工程，并在《大庆日报》上公布，接受各界的监督检查，而且每年都要组织市五大班子领导和各县区及相关部门负责人进行视察和检查。市里专门成立大项目办，统筹全市的重点工程建设。各区县也采取类似的措施抓重点工程项目。

1999 年实施的世纪大道建设工程是大庆市有史以来最大的城市基础设施项目，在市委、市政府和石油管理局的高度重视和精心组织下，在全市人民的大力支持下，在各有关部门的密切配合下，迅速动员了大规模的人力、物力、财力，打了一场大庆城市建设历史上前所未有的攻坚战。在世纪大道工程建设中，5000 多名建设者发扬大庆精神、铁人精神，克服困难，顽强拼搏，科学施工，无私奉献，确保了工程如期竣工交付使用。从开工奠基到一期工程竣工，仅用了短短的 173 天，减去施工准备时间和雨天，实际有效施工时间只有 136 天，高标准、高质量地完成了投资，创造了大庆城市建设的又一项新纪录。经省质量监督总站现场检查认定，世纪大道一期工程 100% 达到或超过国家优质工程质量标准，被评为省市政工程优质甲级（金牌）工程。

建设世纪大道时，规划建设管理委员会确定，由政府牵头组织实施，地方和企业共同出资。结果一落实，管理局提出一些异议。有一天我同刘海生书记在食堂吃饭碰见了，我借机向他汇报。海生书记说我知道他们的情况，他们想自己干。我说他们自己干不是不行，我担心质量标准没法统一。海生书记说，这事他们出了不少钱，还得调动他们的积极性，再说他们那边还涉及动迁，难度也挺大。

我一想有道理，后来经大庆市政府和大庆石油管理局双方主要领导商定成立了世纪大道工程建设领导小组，由我任组长，副组长由市政府分管交通的副市长展云庭、石油管理局副局长周抚生，还有黄太春、郑新英两位市长助理，石油管理局局长助理胡景龙担任。分设两个工程建设指挥部，团结路以东由市政府抓，成立东段指挥部，总指挥是黄太春；团结路以西由管理局抓，成立西段指挥部，总指挥是胡景龙。

规划设计世纪大道时，也有很多不同意见，很多人认为世纪大道设计得太宽、太长、太铺张。市区才一百多万人口，用得着建成这样吗？我就想到我们去新疆的库尔勒，人口才几十万，建成的城市大道成了库尔勒城市一道风景、一个品牌。我们大庆市人口几倍于库尔勒市，经济总量也几倍于库尔勒市，而且城乡发展前景广阔。因此，我觉得我们的规划设计是对的，切实可行的。在顶住压力坚持下来后，随着城市发展，这条路早已成为这座城市承载生产、生活、就医、就学最重要、最繁忙、最便利的主干道。市民们和来大庆的人普遍赞叹当时的决策英明，有长远眼光，甚至说当初修得再宽点儿就更好了。

开发区至团结路这段叫卡尔加里路，有人说，这段路基础很好，是否可以不动。已退休多年的市级老领导郝万春同志跟我说，你小子修世纪大道干个大事儿，想整出点名堂我理解，但卡尔加里路路基现在还很好呀，想当年就是我组织修的，现在怎么办？你可一定要慎重一点。新路面和老路面对接时怎么处理，它们的沉降度不一样，容易出现两层皮，全扒了还有些浪费，而且万一路基不如原来怎么办？这些问题必须请专家研究论证。在充分研究论证基础上，最后意见还是把原来的基础全部扒掉，重新做。

为了保证质量，经验证不合格的路基坚决返工。一次市建一公司负责人到我办公室没好气地反映说，现场的领导不懂业务如何如何。我说，路基整不好是千古罪人，现场我都看了，质量检验单也出来了，混凝土标号不够，确实不合格，必须扒掉重做。

修建世纪大道动迁时，一部分动迁户因个人利益受损到市政府集体上访，修路遇到了很大的阻力。此时正赶上中纪委在查大庆联谊股票案，上百人打着横幅，到大庆 9 号院宾馆要求见中纪委刘丽英，干扰中纪委办公。我从哈尔滨开会赶回来跟他们说："你们是要解决问题吗？解决问题条件有两条：第一，你们选代表，选能代表你们意见的 3 到 5 人，与我直接对话；第二，其他人必须退出这个院，不然的话不谈。这么多人在这里七吵八嚷，怎么谈？根本解决不了问题。"于是，他们选出了 5 个代表，其他人都到院外去了。第一次对话后他们回去转达，有些意见他们接受，有的意见他们接受不了。到第三次对话已经晚上 11 点多钟了，他们回去商量后，意见就是反馈不上来。我等到 12 点，没有人来反馈意见。

我说："既然你们意见难以统一，那就再给你们点时间，大家冷静思考一下，到底怎么办，我明天再听取你们意见。"后来他们自己就撤了。

不久，他们又把中央电视台《焦点访谈》栏目记者请来，我了解情况后，及时与中央电视台《焦点访谈》栏目记者沟通介绍情况，得到了理解和支持。世纪大道通车后，他们专程来采访，从正面在中央电视台做了宣传报道。

市政府分管城建市长接待日也从此时诞生。通过这件事儿，我觉得干工作要多听听下面的意见，因此确立了城建系统信访接待日，副市长每周一次，剩下的就是城建口各委办局，每个局搞一天，有些能解决的现场解决，解决不了的，市长信访接待日再解决，沟通平台搭建起来，言路畅通起来，效果挺好。后来又开通了2440——市民办事“事事灵”热线电话。

世纪大道投入使用竣工剪彩时，安排市五大班子和六大中直企业领导沿着33公里的世纪大道坐车全线视察。看的过程中，大家对比发现市政府这段路明显好于管理局那段，特别是绿化、路灯等配套建设。石油管理局时任局长在车上指示有关人员，马上研究改进。第二年，石油管理局又追加资金，完善了配套设施。

市政府这段也是留有遗憾的。按规划和我的意见是一气呵成，修到高速公路路口，这样城市的进出口就更顺畅了。后来很多人跟市长说，开发区至高速公路路口那段刚修完没几年，基础也挺好，而且没那么多车也不需要那么宽，等等，因此就没修。后来我就向市长建议把那段路两侧路基一并做了，土方先回填，为以后再修路时奠定基础。

那几年，没有闲着的时候，满脑子里都是规划、项目、工地。看到平地起高楼，一层一层地拔起来，非常兴奋、非常充实，也很有成就感。5年时间里，在大庆市委、市政府领导下，以及大企业配合支持下，建设了世纪大道、时代广场、铁人广场、立交桥、建设大厦、广电中心、石油学院、实验中学、人民医院、油田乐园、农产品批发市场、建材城、汽配城、会战大街改造、新玛特购物中心、污水处理厂、垃圾处理厂，以及南湖、东湖、北湖水库，万宝湖、黎明湖、明湖、黎明河改造等134项重点工程，开发建设了万宝、世纪家园、东湖、振富、北辰等46个风格各异的住宅小区，城市功能进一步完善，城市面貌有了极大改观。

搞重点工程建设，说起来容易，做起来不简单。要想持续不断搞好重点工程建设，就要论证一批、储备一批、建设一批，协调量特别大。

搞城建的，一年365天天天都在忙。

为了推动工作落实，我经常组织有关部门和单位的负责同志，深入基层、深入现场，通过现场经验交流和现场办公等形式推进工作，有些重要事项和重大工程项目，我还专门形成会议纪要，或通过媒体发布大项目清单，公布项目名称、项目建设单位、项目投资主体、项目牵头单位和责任人，以及开竣工时间等，加以推动落实。针对工作进展情况，我每年都会组织一两次专项检查，并建议市委组织五大班子领导，就大项目和城乡建设情况开展一次“拉练式”大检查，原则上上年看过的尽量不看，但个别得两三年能干完的项目除外。另外，每年我都安排市建委会同市老干部局，组织部分离退休的市级老领导到下面走走看看，并听取他们的意见建议。有时我也会借助人大、政协组织的检查视察活动来推动工作的落实，有时也会借助媒体跟踪报道、追踪落实。为了更好地总结和指导工作，我还主持编写了《大庆城乡建设》，每年一册，连续编了5年，其中第5册由于我分工调整，没有正式付印，至今深感遗憾。因为这本书内容翔实，收录了相关文件、制度办法、工作部署、领导讲话、专题报告、会议纪要、理论文章、经验材料、重大项目等，对总结工作经验、推动工作落实具有较强的指导作用。我到审计署驻成都特派办任职后，有一天大庆市一位曾协助我工作的市长助理给我打电话，说过几天和几位同志要到成都看我。我说：“你们要是出差顺便来看我，表示欢迎。如果是专程来，就不要来了。”他说：“还真有一件事儿，需向你当面汇报并请你给写个说明。”我说：“到底什么事儿?”他说：“你在大庆分管城建工作期间参与确定了一件事，当时的市长已经走了，新任市长又不知情，说勇库走时没交代过此事，你们让勇库打个电话或写个字条说明一下。所以，这事得找你。”我说：“这个事是时任市长定的，研究的时候咱们都参加会了，你们把会议纪要找一下不就解决了。再说我已经离开了，更不能干预现任领导工作，你们就不要来了。”放下电话后，我就让大庆市政府办的同志去找会议纪要，结果查到市档案局都没有找到。后来，在《大庆城乡建设》中查到了会议纪要。结果他们还是到成都来了，我就把纪要复印件给了他们，时任领导依据纪要精神把问题解决了。

干事得有钱。城市建设规模大、周期长、投资额度大，回报率低。从全局来看，尽管大庆当时的经济实力比较强，人民生活水平也不低，但还不是一级财政，大企业着眼于建立现代企业制度，对社会事业投入越来越少，单靠地方财力搞城市建设，只能是杯水车薪。当时市政府基本建设的钱一年只有三个亿，其中城市维护费就一亿多，还有一个亿需要还上年的债，只有一个亿能干当年的事儿。要指着这点钱就完了，啥事也干不成。

为了解决没钱干事的问题，我们按照经营城市的理念、改革的思路、市场化的途径，把解决城市建设资金的重点放在市场化融资上，走多元化投入的路子。主要采取六种融资方式：一是项目融资。把城市建设大型项目包装起来，面向市场、面向全国进行招商引资。中国北方建筑装饰材料商城、大庆农产品中心批发市场都是通过招商引资建设的。二是置换融资。采取以地引资，以资生财，通过闲置资产置换，筹集建设资金。如市第七医院坐落在繁华商业区，采取置换融资后，由开发商投资1.5亿元，异地新建了占地面积25万平方米、建筑面积6.5万平方米、荣获鲁班奖的花园式人民医院，并在原址投资4.8亿元，开发了14万平方米的商业区和住宅区。三是企业融资。充分调动和发挥大企业参与城市建设的积极性，动员他们参与市政建设，投资完善企业所在地城市基础设施配套建设。四是国际融资。引进德国海斯公司环保节能新型墙体材料生产线，投资2100万元，建成恒新建材工业有限公司，利用工业废渣为原料，生产新型墙体砌块。引进美商国际集团有限公司，投资1.48亿元，建设无害化垃圾处理厂。五是载体融资。将部分商业广告位置向社会公开拍卖，并利用空间优势，吸引社会资金建设市政工程。六是社会融资。坚持人民城市人民建，调动社会方方面面的力量，广辟财源，融集资金。通过这些途径每年投资70多个亿。以前的配套费都免了，我接的时候就是算账，所有的规费不收钱，但是你要干项目，不存在免的问题。那5年，全市建设面积2500多万平方米，相当于建市以来的总和。

应该说，每一个重点项目背后都有大量的工作要做。先说说大庆人期盼多年的飞机场。

2009年9月1日，南方航空公司一架空中客车319型飞机由大庆萨尔图机场起航飞往北京首都机场，大庆市萨尔图机场正式通航。大庆萨尔图机场通航初期开设了连接北京、上海、广州、成都的4条航线，其中部分航线经停青岛、大连、杭州、西安等城市。

过去大庆人坐飞机要驱车近200公里到哈尔滨太平机场乘机，这个机场的客流量有四分之一是大庆人，大庆建机场非常必要。但是争取机场项目用了16年，市领导换了一届又一届，机场项目办工作人员也换了一茬又一茬，但是项目争取工作始终没有停，项目获批充满艰辛，来之不易；机场项目获批后，三年的建设工期，只用了半年时间就建成使用，创造了争取时间之长、建设时间之短“两个奇迹”。

关于大庆飞机场的立项和通航，在我分管城建的5年里，也做了大量的工作。首先是与沈阳空军协调，争取空军的支持，市政府与空军签署了相关协议，空军也给大庆正式发文同意建设民用机场。然后是到省政府做工作，省政府也发文同意大庆建设民用机场。空军和省政府同意后，我又到北京联系中国民航局，并与民航局局长、副局长多次接触，民航局也表示支持。回来后又找常务副省长王先民，由省政府向当时的国家发展计划委员会正式发文申请立项。经过后来的沟通协调，国家发改委同意编制可研，在北京开了论证会，通过了大庆机场论证，发改委相关部门负责人还到大庆看了现场，最后民航局编制规划并纳入了国家

“十五”计划。

但审批过程还是比较曲折的。有一天国家发展计划委员会副主任张国宝到哈尔滨，市里委派我和当时协助我抓重点工程建设的市长助理兼发改委主任沈宏宇到哈尔滨去汇报机场申报情况。到哈尔滨花园邨宾馆后，我们向张主任汇报情况，想请张主任到大庆看看。还没等说完，他就说，这次就不到大庆了，请你们来就是要告诉你们，大庆建机场暂时告一段落，不能批。原因是离哈尔滨机场太近。大庆是重要，对国家贡献也很大，但得讲求经济效益，这件事就不要再考虑了。至此，机场立项审批又暂停了。

时隔多年，大庆机场获得批准，在大庆机场即将投入使用时，时值大庆建市30周年、油田开发50周年前夕。但是在争取航线和航时这个关键问题上又遇到了困难，几个航线就不给大庆批，航线和航时不理想，机场利用率和便捷度就会大打折扣。此时我已经到审计署工作，大庆市主要领导找到我，正好我认识民航局的李家祥局长，就专门去他办公室沟通协调，他说让大庆市领导带着材料去找他。第三天，大庆市政府市长夏立华就到北京跟他做了汇报，次日李局长就在夏市长带的报告上签了字，航线和航时问题解决了。

还有一件事，就是拓展城市发展空间。东风新村搞建设没有空余的土地，市里学习借鉴张家港的做法，拆旧城建新城，消灭城中村。特别是龙凤镇三永村的3个自然屯，就在城市的进出口，很多人形容到大庆“先进村，后进城”，影响城市形象。我们研究来研究去，让城建开发公司把2165名农民整体接过去，给农民安排就业，安置费以土地费用抵顶，所有的土地收归国有。经过4年的改造，在原址开发建设了包含三个小区的万宝园区，建筑面积105.5万平方米，教育、商业、治安、通讯、医疗、文化娱乐、物业管理等各项功能齐全，成为当时大庆功能完备、环境优美的居住区，一步完成城市化进程，三永村的960户农民迁入园区。三永村农民既解决了城市户口、住上了楼房，符合条件的还变成国企职工。对不具备招工条件的年轻人，城建开发公司拿钱培养送他们到大专院校、职业学校学习。这样，不仅加快了农村城市化进程，也为大庆市发展提供了充足的土地资源，拓展了 1462 公顷的城市发展空间。

2000 年 8 月，中央领导同志到大庆视察，从火车站到驻地的中巴车上，看到世纪大道宽阔通畅，路两侧环境优美，非常高兴，就问坐在一旁的同志：大庆的街道修得怎么样？然后自问自答地说：用北京的话说——倍儿棒。2000 年省里一位主要领导到大庆考察调研时，也充分肯定了大庆市的工作成绩，特别是城市建设方面取得的成绩，指出今后全省的城市建设怎么搞，大庆市起到了样板和示范作用。

中央领导同志的赞许，省领导的肯定，对大庆市的城市建设工作是一个激励，也鼓舞我在今后的工作中更加踏踏实实奋力向前。

灾后重建

1998 年大庆市嫩江、松花江发生了 300 年一遇的特大洪水灾害，人民生命财产受到严重威胁。在市委、市政府的领导下，200 多万大庆儿女全力奋战在抗洪抢险第一线。大庆市委、市政府向全市人民庄严宣告：大庆，是党的大庆、全国人民的大庆。保住大庆，就是同党中央保持一致，就是坚决服从党中央、中央军委命令，洪水不退决不收兵。

大庆发生特大洪灾后，我担任城市防汛工作副总指挥，在抓好抗洪抢险、保卫油田、排污泄洪的同时，还承担着组织分管战线捐献款物等一些工作。在大庆市委、市政府的领导下，全市人民不畏艰险英勇顽强地同肆虐的洪水搏斗。赶来救灾的中国人民解放军沈阳军区参谋长葛振峰中将率抗洪前线指挥部移师大庆，现场指挥作战。接着，沈阳军区司令员梁光烈中将、政委姜福堂中将先后飞抵大庆，率参谋人员三天三次到最险堤段，察看水情，研究部署了南线、西线、北线重要堤防的作战方案，调精兵万人。我作为抢险救灾指挥部成员，就在解放军救灾总指挥部现场。参加大庆保卫战的将领多达 16 人，参加作战的部队共 3 万余人。哪里有险情，哪里就有解放军将士们的身影。在保卫大庆最危急时刻，解放军首长如泰山般处之坦然，认真、大胆、细致，指挥上临危不乱。有一次一个团的官兵处在大洪峰到来之前的最前线，刚刚紧急救援出所有的受困群众，自己就面临生死考验。首长命令 20 分钟内必须全部撤离，不得有一名战士掉队。命令下达后不到 15 分钟，千余名解放军官兵刚刚撤离，洪峰到来成为一片汪洋。3 万余官兵面对肆虐的洪水，用血肉之躯筑起一道钢铁长城，保卫大庆市和大庆人民。军民共同谱写出一曲军爱民、民拥军，军民鱼水情的胜利赞歌。

经过大庆人民和支援大庆市抗灾的解放军官兵共同努力，终于战胜了 1998 年的特大洪灾。

作为分管城建的副市长，面对受灾倒塌的民宅房屋及公共基础设施，坚持超前准备，对灾后重建的问题，做了认真调研和思考，给在抗洪前线的市委书记、市长写了一封信，提出了一手抓抗洪、一手抓重建的建议。得到市委、市政府认可后，我边抗洪边研究部署灾后重建工作，抓住国家实施小城镇建设战略的有利环境和灾后重建的契机，全力抓好小城镇建设，5 年累计投资 75 亿元，建筑面积达 793 万平方米，农村住房砖瓦化率达到 45. 82%，比 1997 年提高 16. 55%。坚持“撤并自然屯、建设中心村、发展小城镇”的思路，共撤并自然屯 147 个，建设中心村 56 个、小城镇 15 个。灾后重建实现了一年受灾，一年恢复，全省灾后重建现场会在大庆召开。对城郊村进行了城市化改造，三永、红旗、永泉等城中村一步完成了城市化进程。

王府村（现王府新村）是杜尔伯特蒙古族自治县巴彦查干乡管辖下的一个少数民族聚居的民族村，位于杜尔伯特县西南 76 公里处，全村占地 74700 亩，总户数 730 户，总人口 2823 人，在这次洪灾中损失惨重。

在灾后重建过程中，我们按照“龙江第一村”的标准重新规划了王府新村，房屋单体分高、中、低档，每个组团之间以绿树、花草相隔，水电、通讯及有线电视全部入户，村内规划道路总长11公里，公园、码头各一处，农贸市场、电讯楼、供销社、敬老院、科技楼、幼儿园、卫生院、学校等基础设施齐全，新村绿化、美化、硬化、净化、亮化工程一步到位。

除了灾后恢复重建，对受灾群众我也是力所能及地给予关心帮助。

有一天晚上快8点了我才出办公楼，走到大门口，保安说了一句李市长这么晚又加班了。我微笑着说：“最近事情比较多。”

话音还没落地，就见旁边一下子冲过来三个人，齐刷刷地跪在我的面前，大声说着求市长帮帮忙。我一看其中两个中年人，还有一个穿着学生服的小姑娘，赶忙弯腰将她们扶起来，可她们就是不肯起来。

司机忙跑过来解围：“你们不起来，李市长怎么给你解决问题？”

听他这么一说，她们才起来和我进了传达室。原来她们是一对母女，另一位中年人是小姑娘的老姨。1998年大洪水后，她家的损失特别大，房子家产都冲没了。家里男人有病卧在炕上，唯一的儿子到钻井队打工又受了伤。小姑娘好不容易考上中专，可一家人怎么也凑不齐上学的近万元学费。万般无奈的情况下来到大庆市政府。我一听忙打电话让房产局动员组织职工捐款，首先我自己捐出了3000元。第二天房产局领导带头，加上我的捐款，凑了1万多元，解决了孩子的学费。年底我收到孩子的喜报，她不但拿到奖学金，还被评为学校的优秀学生。

创建环保模范城

1998年大庆市委书记刘海生和我带领大庆市有关部门、县、区及大企业负责人20多人到广东的中山、珠海，辽宁的大连、辽河油田，山东的东营，新疆的库尔勒油田考察城市建设。此行对大庆市搞城市建设的人触动很大。看看新疆库尔勒市的城市大道，看看辽宁省大连市的星海广场，再看看广东中山、珠海市的城市建设、环境卫生，我们才发现自己身上的不足，也激励我们认真谋划大庆市发展的明天。

1999年海生书记和我又带队到黑龙江省内东部佳木斯、双鸭山、七台河、鸡西、鹤岗、牡丹江六市考察学习城市建设，各城市有钱时办大事、没钱时也干事，各出奇招抓城市建设的做法也给了我们很多启示。

1997年，国家环保总局在全国开展了创建国家环境保护模范城市工作，得到了全国积极响应，有6个城市被命名为环保模范城市，成为环境、经济、社会协调发展的典范。1998年，大庆确立了走可持续发展道路，建设高科技现代化城市的目标，正式提出创建国家环保模范城市。

群众对环境保护工作的认识程度、参与程度和环保意识直接决定着创建工作的质量与进度。我们首先针对不同层次、不同对象，采取了灵活多样的教育方式，努力提高环保教育工作。大庆市政府11个部门联合发出了《保护生态环境，树立文明新风》的倡议书，号召全市人民遵守环保法律、法规，从我做起，珍惜自然，爱护环境。制定并严格执行了《市民文明行为十不准》，约束市民行为；对青少年，重点开展了环保知识教育，将环境保护知识渗透到课堂，渗透到孩子们的日常生活。开展了“保护环境从我做起，创建国家环境保护模范城市”各项活动。市人大、宣传部、政府办、广播局、环保局连续5年开展了“大庆环保世纪行”宣传活动，全市各大新闻媒体都把目光集中到了创建国家环境保护模范城市上来，环保工作成为媒体宣传的一个热点。

针对城市环境差、硬设施欠账多，重要的创建指标差距大等实际，突出了重点难点，加大投入力度，实行专项推进，在环境建设上不遗余力。那5年，全市投入59亿元资金建设了油田乐园、垃圾无害化处理厂及黎明湖、万宝湖、明湖改造等53项与环境有关的市级重点工程。投资800多万元新建4000平方米设施先进、功能完善的环境监测站，有效地改善了工作条件。投资5.04亿元，建成东风地区、乘风庄地区集中供热工程，利用热电厂的余热向用户供热，每年可减少烟尘排放量570吨、二氧化硫排放量530吨。投资3.5亿元建设龙南地区、石化总厂和东城区管道优质饮用水工程，实现了分质供水，有60多万市民喝上了优质水。利用日本海外协力基金贷款，建设了日处理能力5万吨的东城区生活污水处理厂。根据大庆市土地盐碱、气候干旱的特点，确立了“以树为主、花草点缀、绿篱配置”和“乔木为主、灌木为辅、乔灌结合、针阔结合”的绿化原则，实施了绿色通道、居住区绿化、公共绿地、广场绿地等四大工程。1998年以来，累计新建各类绿地1377.99公顷，绿化道路286.51公里，实施了世纪大道、时代广场等208个重点绿化工程。建成区绿化覆盖率达32.1%。石油管理局也投入大量资金，大力推进绿色采油。

萨尔图铁西地区开展了大庆市历史上最大规模的动迁战役，动迁人口5万多，拆迁房屋61万平方米，市政府出资建设18.74万平方米的廉租廉价房，拆迁后对铁西地区还油还绿，建成石油文化风景区。住在铁西棚户区的3200多户居民喜迁新居，彻底改善了居住环境，铁西地区脏乱差问题得到了根治。

围绕拆临时、扒违建、推黑屯、清占道、规牌匾、除死角，组织开展了一系列大规模清理整治战役，下大力气开展城市环境综合整治。连续3年开展了“城市管理年”活动，出台了《城市管理考核办法》等18项规范性文件。理顺了城市管理体制，市、区成立了城市管理行政执法局，实行一支队伍综合执法。进行了城市环境专项治理，4年多的时间里，全市清理建筑垃圾、生活垃圾70多万吨，清除各类违法违章和临时建筑360多万平方米，封闭垃圾道2万多个，有60多个居住区、50多条主要街路、30多个集贸市场实行生活垃圾袋装化。加大了城市低空大气污染的整治力度，集中开展了以“爱我蓝天行动”为主题的城市低空大气环境专项整治活动，对全市各锅炉房的排烟情况进行了全面检查，对冒黑烟比较严重的单位和个体经营户进行了严肃查处，拆除小锅炉432个。全面推广使用无铅汽油，全市共改装双燃料“绿色汽车”2000多辆。每年结合车辆年检，对机动车尾气排放进行监测，凡尾气超标车辆强制安装净化装置，尾气不达标不准上路行驶。加大环境执法力度，各级环境监理执法人员加大现场监察频次，加强环境管理，有效地控制了各类环境违法行为，环境信访处理结案率达100%。

有一年，我们在全市开展了为期两个月的环境集中整治。为了不走过场、不留死角，我每隔几天就组织有关部门和各区负责同志坐上面包车、带上电视台和报社记者去现场检查，有时是城管局统一安排路线和检查点，后来我发现不行，有些想去的没安排。我就坚持天天早上5点多钟自己先巡查一遍，然后再组织大家去按我设定的路线看。有一次我看到了一个无人问津的临时垃圾场，马上让电视台录了现场，当天检查时我问区长这是怎么回事？区长说，领导我还真不知道有这个地方。我说你不要跟着走了，限你们两天时间，清除这个随意堆放的垃圾场，否则就在电视台公开曝光。区长当即检讨并表示两天后请领导再来检查验收。两天后，经检查他们真的完成了任务。

拆违建时阻力也很大。有一次我坐车发现一处违建未拆，回来我就问城管局长是怎么回事？他当时只笑不说。我就不太高兴，问到底是怎么回事？他就说，听下面反映说是你侄儿盖的房子。我听后大怒，不可能，这是胡说八道！不管是谁，就是我亲爹也不行。局长说，那好，我知道了，这几天我就安排人拆。过后，局长来汇报说，真不是你侄儿，是市里一位领导的孩子，他说李市长和我爸是同事，又是好哥们儿，我管他叫叔，你说我是不是他侄儿？我听后哭笑不得，我说下不为例，再不允许有这类事情发生。通过这件事，我觉得凡事都要求真，不然真的会影响工作和个人形象。

从1998年开始，经过三年多的艰苦努力，27项指标均达到了国家规定标准。2001 年 8 月，经国家环境保护模范城市考核组考核、国家环境保护总局审定，授予大庆市“国家环境保护模范城市”称号，时任国家环保总局局长谢振华专程来大庆授牌，大庆在全国内陆资源型城市中第一个跻身国家环保模范城市行列。

酸甜苦辣

分管城建的五年里，深深感悟到城建工作的不容易，城市建设是矛盾的焦点、社会的热点、工作的难点，但是真干起来没点、把握不好还有污点、干好了略有亮点……

长期在大庆生活工作，亲戚朋友较多，分管城建工作时手中确实有一定权力，负责城市规划、土地审批，违法违章建筑拆除，建筑工程招投标等，这些权力在有的人眼里都是肥肉，盯着眼红。想找我办事的人很多，但我始终坚持原则，不徇私情，并经常提醒和要求身边工作人员和亲属按组织原则和纪律办事。

记得有一次，有一天我爱人回家问我：“咱们家有亲属在市里干工程吗?”我说：“没有啊，你怎么想起问这件事啊?”她说：“有这么个事，今天有一个同学到办公室找我，让我跟你说说，给安排点活干。我就跟他说，勇库虽然是分管城建的副市长，但工程都招投标，而且由职能部门组织，个人说了不算。那个同学就说，你哥还是你弟不也干了吗？我就说绝对不可能，我们家没有搞工程的，我没有弟弟，有几个哥哥都在机关工作。他又说，别人都说是你们老董家干的。后来我了解了一下，老董家亲属真没有干的。你再看看你家亲戚有没有打着我家旗号干的?”我说：“没有啊，没听说有谁做工程。”第二天，我忽然想起我有个叔伯妹夫叫董占河，是不是他干的呀？下班后我把他叫过来一问，真有此事。原来是大庆市政府通过招商引资引来一户外商投资企业，搞垃圾处理厂，但由于资金未到位，让董占河先垫资 200 万元左右把围墙建起来，目前合同已签，正在准备备料开工。我当时就让他停下来，不能与其合作。

他不理解，并说，这是人家个人投资，再说我自己找的活，也不是通过你找的活，而且合同已签，如果不干我就违约了。我说，那也不行，一是影响不好，而且已经有反映了，我才找你；二是环保项目政府是有扶持政策的，别人不知道还以为是因为你在那干工程，政府才给支持的；三是我得说话算数，我接手城建副市长后在各种场合曾讲过，只要管城建，我不会给亲友批一寸土地，更不允许参与市政工程建设，请大家监督我。这个规矩不能破，你一定要理解支持我的工作。至于投资商同不同意，你去和他说这是我的意见，如不同意请他来找我。后来投资商真的为此事来见我，经我一番劝阻，终于同意解除合同、放弃合作。那时，我家的亲戚真没有一个搞工程建设的，因为他们没有这个能力，而且我有言在先，不允许任何人参与其中。即使当时叔伯妹夫董占河，充其量也就开了一个木器加工厂，为油田物资供应处搞一些带料加工的门窗，后来又发展开了一个家具商场经销广东家具。直到我调离大庆的几年后，他才和别人合作干了些基建开发工程。现在见面有时他还埋怨我："当时不让干这干那，如果给一些机会，发展得会更好。"我开玩笑地说："如果当时给你们机会，你们现在还不知道干哪去了呢，我可能也跟你们'吃锅烙'了。再说你们不靠我，自己干得也不错嘛。只要你们依法经营，不搞歪门邪道，早晚都错不了。"

有一次，司机杨占山在大庆市一个小店吃饭，听老板和朋友吹牛说认识我，能办什么什么事儿。杨占山说，你知道李市长身高有多少，他一时回答不上来。杨占山当时就和他说，我就是给李市长开车的，你以后规规矩矩地经营好你的饭店，别满嘴跑火车说些没有影子的事儿，诬陷别人是犯罪，严重的是要负法律责任的。我听了他讲的事情后，哈哈一笑，说了一句，身正不怕影子斜。

有一次，我在办公室收到一封匿名信，威胁说我受贿多少万元，这一切他都清清楚楚，只要给他 50 万元封口费，摆平他就没事儿了。我立即就把这件事儿向市委书记刘海生做了汇报。我说，第一，我没有这个事，不做亏心事，不怕鬼敲门；第二此风不可长，我建议组织上把这件事情调查清楚，给我洗个清白，也让敲诈勒索的人得到法律制裁。如果就这样不了了之，他可能还会不断地骚扰，也可能把目标放在别人身上。刘海生书记听我态度十分坚决，当时就指示大庆市公安局领导一定把这个案子破了，搞个水落石出。过了不长时间案子破了，原来案犯是一名外县二十多岁好逸恶劳的年轻人。公安局负责案子的同志问我有什么要求，我说我个人没什么，按法律办事，但要考虑罪犯是一位二十几岁的青年人，要给他一个出路，给他一个悔过自新的机会。

还有一次正赶上政府换届，后来得知有一封匿名信写到省纪检委，说我有经济问题，说得有鼻子有眼、活灵活现。换届结束后，市委书记王志斌找我说，换届前省纪委接到一封举报我的信，他跟纪委说勇库不会有问题，而且正在换届，建议先放一放。所以，省纪委就没来核实。我听后跟王书记讲，真不知道在换届期间还有这种事。首先，我要感谢组织上和您对我的信任和负责；其次，我向组织保证，绝不会犯这样的错误，脚正不怕鞋歪；第三，请王书记和省纪委讲一下，尽快来大庆核查，还我一个清白。没过多久，省纪委真的来了，经过核查，结论是：查无此事，纯属诬告。通过这件事我也在反思，要么是在工作中得罪了什么人，要么正在换届涉及人员分工调整，有人别有用心。实际上这人想错了，我在大庆就没想过职务调整和升迁，只想为老百姓做点事，不辜负组织的培养和期望，而且我不止一次在城建口工作会上讲，组织上让我负责城建工作，我就认真履行职责，努力干好工作，根本就没有想这工作是不是得罪了人，更没有去想再升个一官半职的。所以，对这些不值得一提的小人，只有坦然面对、不予理睬。

这件事后，我更加坚定了一个信念，谋事不谋私、奉献不索取，打铁先要自身硬，做事一定要经得起历史检验。有一次早晨上班后，我妻子收到自称是建委的人送来的一档案袋文件，也没当回事儿。晚上我回到家，爱人说："建委有一位同志送来一份文件，放在门口鞋柜上。"我拿来一看，里面放着崭新的一沓沓钞票，有几万元。我让妻子回忆当事人长的模样，跟她对号，原来他是一家房地产开发公司的老板。我马上打电话告诉他立刻把钱拿回去，如果不马上拿回去，我就交给大庆市纪检委。听我态度如此坚决、语气如此严厉，不一会儿那家房地产开发公司就来人把几万元现金拿了回去。

一些开发商和亲戚朋友想找我搞特殊化，有的开发商上门送礼求我办事，我都一一回绝了。那时候我们家有个不成文的规定，星期天、节假日敲门的，不报名、不认识的一律不开门。

那是一个星期天，电话铃响，我和我爱人都不接。又响了几次，也没接。过了大约十分钟，有人敲门我们也没说话。可是，敲门声越来越响。我走到门前，就听门卫说："我说老大爷，你就别敲了，李市长家看来真的没有人。""那你说，这大礼拜天的，他们一家人能上哪里去?""他们上哪去，我一个门卫怎么能知道？要不你明天再来吧，或者来之前给李市长家里打个电话。""我都80多岁了，来一趟容易吗？你靠边，门敲坏了我赔。"我一听声音这么熟悉，是我大爷。我急忙把门打开，把大爷请进屋里。大爷进屋后第一句话就没好气："怎么不敢开门，是不是我这个老头子给你丢人了?"我连说好几个对不起。我爱人过来倒茶又倒水，还端来水果，中午做了一大桌子菜，老人的气才渐渐消了。

分管城建工作不仅仅是辛苦，有时候对身体也是挑战。

有一天半夜回家感觉胃不舒服，一咳嗽结果吐了大半盆乌血，一头栽倒在地上不省人事。家人见状赶快送我住院，确诊为胃出血，这一住就十来天，医生说再晚来一会儿，就会有生命危险。这次住院以后，我落下了胃肠病根。

胃肠病还没好利索，我就上班了，第二天就发生了大庆市一级热网管线爆裂。我到现场一看，管线裂口足足有一米二三，热水像堤坝决口一样往外喷，情况非常紧急。我调来大庆市最好的电焊工还是不行，最后在外面又套上一层管子用电焊焊死才把问题解决。我看了看表，已经第二天凌晨4点多了。紧接着新的一天又开了一上午会，到了下午2点多忙着接待上级单位，走在石油博物馆的大厅里，我一抬头两眼冒金星浑身出虚汗四肢无力站立不稳，多亏身边的同志眼明手快相扶才没有摔倒，同志们扶我上了车我就不省人事了。到了医院抢救了几个小时后才清醒，医生严厉地批评我，告诉你回家休养一段时间，你怎么就是不听，干工作也得要命呀！这次我乖乖地听医生安排躺在病床上休息了一个来月。

出院后妻子说："这是咱们认识二十多年来包括年节假日，第二次看到你休息这么长时间，上一次也是住院在病床上躺了半个月，看来不住院你是不知道休息呀。"

分管城建工作期间，还有个小插曲。

刘海生书记到省委工作后，一周多的时间，我去北京的市长班学习。学习刚刚一周，市委副书记李福民受新任市委书记王志斌委托给我打电话，说省里考虑让我带队去援藏，征求我的意见。我就问，这是市里的意见，还是省里的意见？他说是省里的意见，是省委组织部来的电话，征求市里的意见，顺便也听听你本人的意见。我就问，志斌书记啥意见呢？他说志斌还真不同意你去，说虽然是省里重用，由副厅提正厅，但勇库的身体能行吗？两次胃出血，去了，别再交待到那儿啊。是不是勇库自己愿意去呀？如果他自己愿意去，那就是另一回事儿了。

我听后讲了三条，首先是感谢省委、市委对我的关心和厚爱。第二是我身体状况确实不允许，胃出血失血那么多，恢复还不到半年，我的身体状况请市委向省委如实汇报。第三是我个人服从组织，让我去我也没有意见。

后来，我给省委组织部刘海生部长打电话。我说，听说让我去西藏啊？他说，你知道了？我说知道了，福民受志斌书记委托给我打电话征求我意见。我就说，这是不是你的意见呢？他说不是，你搞错了。这个事是我来之前省里就酝酿了，宋法棠书记亲自过问，考虑一是援藏就是援建，你当了几年城建市长，也懂建设；二是我省 4 个地市包 4 个县，选带队的要选懂地方工作、有经验的同志；三是提拔重用也得具备条件，你连续几年考核都不错。最后经书记碰头会研究让你去，先征求市里和你本人意见。如果你同意，就正式提交省委常委会讨论决定。他问我个人是啥意见。我说，工作肯定没有问题，我就担心身体不适应影响工作。他说你刚出院不久，我也担心你身体不行，等市里把意见报上来，我们再研究一下。两天以后，海生部长给我来电话，说大庆市把意见反馈给了省委组织部，他把意见向省委副书记周同战、省委书记宋法棠做了汇报，领导考虑到你的身体状况，就不派你去西藏了。

分管城建这 5 年间，大力实施城镇建设战略，坚持高起点规划、高标准设计、高质量建设、高效能管理，城乡面貌发生了历史性变化，城市功能、市容市貌、人居环境质量大幅度改善。

最欣慰的是，在我分管城乡建设的几年里，大庆市连续 3 年获得全国城市环境综合整治优秀城市，1998 年被评为全国物业管理优秀城市，2001 年荣获中国人居环境范例奖，灾后复建工作获联合国迪拜改善人居环境良好范例奖，住房制度改革、公用事业管理等项工作先后被授予全国先进。2001 年，大庆市成为我国内陆城市中首个国家环境保护模范城市。我本人也先后被评为全国城市环境综合整治优秀市长、全国物业管理优秀市长、全国和全省房改工作先进个人，获得创建国家环境保护模范城市工作组织奖。

大文化战略

2002年，副市长魏兴柱转到人大任职，分管文教卫生工作的副市长空了一段时间；常务副市长代管了一段，就提职到其他市任职，一段时间市里没人分管文教卫生了。我分管城建工作已经5年多了，曾多次向市委市政府刘海生书记、王志斌市长提出调整分工。刘海生书记到省委任职后，王志斌市长接任市委书记，我又多次找王志斌调整分工。

记得那一次是在市财政局，我和王志斌书记又谈起调整分工的事，我主动提出分管文教卫生，这次他终于同意了。他说，你跟我谈了这么多次，说句心里话，我确实不希望你动。第一，你确实懂城建。第二，这些年城市建设你确实干了不少事儿。第三，你对自己把握得好。跟你实话实说，我接触几位开发商，他们对你都有些意见，当然也都是涉及他们的利益，说明你没有和他们同流合污。但是，这个事暂时先不能定。现在正在搞城建口改革，你得帮我把城建口机构调整完，把干部配备到位，到那时候再调整你的分工。

直到2002年11月，在完成城建口机构改革和干部调整到位，新任市长盖如根到任后，我才如愿以偿分管大庆文教卫生工作，具体分管文化局、卫生局、广电局、教育局、体育局、档案局、计划生育办等部门。

我接手以后，用了三个多月的时间开展调查研究，召开了几十个座谈会，与100多名干部进行了个别谈话，又听取了市领导、有关部门对文教卫生工作的意见建议，对情况有了更深入的了解。调研了解到，文教卫生系统涉及多个战线，真是一个大系统，员工特别多，有六七万人。同时，政府的功能特别是社会管理的职能，在这里体现得也比较充分。

这么大的摊子，靠什么来统领呢？正好市里提出了五大战略，但其中没有文教卫生方面的战略。学习党的十六大报告及相关理论文章，深感文教卫生工作是大文化的重要组成部分，应该用大文化战略来统领文教卫生工作。与政研室主任李振锟多次商谈后，确定为大文化战略，列为全市六大战略之一。

大文化战略的提出得到各方面的认可：一是符合党的十六大精神；二是通过大文化战略能把整个文教卫生系统工作统起来；三是城市的魂是文化，大文化也是生产力。大文化战略提出后，我们又开始调查研究，卫生有卫生的调研报告，教育有教育的调研报告，文化有文化的调研报告，最后形成了《关于在我市实施大文化战略问题的研究》，提出了把大庆建设成高品位文化新城的构想，得到了市委的高度重视，大文化战略全面启动。之后又做了很多细化工作。在文教卫生系统专门召开了干部大会，会后各战线就分头落实。

在分管文教卫生工作半年之后，在深入了解的基础上，就开始调整文教卫生系统领导班子，涉及一百几十号人，极大地调动了干部干事业的积极性。

承办黑龙江省第十届运动会

其实，早在分工调整前的 7 月份，我就开始牵头抓黑龙江省第十届运动会的承办工作了。那时离运动会开幕不到一个半月，时间紧、任务急、担子重，这也是大庆市成立以来第一次承办这么大型的体育盛会。我是黑龙江省第十届运动会筹备工作副总指挥，从吃喝拉撒到交通、安保、医疗、卫生等事无巨细天天忙得脚打后脑勺。我爱人说，那些天我每天早上吃饭就是扒拉几口，走路像小跑一样。

2002 年 8 月 19 日，黑龙江省第十届运动会在大庆市体育场开幕。时任黑龙江省委书记、省长，省委、省政府几大班子领导都来到了大庆市体育场。开幕式上大庆市中小学生表演的大型文体节目《天鹅起飞的家园》，受到人们的一致好评，大庆市体育场上，彩旗飘飘，人如潮涌，欢声雷动。这次运动会是历届规模最大、人数最多的一次。黑龙江省所辖 13 个地市和黑龙江省农垦总局、哈尔滨铁路局体育代表团等参加了本届运动会，2000 多名运动员参加篮球、举重等 9 个项目的角逐，全省几万人来大庆观看体育赛事。运动会整整进行了一周的时间，直到 8 月25 日圆满结束。

时隔多月，大庆市委、市政府又借鉴黑龙江省第十届运动会的成功经验，借着黑龙江省十运会的东风，举办了首次大庆市和大庆石油管理局地企联合运动会。通过举办运动会，丰富了大庆市职工的业余文化生活，密切了大庆市和大庆石油管理局你中有我、我中有你，密不可分的传统友谊。

与中央电视台联合制作《欢聚一堂》“五一”特别节目——幸福属于你

大庆市自从成立，第一次和中央电视台联合举办专题文艺晚会。晚会安排在央视 4 台同时面向全球播放，大庆市委、市政府特别重视，从演员、服装到节目等各方面都十分关注。几个月的基本功苦练，终于把一台集思想、文化、艺术性于一体的“五一”晚会，呈献给全国、全世界人民，充分展现了大庆现代化石油城市的美。

记得那一次，我带领 80 多位演职人员去北京，市里几大班子和大企业也去了一些领导，正值 4 月，北京到处鲜花盛开、春意盎然，但走在大街小巷人们都戴着口罩，捂得严严实实。我开始没有注意，一门心思想着怎么很好地完成这次演出任务。后来看到电视台、报纸的宣传，才渐渐认识到“非典”疫情的严重性。好在我们这 80 多人的演出团成功演出并顺利回到大庆。过了几天，我又让有关人员询问，去北京的这 80 多人有没有身体不舒服的，直到得到否定的回答“没有”，我这一颗悬着的心才放下。彼时，一场抗击非典的大战就要在全国、全省打响，我们大庆市也不例外。

战胜“非典”

在北京，“非典”疫情给我留下了深刻的印象，脑海里经常浮现北京大街小巷到处捂得严严实实的人们。听着大家对“非典”疫情的议论，我心想，必须抓紧了解“非典”疫情情况。

中国第一例“非典”病人是2002年11月16日在广东佛山发现的。2003年2月，广东“非典”疫情进入高发期。从2003年年初到5月末，全国部分地区先后发生“非典”疫情。如果“非典”疫情在全国蔓延开，那整个国家都将遭受一场史无前例的大劫难。想到这些我特意到大庆市医院听取了一场报告，从根本上了解什么是“非典”疫情。

专业的解释是，传染性非典型肺炎是由SARS冠状病毒引起的一种具有明显传染性、可累及多个脏器系统的特殊肺炎，临床上以发热、乏力、头痛、肌肉关节酸痛等全身症状和干咳、胸闷、呼吸困难等呼吸道症状为主要表现。

2003年夏天，黑龙江省开始统一部署“非典”防治工作，大庆市委、市政府任命我担任全市“非典”防治工作总指挥。我感到责任很重、压力很大。立即召开全市“非典”防治工作会议，抽调精兵强将，成立大庆市“非典”防治工作指挥部，下设综合协调组、社会治安组、交通疏导组、医疗救治组、宣传组等，组织各部门制定预案，设立留验站、隔离宾馆、发热门诊，采取了一系列措施，迅速展开了抗击“非典”的斗争。

那段时间，我天天起早贪黑，着急上火，血压升高到高压180也不能休息，只是匆匆忙忙到医院开点降压药，天天吃着降压药去检查工作。

有一阵也不知怎么了，天天咳嗽，而且一天比一天重。司机劝我找医生看看，我说没有时间。一次我在主席台上布置防“非典”疫情工作任务，咳嗽半天讲话非常吃力。中午饭的时候秘书王振涛又劝我到医院检查一下。

我不高兴地说：“下午工作都安排好了，哪有时间？”

小王说：“领导，您今天就听我的吧。中午先不吃饭，我们先去医院。”

“去医院干啥？听我的还是听你的？”

小王忙含笑哄着我说：“今天您就听我一回，去医院看看病。您知道上午开会部署防‘非典’工作，下面是怎么议论的吗？”

“说什么？”

“说李市长还在台上讲防‘非典’，你看他咳嗽的症状是不是疑似病例啊？”

听王振涛一说，我和司机哈哈大笑，同志们都起疑心了！

我说：“那好吧，今天就听你一回。”就这样到医院去做了检查。拍了片子，做了胸透，什么毛病没有，我说秘书多此一举。说是这么说，可我的咳嗽一天比一天厉害，我心里真的有点犯嘀咕了，我找了熟悉的医生看胸透结果。医生说没什么问题，又问我最近吃什么药，我把兜里的降压药拿出来，医生一看说，问题就在这降压药上。医生很快给我换了降压药，我这咳嗽毛病几天后就慢慢好了。

“非典”期间，有位处级干部到欧洲考察回到大庆，下了飞机就被直接拉到宾馆按规定隔离 15 天。这位局长非常不高兴，对防治“非典”的工作人员态度也不太好。给我打电话指责下面的人员小题大做，表达他的不满。我当时就批评了他。他在宾馆里面住满了 15 天观察期，确认身体无恙才回的家。

这场疫情一是前所未有，二是突如其来，三是危害巨大。结合大庆市实际，万众一心、众志成城，经过 100 多个日夜的全力奋战，大庆抗击“非典”工作取得了决定性胜利。大庆市防治“非典”指挥部获得全省先进集体称号，我也被评为全省防治“非典”工作先进个人。黑龙江省巩固防治“非典”成果、深入开展爱国卫生运动现场会也在大庆召开。

引大学

北国的天空高远，入夜星光闪耀，熠熠生辉，俯瞰大庆市版图，辽阔壮美、秀丽多姿。大庆还是天然百湖之城、北国温泉之乡，特色十分鲜明。

按照城市发展战略，我积极建议建设大学园，扩大城市影响，吸引更多的年轻人来大庆学习深造、创新创业，我的想法得到了市委、市政府的充分肯定。

2002 年末，我带着市人民医院院长张铁辉去哈医大，经过三次洽谈，最后我们的诚实、守信、热情、求才若渴的心，感动了哈医大的领导，他们来大庆实地考察后做出决定，建设哈医大大庆校区，人民医院成为哈尔滨医科大学第五附属医院。

继大庆石油学院（现东北石油大学）、黑龙江八一农垦大学从安达、密山迁入，哈医大建设大庆校区之后，哈工大也应大庆市委、市政府邀请来考察论证并决定在大庆建设工业研究院。当时房子都盖完了，合同也签了。天津大学的刘建平书记也带队到大庆来考察，利用大庆电大的教育资源，创办天津大学经济管理学院大庆分院，意向性协议也签了。在我调离大庆工作后，不知什么原因这两件事情都搁置在那里，没落实下来。

当时省内还有几所高校也要来。后来我在省里开会见到程幼东副省长，他就说："勇库同志，你回去和志斌书记说一下，可别再给我添乱了。现在还有些大学要往大庆搬，各地市主要领导都来找我让省里干预一下，不然的话高校都跑到大庆去了。你们有本事可以到外省去引，省内就别再挖了。"后来省内的高校引进工作就没再继续做。

这样，我又带着教育局局长单海峰，先后跑了北京大学、清华大学、北京化工大学、天津大学、吉林大学。那一年，我们东跑西颠地引大学，也正是老父亲病重住院期间，有一天在去吉林大学的路上，家里来电话说老父亲病危正在抢救，我十分焦急。还好，那天还真抢救过来了。

当时，大庆的职业技术学校不少，但是学校规模小，竞争力不强，教学资源分散，教学质量不高。2001 年省政府就批准组建大庆职业学院，但一直没有实质性进展。我分管文教卫生工作后，积极推动整合教育资源，把大庆市的石油学校、警校、农校、卫校、建筑学校等几所中专合并，成立大庆市职业学院。还推动大庆师专“专升本”。加上引进的大庆石油学院、八一农大、哈医大大庆校区，共引进、建设、提升了 5 所大学，大幅度提升了城市的科技、文化素质。

在引大学的同时，积极创建高中城，提出了创建省级示范高中 8 所的目标。还梯次改善高中办学条件，新建了实验中学，实验中学原址给了东风中学，又建设了祥阁学校，极大地提升了教学质量，那几年大庆考上清华、北大的考生占全省的三分之一以上。

第十章 审计工作岁月

审计情缘

我与审计工作结缘较早，在任让胡路区副区长时期，我分管的工作中就包含着审计工作。但是对审计工作真正有所了解，是我任蔬菜公司“一把手”三年后的离任审计。当时审计报告出来后，我觉得十分客观公正，心服口服，也使我对审计工作的重要性及审计人员的专业性有了初步认识。此后，凡与我工作有关，涉及钱、财、物的事项，我都希望有审计部门介入。

后来我成为大庆市分管城市建设的副市长，那几年每年全市仅财政投入城市建设资金就有三个多亿，这在当时可是一笔不小的数目。如何确保这么一大笔资金不出纰漏呢？我思来想去决定还是让大庆市审计局进行全面审计监督。

大庆市审计局局长杨桂琴是我党校大专班的同学，比我大几岁。这个老大姐可不简单，我认识她的时候，还是市百货大楼的财务科长，不久就因财会业务精湛、管理出色，升任市商业局财务科长、总会计师，后来又提拔到市审计局任副局长、局长。当我提出由审计提前介入，跟踪监督城市建设资金使用情况时，得到了杨大姐的积极响应和大力支持。

那几年大庆市的世纪大道、创建国家环保模范城等项目资金到位、使用及管理情况，我都交给审计局审计，并积极听取审计局的建议、意见，从而保证了城市建设资金的安全有效。

初识李金华

2002 年 8 月的一天，市审计局杨桂琴局长向我汇报，说审计署李金华审计长要来大庆市调研，请我出面接待。我听了一愣，刚想说审计局工作不归我分管，她就接着说："市委书记、市长都不在家，常务副市长马晓林又刚升任牡丹江市市长了。"她还说请示了市委，阮殿龙副书记说："这是政府出面的事情，就请勇库副市长接待吧。"由于"审计风暴"，李金华审计长在全国非常有影响，我内心也十分敬重这位领导，就高兴地答应了接待任务，要求审计局会同政府办制定接待方案，做好工作汇报的准备。

2002 年 9 月，李金华审计长来到大庆市。那天由我主持调研座谈会，参加座谈的有大庆市审计局科级以上干部，还有市发改委、财政局、税务局等部门的主要负责同志。省政府、省审计厅、审计署驻哈尔滨特派办陪同的领导也参加了座谈。

会上，我用大约 10 分钟时间汇报了大庆市的基本情况、市委市政府高度重视和大力支持审计工作的情况，以及市审计局在服务地方经济发展中发挥的重要作用等。当我汇报到大庆市对重点工程世纪大道项目进行跟踪审计，对政府投资、环境建设等项目进行专项审计，并说出几组相关的审计数据时，李金华审计长不住地点头。接着，杨桂琴局长汇报了大庆市审计工作情况。听取汇报后，李金华审计长充分肯定了大庆市委、市政府及审计局的工作，并就围绕中心、服务大局，进一步做好审计工作提出了明确的要求，话语虽短，切合实际，言之有物，这是我第一次听到李金华审计长讲话，给我留下了深刻印象。

在之后的两天时间里，我和市委李福民、阮殿龙副书记先后陪同李金华审计长一行，到大庆石油管理局、杜尔伯特蒙古族自治县进行调研。调研过程中，李金华审计长还不时地问我大庆世纪大道、环境投资审计的一些数据、详情。由于这些项目都是我亲身经历的，因此我汇报得也很具体、很明确。

李金华审计长离开大庆约一周后，我接到他的秘书打来的电话，说审计长感谢大庆市委、市政府对审计工作的重视和支持，感谢我们对他这次调研工作的接待和帮助，并欢迎我有机会到审计署做客。虽是秘书转达领导的几句话，但在我的心里却久久不能平静，我曾参加接待过许多高级领导干部，像李金华审计长这样平易近人，回京后专门让秘书打电话表示感谢并欢迎去京做客的领导，还从来没有遇到过。

这之后，虽然没有跟李审计长通过电话，几次到北京出差也没去拜访他，但由于有这么一次机缘，使我对审计工作更加重视，对“审计风暴”特别关注。当在电视上收看了对李金华审计长的访谈节目后，对他更加钦佩，进而对审计工作也逐渐有了向往，偶尔就想如能有机会到审计系统工作该有多好啊！

那期间，女儿在中国政法大学在职学习，我到北京出差看她时，把这个愿望跟她说了，没想到她特别高兴，说老爸我支持你！

经女儿这么一说，我的心意也更坚定了。就这样，在家人的鼓励下，我于 2003 年 3 月 1 日给李金华审计长写了一封信，大体内容是：刚刚从中央电视台《对话》节目中见到您，倍感亲切。您给我留下了非常深刻的印象，在我所接触的领导干部中，您是最令我敬佩的人之一。最近心中冒出一个非常强烈的想法，如能有机会在您的手下工作，将是我今生的一大幸事。多次思考，挥之不去，今冒昧写信向您表达心迹。如审计长能理解支持我的想法，并给我机会的话，一定会把工作干好……

过了不到一个月，我带队到北京大学、清华大学等高校走访，争取高校来大庆市合作办学。一天早上，李金华审计长秘书来电话，要我到审计署人教司去一趟。下午，我如约来到审计署人教司，齐国生司长热情接待了我。

到审计署后，我了解到，署里准备从地方选几名干部，我是人选之一，让我来审计署是想听听我本人的意见。我当然十分高兴，表示很向往也愿意到审计署工作。

出差结束后，我就按审计署要求直接到省委向组织部部长、原大庆市委书记刘海生做了汇报，刘部长表示支持，之后他与审计署有关领导通了电话，并向省委主要领导做了汇报。

大概是2003年的10月份，审计署人教司副司长王鸿津等，在省委组织部同志的陪同下来大庆对我进行考察，并找我本人谈话，说通过考察各方面反映很好，现在主要听听你本人意见，为什么想到审计署工作。

我当时一高兴就打开了话匣子："人人都有一颗上进的心，作为一名农村基层干部一步一步地走到今天，能有机会到审计署工作是我梦寐以求的……"我的这番大实话，把考察组的同志都听乐了。

事后我才知道，考察组还到省纪委、省委组织部详细了解了有关情况。

2003年11月的一天，审计署人教司齐国生司长给我来电话，告诉我署党组会议研究决定调我到审计署工作，通知我近期可能就要到署里报到。没过三天，省委组织部领导找我谈话，然后又通知大庆，同意我调出。大约又过了不到一周，齐国生司长来电话说，李金华审计长要找我谈话，让我马上赶到北京。

第二天，我到审计署时已经晚上8点了，李金华审计长见到我后没有客套，开门见山直接谈工作。说署党组开会研究并征得黑龙江省委同意，调你来审计署到成都办工作，任成都办党组书记、副特派员，主持工作。你在大庆市工作干得不错，对审计工作也很重视。人教司负责人回来说考察不错，个人综合素质很好，统班子、带队伍能力强，审计署就需要像你这样的地方干部。

然后，简明扼要地和我说了审计署驻成都特派办的情况，要求我去后抓紧熟悉情况，结合处级干部竞争上岗，抓好干部队伍建设，特别是要把特派办的管理好好抓一抓。至于审计业务，这个办有一定的基础，可以充分发挥几个副特派员的作用，让他们切实负起责任来。你把情况搞清后有什么问题回来向署党组汇报，署里会支持你。

这次谈话，是我第二次见到李金华审计长。

在成都特派办工作的五年

2003 年 12 月，审计署人教司地方干部处处长马曙光陪我到成都特派办。除了送我，他还负责指导成都特派办开展处级干部竞争上岗工作。

接手成都办

到成都办的第二天，马曙光处长在成都特派办班子会上通报：署党组决定由李勇库同志任成都特派办党组书记、副特派员，主持工作，有关手续正在履行，过几天署领导将来办里正式宣布。根据署党组的意见，为了不影响工作，特别是不影响正在开展的处级干部竞争上岗工作，白益兰和勇库同志可以先交接工作，竞争上岗工作由白益兰同志继续主持完成，勇库同志协助。

这样，我正式就任成都办党组书记、副特派员，到 2005 年 5 月转为特派员、党组书记。在与时任特派员白益兰交接工作时，他已接近退休了，给人的第一印象是比较憨厚和实在，和我配合很好，工作交接很是顺利。过后印证，他向我介绍的情况是真实的，谈到的问题也比较客观。他当时就说，综合处室的处长，比如法规处、人教处、办公室等，必须得懂业务。

紧接着，我就开启了白（天）加黑（夜）、五（天）加二（天）的工作模式，分别找全办每个干部职工包括离退休人员谈话。谈话中，我首先简略介绍自己，为我们相互认识奠定基础。然后才让对方详细介绍特派办建立以来的情况，并让对方介绍自己的工作、学习以及家庭生活情况，尤其是工作生活中有什么困难和问题。这种交友交心、朋友聊天式的谈话，加上大量查阅档案资料，让我收获颇丰。

与此同时，我主持召开多种层次的座谈会，让大家总结特派办成立以来的经验及教训，分析目前的发展优势，存在的主要问题，着重对如何解决问题和如何建设发展特派办提出意见及建议。

我主动联系拜访了四川省委、省政府和成都市委、市政府的主要领导，与相关部门进行对接，以取得他们对特派办及我本人工作上的了解、理解和支持。还走访了中央驻蓉的一些单位，以及一些被审计单位，并了解了一些兄弟特派办的情况。

经过这番调查研究，我基本熟悉掌握了特派办的情况。

为促进国家审计工作全面深入开展，国务院批准审计署建立驻地方特派员办事处。审计署先后在全国设立了 18 个驻地方特派员办事处，主要分布在上海、天津、广州、武汉、沈阳等大城市。审计署驻成都特派员办事处设立于 1988 年，是审计署第二批设立的特派办，15 年间经历了四任领导班子。第一任领导班子，综合素质高，凝聚力和战斗力都很强，作风过硬，白手起家，克服种种困难，坚持“边组建、边工作”的方针，以审计促组建，在仅有 28 名同志和借用几张办公桌的艰苦条件下，很快打开了工作局面。全办在三年内初步实现了“四有”：有了部分办公用房和职工宿舍，有了一支审计队伍，有了一套规章制度，有了一批审计成果。

特别是首任特派员燕庆岚同志，是新中国成立前参加革命工作的，到审计部门工作前，曾长期担任四川省委组织部副部长。他曾领衔组建四川省审计厅，调到审计署后又领衔组建成都特派办，当时已年近 57 岁，但干劲不减，勇挑重担，以身作则，身先士卒，团结带领大家没日没夜地苦干实干，不仅为特派办的发展打下了坚实基础，而且留下了宝贵的精神财富。

经过几任领导班子和全办干部职工的持续奋斗，特派办修建了办公用房和职工宿舍，配套了办公局域网络等设施。在干部队伍建设方面，政治和业务基本素质不错，刘家义、袁野等署领导都曾在这里工作过。在审计业务方面，总结提出“三度一细”的审计要求，即审计要有广度、深度、高度，要求工作必须做细，既要搞好项目审计，又要进行延伸审计调查，为宏观管理服务。这些审计理念，得到审计署主要领导的充分肯定。在思想政治工作方面，提倡严暖结合，实行“一会三访”制度，即每周开一次各处室内勤人员会议，收集一线审计人员家庭需要帮助解决的困难及问题；审计人员在异地审计期间，内勤人员要定期家访；新春佳节，办领导要分别到职工家拜访；职工生病住院，办领导要去探访。审计成果也可圈可点，特别是 1998 年查出的东方锅炉股份公司特大经济案线索，轰动全国，影响很大。

但是，由于种种原因后几年成都特派办工作滑入了低谷，管理粗放，人心涣散，干部队伍和审计业务都出现了不少问题，连续几年在审计署考核中排名靠后。出现了三个不满意，即审计署领导不满意，离退休的老同志不满意，在岗的干部职工更不满意，从上到下，意见很大。

严暖结合

“能攻心则反侧自消，从古知兵非好战；不审势即宽严皆误，后来治蜀要深思。”成都武侯祠这副名联，对如何带好成都特派办这支队伍，给了我极大的启发。因此，到成都特派办后，在带队伍方面，我就坚持了两手抓“八个字”，即“从严治办，以人为本”。

一手，从严治办。首先是严明纪律。为此研制了《岗位目标责任制》《关于保持廉洁的规定》《审计纪律和审计纪律执行情况公示》等 20 多项关于廉政勤政方面的规章制度，做到有章可循、有规可依。并相应实行了廉政勤政纪律执行情况汇报制度、个人重大问题申报制度和廉政回访检查制度，建立了《审计人员执行纪律监督卡》、个人业绩和廉政档案，保证了各项廉政勤政制度的严格执行。然后，在全办开展“强管理、练内功、正行风、树形象”和“从我做起，从小事做起”两个活动。全办就此进行了大讨论，查摆问题，反思原因，看“内功”上有哪些差距，大家一起想办法纠正问题、弥补差距。讨论结果令人欣慰，全办提出100多个问题和不少好的建议。再就是经常性地开展艰苦奋斗、团结协作、廉洁从审“三个教育”，牢固树立正确的世界观、人生观和价值观，引导大家讲政治、讲正气、讲奉献，严格遵纪守法，自觉维护审计机关和审计人员的良好形象，维护办内“团结、文明、宽松、有序”的良好环境。在选拔任用干部工作中，充分发扬民主，认真听取大家意见，特别是对有反映的深入处室和被审计单位了解情况、澄清问题；办党组在决策干部任用等一些重大事项时采取票决制，避免“一把手”个人说了算。

对所有执行的规章制度、开展的活动和对干部职工的要求，我们领导班子成员都坚持以身作则，率先垂范，一级做给一级看。我当时就明确提出并兑现了“凡是要求大家做到的我首先做到，凡是不准大家做的我首先不做”的承诺。

通过这些措施和从上到下的共同努力，全办工作逐渐走上正轨。以前开会看报纸、乱嘀咕、随意走动的现象消除了，上班迟到早退或玩电脑游戏等不良习气也没有了，出现了加班加点、齐心协力、集中精力搞审计的新局面。

另一手，以人为本。特派办确实比较特殊，虽然名字叫成都特派员办事处，但是审计人员大多数时间不在成都，常年在成都以外出差，而且项目审计一出去就是一两个月，有时甚至三五个月。据统计，成都办审计人员每年异地工作时间达200天以上。因此，审计人员基本无法顾及家庭，对家属、孩子、老人亏欠太多，久而久之，也容易出现一些矛盾和问题。

面对这种情况，如何解除审计人员的后顾之忧，帮助他们减轻家庭负担，尽量避免出现家庭矛盾，让他们在外安心工作，这是我们领导班子必须认真对待和下功夫解决的问题。因此，在提倡个人讲奉献的同时，作为组织必须讲关怀，帮助干部职工解决工作、生活、家庭中的实际问题。比如，幼儿入托、孩子上学、子女就业等家庭大事，也是难办之事。组织如果不帮助解决，单由个人出面，不仅花钱费神不易解决，而且容易违反廉政纪律。关键是审计人员天南地北地在外忙工作，根本顾不上家里的事儿。所以，我们办领导经过认真研究，决定把这些事承担过来，由机关党委、人教处、服务中心负责协调，千方百计予以帮助解决。在这方面，当时的分管办领导李玲同志花费了不少心思，可以说是尽了全力。

当时，成都特派办干部职工收入很低，补贴时有时无不规范，大家因此意见大、情绪大。为此，我们实施了津补贴“阳光工程”，经过反复沟通和衔接，取得署里批复同意，按成都市级机关工作人员标准，提高了职务补贴，提高了职工个人住房公积金缴纳基数。还办理了职工大病医疗补助，从而理顺了职工的情绪，增强了特派办的凝聚力，调动了干部职工的工作积极性，并得到了家属们的热烈反响，纷纷表示要大力支持特派办和审计人员的工作。

与此同时，开展了强有力的有针对性的思想政治工作，在面对干部竞岗失败、异地交流、工作失误等情况时，办领导及时找其谈心交心，晓之以理，动之以情，消除误解，让其丢掉思想包袱，振作精神，努力工作。还有审计人员在工作中要维护国家利益，就必然要查处那些违法违规违纪问题，必须坚持原则、铁面无私，这就难免会得罪一些人，个别人因此会想方设法对付审计人员。这时候作为办主要领导就必须保持清醒并有担当精神，要弄清是非、顶住压力，勇于承担责任，保护审计人员。

有一名处长在2006年陕西省水利投资项目审计中发现了严重问题，并把案件线索移交给司法部门，为国家挽回了经济损失，犯罪人员被绳之以法，其工作得到了上级的表彰。可是该处长完成审计工作，刚刚回到成都，特派办就接到匿名举报，说他在审计期间接受吃请、旅游等，严重违反纪律。对此，我没有轻易下结论，立即派机关党委书记带队去核查。通过认真细致的核实，证明匿名信纯属诬告。情况汇报给审计署后，得到了署领导的支持肯定。

对遇到困难的家庭，办里及时帮助解决。如时任处长程一平同志抽到署里参加重大项目审计工作后，近半年无音信，家里孩子得了严重的脑积水。我得知情况后，马上联系医院住院，并安排同事细心照顾，直到孩子痊愈出院。他本人及家属为此十分感激。

我还特别重视离退休老同志的工作，经常组织他们学习参观，定期向他们介绍审计工作新成果和特派办的发展情况，认真听取他们对特派办发展的意见和建议，随时关心他们的健康状况，了解他们的家庭生活情况，有了困难尽可能地给以帮助。

为老同志发挥余热提供平台。如退休副特派员曹庆厚，老伴得血癌后，特派办联系华西医院尽力予以治疗。老伴去世以后，他主动找我说现在身体还好，要求干点事。经过研究，让他担任了离退休党支部书记。他当书记后，许多老同志评价说，离退休党支部活动比以前搞得还好。还有把离休老特派员燕庆岚请出来当基建领导小组副组长，让退休副特派员粟多闻任住宅小区业主委员会主任，请退休副特派员刘照应牵头编写办志，还请一些退休老同志做义务廉政监督员，在时间紧、任务重、人手不足时，还请一些刚退下来的老同志参加审计工作，这些老同志非常认真负责，发挥了很大的作用。

我们还加强了特派办文化建设，设立了荣誉室，编写了办志，创作了办歌，承办了全国审计系统乒乓球赛等。多种多样的活动，活跃了全办气氛，提振了干部职工精神，全办呈现出团结和谐、人心思进、奋发向上的良好氛围。

创新管理

赴任前，李金华审计长就明确要求我“要抓好成都办的管理工作”，通过调查研究，我感到李金华审计长的指示一言中的、切中要害。成都办在队伍管理、审计项目管理以及财务物资管理等方面，都存在许多漏洞。比如一名审计人员不在审计现场，却死于千里之外，从审计组到业务处到办领导，都无人知道是怎么回事。个别人甚至接受被审计单位宴请、收受礼品。审计质量也出现过一些重大问题。在财务管理上，几十万元的资金，没有办领导签字仅处长签字就支付了。还有特派办的对外投资长期收不回来，等等。面对这些问题，从哪儿入手、怎么抓？我经过认真思考，理清了工作思路。

李金华审计长曾说过：“审计署要在工作中干出特色，一个司、一个局、一个特派办，也要在工作中干出特色来。”我在想，我们能否在这方面动点脑筋、下点功夫，搞出我们成都办的特色来呢？我想是完全可以的，我们可以把建立健全审计质量控制体系作为办里的特色来打造。当时我就思考借鉴大庆油田经验，用企业管理的先进理念来研究管理审计质量及机关工作，就像企业控制生产的每道工序、最终控制产品质量那样，对审计项目及各项工作的每一道环节都实行标准化、程序化管理，从而既能实现审计过程质量的百分之百，也可以实现审计结果质量的百分之百。后经成都办党组研究决定，我们引入 ISO9000 国际质量标准体系。

该体系最大的特点是“领导带头，全员参与”，从而实现“全过程控制，系统化管理”，既“重视过程”，也“注重结果”，最终目的是要实现“四个一流”的目标：一流的工作业绩，一流的审计队伍，一流的管理水平，一流的工作环境。首先我们确定了全办的质量方针：依法审计、规范管理、廉洁高效、和谐发展。接着，我们又确定了审计任务、审计程序、审计证据、审计决定执行、审计纪律、行政管理、后勤保障等10个方面的质量目标，建立了一个分层次的质量目标体系，整个目标体系都是为满足顾客需求而设计的。然而，特派办毕竟不是企业，产品是什么？顾客又是谁？我们认为特派办为国家提供监督服务，审计工作就是一种服务。特派办的一切工作必须满足于审计署的要求，必须让人民群众满意，同时也应该合乎被审计单位规范管理和持续发展的需求。因此，我们在制定的审计质量手册中，创造性地将顾客定义为审计署、社会公众和被审计单位，产品就是审计活动及成果。事实上，在成都办内部，领导与全员之间、各处室之间、各种工作岗位或某项工作的各个环节之间都互为顾客，一方要全力满足另一方的需求。这也充分体现了“全员参与，全过程控制”的原则。

构建这一体系也是一个艰难的过程。但是办党组决心大，不懂就学，我们买来学习资料，人手一册，进行强化学习，并数次到已通过ISO质量标准认证的四川德阳市国税局、什邡市检察院等单位学习考察。我深知审计机关及审计工作毕竟具有自己的特性，不管哪家的经验，都无法照抄照搬，面前只有一条路，那就是按照《审计机关审计项目质量控制办法》（审计署6号令）要求，结合审计质量控制标准，去创造性地搭建符合审计规律和特派办办情的管理体系，该标准将6号令规定的要求设计成更加细化、更加严格的标准程序，对审计工作梳理出65个重点环节和17个关键控制点，借助体系的“全过程控制”的执行功能予以百分之百的贯彻。比如，审计日记怎么记、记什么？审计取证包括哪些要素？诸如此类，都有标准和程序。内容不全、表述有误将会在复核检查和内审中被纠正，并纳入目标考核。所有与审计相关的法律法规都是该体系的“支持文件”，在该体系文件中我们将每一项管理活动、每一个管理过程都尽量置于受控状态，使其具有可控性。

另外，按照体系构建的要求，我们还将全办所有工作岗位细分为73个，分别制定了具体的岗位工作标准和程序，如岗位目标、履职资格、责任、权限等。特别是明确了审计业务程序过程中的审计组组长、副组长、项目主审、审计员、资料管理员、廉政监督员、保密员等岗位的职责，拟定了任职条件，进一步细化了管理，让每位同志知道该做什么，该怎么做，保证了做正确的事和正确地做事，并且力求第一次就将事情做对，每一次都将事情做好。除了执行严格的岗位标准，我们还将审计业务活动和各项工作全部进行量化细化，研制出86份《质量管理记录表单》和24个《工作流程图》，以各类记录表单方式记录体系运行情况，让整个工作过程留下痕迹，便于追究责任和考核。这样一来，做每件事情都有标准，每一步都有程序，每一个细节都相互关联。一件事不办不行，办不好也不行。怎么办，由谁来办，先办什么，后办什么，何时办完，每一步都必须按标准、按程序进行，期间还要相互监督，日后更要接受专门的检查考核和内部审核。

从2004年4月开始，历经走访策划、学习培训、体系构建、试运行、内部审核等阶段，到2004年11月下旬该体系正式建立并运行，8个月后通过中国质量认证中心专家组审核。2005年11月29日，中国质量认证中心正式给我办颁发了ISO9000国际质量标准认证证书。这个体系的建立和标准的执行，使得我办建立了一种有效的运转机制，规范了审计人员的操作行为，保存了完整的工作资料，做到了事前有目标、事中能控制、事后可追溯，不仅改变了我办职工的思想观念和思维方式，而且还细化了审计工作质量的程序和标准，形成了审计机关管理文化。2006年11月，中国质量认证中心专家组复审成都办的ISO审计质量体系运行情况时评价："全办各项工作质量得到较大改善，审计工作更加规范，工作效率提高，审计成本降低，上报要情和要目数量有较大增加，取得了良好的社会效益。”

成功是令人喜悦的，但我们没有因此而陶醉。我们坚持总结完善并将该体系与 OA 和 AO 系统对接，力求简便易行、便于操作，降低管理成本，争取管理效益最大化。在构建这个体系过程中，审计署很重视，专门组成调研组，由时任办公厅副主任章轲同志任组长，到我办调研指导。2005 年大年初八上班的第一天，李金华、令狐安、余效明等几位署领导专门听取了我办的汇报并做出指示，要求我办结合审计工作实际，大胆探索，勇于实践。由于署里的正确领导和精心指导，使这一创新管理模式至今仍在坚持。我在天津大学研究生毕业撰写的《我国审计质量管理实施 ISO9000 标准研究》一文，也获评优秀论文。2006 年 10 月，时任审计长李金华到成都办视察后，欣喜地称赞：“成都办这几年保持了良好的发展势头，是最近若干年最好的发展时期。”其他几位到成都办调研的署领导也都发出了同样的赞叹。

李金华审计长多次讲过，审计也要讲成本，要有计划，不能乱花钱，因为我们花的是纳税人的钱。按照这一要求，在管理上除了引入 ISO9000 质量认证，2004 年初我们还引入计划管理、预算管理和成本控制的理念，对审计项目、财务管理进行改革试点，加强项目成本控制，实行审前调查有概算，正式进点有预算，审计过程有核算，项目结束有决算，年终考核有评估。对审计项目实施动态管理，建立预算调节机制，对审计中遇到大要案等特殊情况按照规定程序追加审计外勤经费，以满足审计现场情况变化的需要。通过成本控制，每年都能节约外勤经费 100 多万元。这项工作曾在署里财务工作会议上多次进行介绍，并被署党组认可，在全署加以推广。

还有一个创新是审计招投标。过去，审计项目计划定下来了，属于哪个处分管范围就给哪个处。处长拿到计划以后，安排几个人，按照老习惯、老经验、老办法，制定一个审计方案，在处里通过一下，报到办里。审计过程当中都是处长或组长说怎么办就怎么办，对大多数同志来说就是凭良心、凭责任感。有良心的，责任感、事业心、专业技能强的同志干得可能就好一点。

2004 年初，办党组决定创新审计组织模式，试用招投标办法选择审计组长，并成立了审计项目招标领导小组。同时，确定了标底编制原则和招投标试行办法。比如，对招标、投标、评标的内容和形式，对审计招标投标活动应遵循的原则和程序，对招标领导小组的职责和任务，对审计项目标的的确立和审查，对投标人、评标人的资格要求和资格审查，对招标人、中标人的权利和义务，对评标的标准和方法，对审计项目招标投标活动的考核和奖惩，以及对招投标文件的内容和格式，等等，都一一做出了明确的界定和规定。

2004 年至 2006 年的三年间，成都办对 39 个项目开展了审计招投标，有 90 人参加了审计项目投标。从层次上看，有审计项目招标、审计组长招标，也有主审招标和子项目组长招标及审计方案比选；从范围上看，有全办范围招标，也有处内招标；从内容上看，有单纯的方案招标，也有综合性招标；从投标组织看，有个人投标，不同处室人员的组合投标，处室成建制投标，还有一个处室人员到另一处室投标。

但是也有阻力，中标后的审计队伍可能和上面业务司不对口，招标以后就变成别人去弄了。当时我跟李金华审计长汇报了，他说你们可以大胆地试试嘛。第一个招投标项目是四川君和会计师事务所审计质量检查项目，共有 7 个人参加投标，副处长曾军中标。当时的标底是审计查出的问题至少有 1 个上审计署汇总报告，审计费用 10 万元。中标书承诺至少 2 个问题上署汇总报告，审计费用 8 万元。项目实施最后，查出违纪金额 2 个亿，反映的 8 个问题全部上了审计署的汇总报告。特别是检查发现的重大问题，上了审计署 2 期《重要信息要目》和 1 期《专题报告》，经审计署上报后，分别被中办、国办采用，并得到国务院领导的批示，某上市公司的董事长（正厅级）被免职。而审计组 4 名成员现场审计时间仅 161 个工作日，费用 3.1 万元。这个结果大大超过了人们的预期。

此后，特派办就开始推广重大审计项目办内公开招标。集体项目招标举两个例子，一个是重庆土地项目审计，本来应是农业处牵头组织实施，但是当时农业处的整体能力还是有欠缺的，靠该处去审计很难取得令人满意的结果。经特派办研究全办招标，后来投资处中标、牵头，农业处配合，其他处出人，共 40 多人参加审计，审计组发现的问题直接向特派员报告，最后审计成果非常显著，上了 1 篇要情、9 篇要目，揭示了土地出让暗箱操作、虚假挂牌交易、侵害农民利益等问题。后来中纪委跟踪，一下就把马蜂窝捅开了，重庆市某单位正厅级干部被判处无期徒刑，全市国土系统相继查出违法案件近 20 起。还有一个收费公路项目招标，开展主审招标，法规处陈磊同志中标，这个收费项目上了 5 篇要情，陈磊同志从此在成都办脱颖而出。

实行招标办法，收获非常大。一是能优化审计方案，提高审计质量。招标首先要比较投标人提交的审计实施方案，投标人认真准备的方案普遍质量较高，优中选优本身就保证了方案质量。而且中标后，中标人还要借鉴其他方案，取长补短，进一步完善方案。二是能突出审计重点，提高审计效率。由于中标责任书对审计成果、审计纪律，以及审计时间、审计经费、审计质量等都有明确具体的要求，因此，中标者必须突出重点，提高工作效率，降低审计成本。三是能锻炼审计队伍，促进干部成长。招标这种办法，不看职务，不看资历，主要看谁的思路可行，谁的方案科学，谁的实施办法更有可操作性，打破了“论资排辈”行政式安排审计组长的传统做法，从机制上解决了从“要我干”到“我要干”的体制难题，为年轻干部提供了展示才华的舞台。

这种创新管理激发了干部工作的积极性，人人参与竞争，人人都在思考，人人都在准备，人人都在学习和提高，不论是投标胜利者，还是失利者，都同时增强了竞争意识，提高了审计业务水平。

“有条件的地方应积极推行审计组长竞争制。”李金华审计长2005年在全国审计工作会议上明确提出了这一要求，也是对成都办招标探索的充分肯定。

再一个就是实行目标管理。2003年新班子组建后，经过专题调研发现，考核工作局限在各处室，是典型的“大锅饭”，大家都有得过且过的心态。对此，新领导班子决定改革沿袭多年的目标考核办法，这是一次内部自我完善的过程。首先，找准病因，由人教处、法规处、办公室等综合部门，对过去目标考核中存在的问题进行分析研究。其次，群策群力，就如何进行科学的目标考核展开全员大讨论，要求每个部门都提交出目标考核工作具体的操作性意见。第三，学习借鉴，由人教处积极收集有关目标考核的资料，包括地方政府目标考核、兄弟办和其他单位工作业绩考核办法，拓宽目标考核的思路和视野。在借鉴与创新中，引入竞争和激励机制，充分调动各处室和全体人员的积极性、主动性和创造性。经过大半年的“攻坚”，我办探索建立了“3+1”的考核体系，即共性目标、审计业绩、干部履职等三大块内容考核，外加单项工作考核。共性目标主要考核业务处室和综合部门的职责履行情况，包括班子建设、队伍建设、廉政建设、保密工作、内务管理等共性指标，以处室为单位进行考核，考核结果作为评选先进处室的依据。审计业绩主要以审计项目为单位进行考核，内容包括审前调查、审计实施程序、审计证据、审计工作底稿、审计报告编制程序、审计报告质量、审计日记、审计项目档案等等，考核采用量化的评分制方法，分值由基本分和加减分项目组成，其中基本分部分按照考核内容的重要性程度，分别设定了相应的权重。干部履职主要是以干部个人为对象，按照“贯标”确立的岗位职责要求进行考核，主要内容包括“德、能、勤、绩、廉”五个方面，并将考核内容细化为12项考核指标，每个指标赋予一定分值，考核结果作为个人立功嘉奖的依据，同时进入干部个人工作业绩档案。单项工作主要是对查出大要案、计算机审计、基本建设、审计宣传等工作做出突出贡献的集体或个人进行单项奖励。

经过几年的实践，成都办所有人员逐渐习惯了新的考核制度，目标管理考核体系的长效机制形成了，其效果也逐渐显现。通过目标管理，职工创先争优的意识增强了，工作效率提高了，审计资源优化了。

目标考核工作中的借鉴与创新，再加上“贯标”所形成的标准化管理，使成都办具备了一流的免疫力、一流的自我完善能力和一流的工作创新能力。而每年更进一步的审计业绩署党组满意，成为我们努力构建管理体系的最好注解。记得2008年时任审计长、党组书记刘家义到办里检查工作时说，成都办最大的特色就是“规范管理”。

突出要务

特派办的第一要务是抓好审计业务，否则特派办就没有设立的必要了。在成都办的五年时间里，我始终把审计工作作为第一要务，倾注大量精力去抓。成都办审计业务工作是有一定基础的，但因诸多因素，后来业务工作一度下滑，我刚到任时，成都办在审计署18个特派办年度考核中排名倒数第六。如何把审计业务工作抓上去，这对我一个初来乍到的门外汉来说确实是一次挑战，也是一场考验。为此，我抓紧一切时间学习审计业务，熟知审计业务，参与审计业务，特别是认真研究与审计工作相关的法律法规、领导讲话、工作部署、业务知识和有关要求，并借鉴兄弟办的成功经验，向老同志、专家学者请教，不断提升领导审计工作的能力。

在此基础上，我带领成都办领导班子，引导全办干部职工，统一思想、转变观念，研究制定了成都特派办贯彻审计署五年发展规划的实施意见。确定了“一年打基础、二年求发展、三年上台阶、四年创一流”

的总体工作思路。明确了通过抓重点难点，推动全局工作；通过抓薄弱环节，促进协调发展；通过抓制度创新，建立长效机制的指导思想。制定了“项目审计抓重点，资源整合抓盲点，质量控制抓亮点，效益审计抓试点，计算机审计抓弱点，队伍建设抓难点”的具体措施。狠抓了审前调查、方案制定、现场管理、复核把关、审计处理、跟踪审计等六个关键环节。由于思路清晰、目标明确，为以后工作的开展奠定了基础。

思路明确了，接下来是用干部。那个时候，我重点是选组织协调能力比较强的同志担任各业务处的处长，而且一改过去的做法，综合部门的处长也全都是搞业务的。那时我就想，如果直接在我身边给我当参谋的人不懂业务，我对审计工作又不太熟悉，怎么去指导审计工作呢？所以，那时配的干部，办公室主任王端述、人教处长景东华、法规处长杨远富都是搞业务的，景东华当时是办里唯一一个博士生，而且是学财政的。在干部调配上，也进行了优化组合，对在某个岗位上工作时间较长的进行轮岗，防止懈怠、犯经验主义错误，做到常换常新。对办领导工作量我都给他们加码，确定一个管业务的副职来统筹全办的业务工作，那时候就是魏强，业务工作由他来统筹，当时的企业审计、金融审计、投资审计，这三大块都由他管。还有副特派员李玲，主抓综合管理，分管办公室、人教处、机关党委、老干部办，同时还分管行政事业处，便于与地方有关单位协调，在政策允许范围内为干部职工解决了很多实际困难。

人员配备到位了，接下来是抓统筹。过去办里的法规处是被弱化的部门，我一想这不行，就把法规处作为业务处室的龙头，由法规处牵头搞业务，项目计划落实、项目重点确定、人力资源组织、审计现场管理、审理复核把关、审计业务考核，都由法规处来负责。同时，坚持“全办一盘棋，集中力量保重点”，一方面积极争取项目，主动向署领导汇报，与署办公厅、相关司局进行沟通，积极争取拳头项目、容易出彩的项目，为多出成果、出好成果奠定基础；另一方面抓重点项目落实，根据审计署下达的审计工作计划和审前调查情况，对全办的审计项目进行分析排队，按照“动态管理、分批确定”原则，确定出若干个重点项目，并在人力、物力、财力上给予倾斜和重点保障，确保这些重点项目取得较好成果。如2005年实施的资产管理公司项目，由30多名业务骨干组成审计组集中攻关，该项目共查出违纪违规金额34亿元，上报的5条审计信息被国务院领导批示，向公安部门移送涉嫌犯罪案件线索6件，有4人被正式批捕。

在工作中，我积极深入一线，坚持领导在一线指挥、干部在一线培养、工作在一线推进、服务在一线体现、形象在一线塑造，我除了开会和处理公文外，基本跑遍了当年实施的审计项目现场，听取审计组工作汇报，倾听被审计单位意见，及时掌握工作动态。重要的审计项目，我就亲自担任审计组长，从审前调查，制定审计实施方案，到审计重点的选择，审计报告的形成，亲自把关。对其他项目，也时刻关注进展情况，很多项目我都是直接到现场听取汇报，帮助分析研究、把握重点、提炼成果、解决困难。没能去现场的一些项目，也利用审计组回办的机会专门听取汇报，给予指导。对项目审计中的一些重大问题、重要报告、重要情况，多次主持召开会议进行研究。文稿也反复核对、认真推敲，力求准确无误。有的还亲自点出题目，具体指导。如世行贷款扶贫项目，利用到南宁开全国审计工作座谈会的机会听取了审计组汇报。就一些重大问题的突破方向和专题报告的切入点提出建议，并积极与业务司和分管署领导沟通，寻求支持。这个项目成果突出，上了3篇《审计要情》、2篇《重要信息要目》。

印象比较深的是某市的一个收费公路审计项目，当时我们确定为重点项目，通过招标整合办里力量，就开始审。审计过程中，我到现场去了解情况，审计组跟我汇报说这个项目有问题。我就问是什么问题。他们说市政府严重违规，这个项目不是收费公路，国家有规定高速公路才允许收费，它这个是城市路。我就问，这是个什么路段呢？审计组就汇报说是城市到景区的一段路，只有几公里长，市里把这个做收费路了。我又了解了一下具体情况。他们汇报说，因为市里没有钱，又想把事干了，就通过招商引资引进一个外商，由外商出资修路，路权归外商，通车后由外商收费，收回成本后再多收几年形成一定利润，之后路权再交回市里。这一点比较明确，市政府违规了。审计组还汇报说，现在这个外商正在告市政府，不仅告市政府，还告省政府，而且官司都打到国际法庭了，省里也向国际法庭应诉了，现在没有最后判决。告政府的原因是，外商认为政府不讲信用，因为省交通厅给这段公路拨了 3000 万元补贴，钱不能直接补给个人，就拨到市财政，再由市财政拨给公路项目。结果呢，市财政就没给他。后来省领导出面协调，就给他 1000 万元，另外 2000 万元没给他，他就告政府不讲信誉。审计组觉得这也是政府违规。

听完汇报后我就问，这些情况你们跟市政府了解了没有？审计组说没有了解。我说那为啥不了解啊？我当即就要求审计组马上安排，与市政府有关方面沟通了解一下收费公路情况。

结果常务副市长就来了，我们一听，市里的委屈就更大了。那个常务副市长说："你们来审计我们欢迎，你们审出来说收费违规，我们也认账，你们要求怎么纠正都没有问题。同时，我们也想借助审计帮我们解决问题。通过这段时间看，这家外商虚假注册，没有实力，套取银行资金、转移资产，还破坏了我们的营商环境，造成了国际上的不良影响。"

他说："当时通过招商引资把他引进来，与市里签了合同，采取 BOT 方式运作，合同金额 3 个亿，明确他先预交市政府 1000 万元，其余资金在年度内分两批交给市里，结果到目前除了 1000 万，没给我们钱，这是一个。第二个，他还以路权做抵押，在银行贷款好几个亿，贷款后也没给市里钱。这还不算，他还私下做工作，省里又给他补了 3000 万。这 3000 万转到市财政后，我们就商量不能给他。他要是交了剩余款项，这钱再给他。后来他又找省里说话，没办法，我们就扣留了 2000 万，那 1000 万就给他了。后来掌握，他根本不是真正的外商，就是我们本市的人，后来出国了，然后虚假注册的公司。听说那些贷款也转移出去了。这还不算，他有那段路的路权，总给当地出难题，一整就设卡说有什么问题不能通行，市里开两会的时候，代表委员就跟市政府提意见。更不像话的是，有一次省长陪着一个外国元首去景区，也被卡在他那儿了。现在这个人已经跑了。”

与市里谈完以后，我就跟审计组讲：“他们各说各的道理，但是不管谁说道理，咱们得逆向思维。如果是政府存在问题，只能定性违规，最后也就是给个通报批评。如果政府说的开发商的问题属实，那他是严重违法违规了。审计机关讲围绕中心、服务大局，地方党委、政府的工作也是大局的一部分，更何况审计要维护国家利益，维护人民利益。他违规贷款几个亿，这个损失我们不应该往回追吗？基于这一点，我建议全力以赴查这个事，给我查清楚。查他注册公司有没有资本金，查他在银行贷款是怎么回事。”

结果这么一查，政府说的都是事实。后来我们把这个情况上了《要情》，国务院批转公安部处理。后来抓到了这个外商，判了有期徒刑，大部分银行贷款追回来了，路权也自然解除归市政府了。

在成都特派办工作 5 年多时间内，我团结带领全体审计干部完成审计项目 105 个，查出主要问题金额 697. 7 亿元，向纪检和司法机关移送案件 72 件，审计署《审计要情》采用 18 篇、《重要信息要目》采用 152 篇，被审计署评为优秀审计项目 2 个、表彰审计项目 4 个。5 年多时间里，成都特派办 2004 年排位由 2003 年的第 13 位上升为第 6 位，2005 年至 2007 年连续 3 年被审计署评为优秀特派办。成都办还被评为四川省最佳文明单位，省直机关工委在成都办专门召开了文明单位建设现场会；投资处被评为全国审计系统先进处室。队伍建设也取得不少成果，办领导班子连续多年被四川省委评为“四好”领导班子，办里有 7 名同志经特派办党组推荐走上正、副厅级领导岗位，18 名业绩突出的干部担任正、副处级职务，还有 2 名同志被推荐到南充市、广安市挂职任市政府副秘书长，1 名同志被推荐到成都市审计局任副局长，1 名同志被评为全国抗震救灾英雄，记一等功。

南迁

成都特派办的办公室是敞开式的，几个处室挤在一间大房子里，基本处于无密可保状态，而审计工作恰恰对保密要求很高，即使同一处室的人员，有些事也需要相互保密。另外，被审计单位来交换意见，也找不到合适的地方。审计组回来研究问题，也无法保证不受干扰。而且，办公楼坐落在一条繁华的商业街上，塞车严重，进出不方便。职工住宅条件就更差了，因建房早，面积小，结构也不合理，而且居住分散于三处，不便管理，服务成本也高，上下班不方便，安全也难以保障。2001 年夏天，曾有一名退休干部吃完晚饭到小区外理发，回来的路上被害身亡，至今没有破案。

当时，成都市委、市政府做出决策，南迁行政中心。市政府也正式给办里发函征求意见，希望我办随他们搬迁。这个机遇让大家很振奋，当时全办不论退休的还是在职的，不论领导干部还是一般干部，都希望能搬迁以改善办公、居住环境。

但要整体搬迁谈何容易？有人劝我说，搞基建不仅操心费力还担风险，能推就推吧。有的班子成员也说，事是好事，但是署里未必会批，过去想找地方要点钱，给职工解决住房，署里都没批。

当时我觉得，特派办要发展，就要解决这些基本问题，不管有多大困难，都应该抓住这一历史性机遇。但如何依法依规来操作这件事？我查阅相关文件，认为采取市场化运作、资产置换是可以的；具体操作上，公私分开，市场评估，等值置换。这样既不用国家再投资，也不用署里拿钱，就可以做到以旧换新、以小换大、无房变有房。更重要的是当地政府支持我们。

经过反复研究，我们确定了“整体置换、市场运作、公私分开、依法依规”的思路后，我先向分管署领导汇报。他分析说，前段时间长沙办住房问题让金华审计长好顿批评，这个时候你又提出建住房，审计长不一定能同意。又向令狐安副审计长汇报，获得了他的支持，才向李金华审计长汇报。我共汇报了 6 件事：一是南迁的事；二是参照成都市做法，实行同城同酬，规范津补贴；三是提高住房公积金标准；四是申请大病医疗补助；五是增加 5 个处级干部职数；六是补充经费，当时特派办可用资金只有 20 多万元，向审计署申请借 200 万。没想到李金华审计长对所汇报的 6 件事都同意了。特别是南迁，指示可以搞，要整体置换，办公住宅一起考虑，但必须公私分开，依法依规操作。

现在回想起来，我在李金华审计长手下工作的 4 年多时间，他对我的工作给予了很多支持和信任，对我个人的学习、生活也非常关心。他是善于抓大事、谋全局的领导干部，决策了的事、看准了的事，就放手让部下去抓落实。在我的心目中，他是一位严暖结合的领导干部，非常平易近人、和蔼可亲，我每次到署里开会，只要想约见领导，他不管多忙都要挤时间接见我，听我汇报工作情况，并明确表态。还经常嘘寒问暖，叮嘱我要注意身体，有些工作不要着急、慢慢来，有困难就提出来，有时间可以出去走走，到其他单位取取经。

回到办里，我们立即成立了基建班子，由副特派员程光任领导小组组长，把离休老特派员燕庆岚请出来当副组长。基建办专门抽调了 4 名人员，还从大庆市聘来 1 名土建工程师、1 名强弱电工程师。

选址时看了很多地方，最后在市政府及规划局的支持帮助下，选择了世纪城路边这块地。当组织职工到现场看时，都觉得太偏远。经规划局现场讲解这个位置的规划情况后，全办职工才全票同意，确定了选址。

当时这块地已经被世纪城的老板买走，规划为洲际大饭店。在市政府的协调下，开发商才同意调整规划，用特派办老办公楼和综合楼以及旧住宅评估作价置换给开发商，由他们在新址给我们新建。办公楼也跟他们商量，老楼先不拆，新楼建成搬迁后再拆旧楼。住宅动迁，有两户比较难，一户出国联系不上，人都找不到，几个月后才联系上；一户是遗属，再婚后又生了一个孩子，原有房产分配不明了，就不愿意腾房，经做大量工作，最后才让了步。

与开发商的洽谈很艰难，前后不下几十次，有时谈到凌晨一两点钟。为保证国有资产不损失，维护职工切身利益，也只有据理力争。好在开发商比较大气，加上政府积极帮助协调，最后同意在略有盈余的前提下，尽量给特派办以倾斜。在后期管理上，开发商除了供水供电供气之外，物业管理基本上都是他们的，由他们进行管理，运行几年后他们才退出。建设期间也多次接受国家发改委、财政部的监督检查。

署领导非常关心成都办南迁，建设期间多次深入成都办进行检查指导，帮助协调解决有关问题。时任副审计长刘家义多次与四川省政府领导沟通协调，帮助协调解决问题。有几次基建工作遇到难题，我打算向李金华审计长汇报，令狐安副审计长知道后说，这些小事就别给审计长添乱了，审计长同意的，他可以出面来协调。就这样，在整个南迁项目实施过程中，令狐安副审计长也多次与四川省、成都市领导沟通，协调解决了很多棘手问题。在审计署工作期间，我也得到令狐安副审计长的很多帮助，他曾在企业、地方、国家机关任职，经验丰富又平易近人。我长期在地方工作，来到署里后，如何转换角色、适应国家机关的环境，如何做好审计工作，经常向他请教、与他沟通交流，让我获益匪浅。

南迁关乎特派办长远发展问题，我们称之为第二次创业。我只要不出差，每周都去工地两三天，没安装电梯的时候，每天至少上下两趟。那时候自己血糖低也不知道，经常浑身冒虚汗，就咕咚咕咚喝矿泉水。

置换的职工住宅建成后，开发商为避免矛盾，委托我办自行分配。当时经过研究，选房采取按工龄同时与职级相衔接的办法，这样就把老同志都排到了前边，而我的房子有意排在后面选。全办选房工作做到了皆大欢喜，干部职工都很满意。

南迁工程2004年12月26日正式奠基动工，2005年底住宅楼就交付给了职工，还有职工食堂、活动室、医务室，以及平均每户1.5个车位也同时到位。2006年6月，特派办全体干部职工搬进了新办公楼。至此，历时2年半的南迁工作终于胜利完成。在宽敞明亮的办公室里，望着窗外郁郁葱葱、错落有致的住宅小区，我的心里充满了成功的喜悦！

抗震救灾审计

2008年5月12日14时28分，四川省汶川县发生了8级大地震。据国家地震局数据，地震烈度达到11度，是新中国成立以来破坏力最大的一次地震。

当时，李玲、万义周等同志正在11层楼我办公室商量工作，座椅突然向上强烈地抖动了几下，还没有反应过来是怎么回事，整栋楼房就来回剧烈地摆动加震动起来，摆动幅度大得让人都无法站立，同时伴有“喊喊喳喳”“噼噼啪啪”的响声，整个房子似乎要被撕垮，窗户响声最大，玻璃似乎马上就要破碎！好在这种令人恐怖的情景只持续了几分钟。这时我们回过神来，意识到是发生大地震了！

于是，我们立即组织疏散楼内人员，把大家撤离到办公楼外的草坪上。同时安排物管和后勤服务的同志，到居住小区，逐楼逐层逐户组织大家到安全地方避险。当时通讯严重超负荷，处于半中断状态，我们尝试了很多次，才在震后半小时联系上了署办公厅，第一时间汇报地震及受灾情况。10多分钟后，办公厅向我们传达了刘家义审计长的亲切慰问及抗震救灾指示。因大部分人员都在外地审计，我急于了解在四川境内审计人员的情况，但几个人花了3个多小时才联系上，知道大家都安全，我才放下心来。为了防雨、防蚊虫叮咬，我们临时买了一些简易帐篷，每个处室发两个。我们还把所有车辆开到马路边上，给离退休老领导老同志提供场所，安排在车里避险。当天，全署刚好有五十来名同志来成都报到参加后勤服务工作会议，突如其来的大地震让大家不知所措，我们千方百计调度车辆，连夜把他们转移到了重庆。

忙完了这些事情，才看到爱人、女儿、小外孙就挤在我们单位食堂三楼一间房子里。事后爱人讲，地震时她和小外孙就躲进了厕所，直到邻居喊他们才下楼。

爱人见到我第一句话就问妈怎么样了，我才想起母亲5月8日脑出血正在住院，当天由于交通管制和医院封闭管理未能赶赴医院。第二天，我赶到医院，才知道地震时多亏二弟媳孙晶彬、二妹妹李永华她们俩冒着震险，从六楼连背带拉把我80岁的老母亲背下来。事后我二妹开玩笑说，哥一心忙着抗震救灾工作，连住院的老妈都不顾了。

汶川大地震发生后，审计署党组高度重视，刘家义、令狐安、董大胜、余效明等署领导多次前往四川灾区慰问、调研。5月20日，刘家义审计长来成都，连夜开会安排部署救灾款物审计，由成都办牵头，四川省审计厅配合，审计署机关、重庆特派办、昆明特派办派人参加，组成审计组深入灾区，开展救灾款物审计，力争不出或少出问题，确保不出大问题。

第二天，刘家义审计长不顾余震不断、山体滑坡，冒着生命危险深入灾区第一线，多地查看灾情，慰问审计人员。每到一地，就在外边临时搭的帐篷听取汇报。有一次，他正和审计人员谈话，桌子上的矿泉水瓶摇晃倒了，人也坐立不稳，但他仍然坚持和同志们研究救灾款物审计工作。还有一次，他正组织研究抗震救灾审计工作，突然发生余震，大楼摇晃不断，他立即组织大家有序离开，在大楼对面的草坪上继续研究讨论工作。那天余震不断，他就在特派办球场上临时搭起的帐篷里睡了一宿，帐篷离路边很近，拉救灾物资的车辆不断，噪音非常大，虽然一晚不得休息，第二天他仍然赶赴灾区看望审计人员，检查指导工作。

汶川地震时，令狐安副审计长正在国外访问考察，得知灾情后，由于电话已经打不通，他就用短信和我们取得联系，听汇报了解情况并做出指示。回国后立即赶往成都，当天下午冒着雷鸣电闪、瓢泼大雨，带着我和有关同志赶赴震中映秀镇看望审计人员，检查指导审计工作。当时由于雨太大，路途中走走停停，赶到现场已经 5 点多钟。看到审计人员住的帐篷里积水半米深，用砖搭的床铺底下全是水，他蹚水进到帐篷，听完汇报，要求我们既要保证工作又要保证健康，并与当地政府联系帮助协调解决问题。当天晚上赶回成都已经是半夜了。

次日，他决定深入所有重灾区去看一看。我们把情况向四川省救灾指挥部汇报后，指挥部说余震不断、大雨不停、山体滑坡，非常危险，四川省领导和我怎么劝都没阻止住，他硬是带着秘书和成都办副特派员魏强同志，不顾生命危险深入灾区第一线检查指导审计工作，连续十几天跑了十几个极重灾县、区。然后从全国各地的审计机关中，给这些极重灾区的县审计局各调配了一台车，及时解决了灾区审计人员的燃眉之急。

根据刘家义审计长的指示，成都特派办与四川省审计厅联合成立了四川省汶川地震救灾款物审计工作领导小组，我任组长，四川省审计厅厅长高仁全等 3 位同志任副组长。领导小组办公室设在特派办。共组成 220 个审计小组，一个小组 10 个人，混合编组，特派办抽的人、署机关抽的人和地方混合编组，总计 2000 多人。另外还专门组成了督查组，由办党组副书记、副特派员李玲同志任组长，专门负责督导和重大信访案件核查。

我们不仅到受灾市州、县区开展救灾款物的审计工作，有时还要向来四川的中央领导、中纪委领导当面汇报救灾款物审计工作情况。每天像打仗一样，开会、听情况，督办落实、进行汇总。

当时，审计人员在灾区第一线，生活、工作环境十分恶劣、简陋，吃不好、睡不好，许多审计人员带病坚持工作，甚至还冒着余震、山体滑坡的危险。

成都办时任副局级审计员陈顺华同志，在阿坝州组织领导审计工作期间，急性阑尾炎发作，有生命危险，急需手术。因灾后县医院医疗条件有限，结果手术不成功感染了，又做第二次手术。我和李玲副特派员赶到医院探望，医生说："这里医疗条件很差，病人不能耽搁，随时有生命危险，急需第三次手术。"

我当时决定赶紧送到九寨沟，坐飞机回成都，并与华西医院联系做手术。到成都华西医院后，医生诊断说："需要立即手术。"术后医生说："幸亏他身体好，否则就有生命危险了。"

关键时刻我们审计人员为了党和人民利益，经受住了一场生与死的考验，真是可亲、可敬、可佩、可赞。

像陈顺华这样的同志，不怕苦、不怕累、不怕牺牲，顽强战斗在第一线的审计人员还有许多许多。为了加强对年轻干部的培养，在审计力量紧张、领导力量不足的情况下，我主动向人教司推荐副特派员魏强同志去中央党校学习。在党校期间，他白天学习、晚上工作，周末不休息，深入成都办在北京的审计现场研究指导工作。在任职副特派员期间，很好地发挥了审计业务综合、协调、指导、服务的作用，为成都办创先争优做出了很大贡献。

倾情付出的 5 年

现在回想，在成都办那几年既检验了我的身体，更考验了我的意志。记得刚到成都办时，那种气候环境让我难以适应，太阳总是躲在厚厚的云层后面，似乎在远离喧嚣，到处是灰蒙蒙的，空气就像是一件晾不干的衣服，总是湿漉漉的，一切都由里到外透着寒意。尤其是冬天的时候，办公室和家里都没有暖气，让我这个50多岁土生土长的东北汉子感到特别难受，很不适应。我每天临睡前总是先插上电褥子，使被窝里暖和一些，然后再关掉电褥子，可是到了后半夜被窝湿凉还是冷得很。我只有裹着被子在单人床铺里缩成一团，半夜常常醒来，仰望窗外晓星残月，不由得儿女情长起来，想念我年近80岁身体多病的老娘，更思念温柔贤惠的妻子，还有小鸟依人的女儿，以及那些朝夕相处、患难与共的大庆的同志。

同时，在这5年中不只是自己付出的个人辛劳，还有一些亲情。5年里，我88岁的大姑、86岁的大爷、82岁的叔叔，还有我亲姨夫，4位亲人先后去世，都没有时间去他们亡灵前告别。

听我母亲讲，我的叔叔年纪轻轻时就担起家庭的重担，那还是日伪满洲国时期，日本鬼子抓劳工抓走了父亲，大爷身体不好浑身多病，李家一大家子的重担就落在还没成年的叔叔身上。叔叔靠着学到的一点点文化，起早贪黑地四处打工赚钱，才使我们李家一大家子人没有饿死。新中国成立后叔叔成为一名国企干部，婶婶去世早，他拿我们家几个孩子当成自己家的孩子。我从懂事起就听他教育，对他十分敬重。

我的姨夫原来当过龙凤公社铁东大队党支部书记，铁东大队也是龙凤公社机关所在地。1964年，我们家刚刚搬到龙凤公社，就是住在我的二姨家里。她看我们家孩子多，特地腾出一间半房子。那时候父亲身体多病，母亲又没有工作，不但四处找零活、打短工，还得照顾父亲和我们这些孩子，多亏了二姨家的救济，没米了就去二姨家拿半袋子，没菜了，就跑二姨家菜地里摘。用妈妈的话讲，你们以后长大了可千万不能忘了你二姨和二姨夫这一家人对咱们家的帮助呀！

2003年3月我父亲病逝后，母亲身体多病，又没有退休金，远在几千里之外的大庆市，让我十分挂念。我和爱人商量，她也说你是家中老大、长子，母亲应当我们来管，就这样我们把母亲接到成都来，这样我才放心一点。但是，我因为整天起早贪黑地忙着工作，妻子不但要管家，还得照料母亲、外孙子，她身上的负担就越来越重了。

有一次，妻子和她外甥女的女儿陈宇去超市买菜，一下子就晕倒在地上，接到陈宇的电话我着急得不行，赶紧找救护车送到医院，一检查原来是脑梗，再晚一点就有生命危险。

2005 年 9 月，我因为工作的事情着急上火，肚子痛得满床打滚，脑门上豆大的汗珠子噼里啪啦往下掉，床上让汗水湿透了一大片。送到医院一检查是胆结石，接着就是高烧40 多度不退，住了近20 天的医院，身体才慢慢地恢复过来。

现在回想，在成都特派办的那几年，是我人生大转折的几年，是我在全新环境接受全新工作考验的几年，也是我一生中最难忘的几年。虽然掉了十几斤肉，人瘦了一大圈，但我认为非常值得！

任职京津冀特派办

2009 年 2 月 28 日，余效明副审计长代表审计署党组到成都办宣布，任命我为审计署京津冀特派办党组书记、特派员。中午回家收拾好行李，下午就随余效明副审计长飞往天津赴任了。

审计署京津冀特派办是全国 18 个特派办中最大的特派办，当时编制 290 人，因离北京近，审计署一些临时任务经常分给该办，每年干部交流也比较多。

为了落实署党组关于“京津冀特派办是一个大办，要在培育自身特色和亮点上下功夫，努力发展为一个强办”的指示精神，我到任后首先在全办开展了“大办变强办，我们怎么办”的大讨论，发动全体干部和职工踊跃参与、热烈讨论、献计献策。同时，特派办党组安排了 4 位办领导和6位综合部门负责人赴成都、重庆、武汉、广州、深圳等5个特派办进行学习考察，分析对比查找存在的差距和不足。我也抽时间分别与各处室主要负责人、部分副处级干部和一般干部50多人开展谈话，掌握思想动态，倾听群众呼声。通过5个多月的大讨论，特派办党组研究制定了《2009—2012年“大办变强办”的发展规划》，主题是：围绕审计署五年发展规划提出的目标和任务，结合特派办实际，进一步夯实基础、强化管理、抬高起点、加快发展，争取用3年时间把京津冀特派办建设成为业务强、队伍强、管理强，综合考核排名位于前列的特派办。实现“大办变强办”是一项系统工程，确定“三强”目标是我们的工作着力点，“三强”的核心是业务强，关键是队伍强，基础是管理强。

通过采取一系列有效措施，京津冀特派办在较短的时间内转变了干部工作作风，提高了工作效率，各项工作步入科学发展的轨道。在不到一年的时间里，审计业务成果有所提高，查出违规问题金额8.1亿元、损失浪费问题金额0.8亿元、管理不规范问题金额466亿元，移送司法和纪检监察部门以及有关单位事项11件，涉及金额2.6亿元，审计署《审计要情》采用5篇，超过前三年之和。

到京津冀特派办后，我首先从抓队伍入手，组织开展了“强作风、树形象、促作为”的作风建设年活动，组织召开了特派办成立以来首次党风廉政建设工作专题会议，进行了全办范围的廉政风险大排查工作。组织了三次中心组学习，并组织参观纪念馆、重温入党誓词、访贫问苦等特色党支部活动。注重干部培养、选拔和锻炼，组织开展副司级领导干部推荐和副处级领导干部竞争上岗，2人晋升为副司级领导干部，6人晋升为副处级领导干部，对全办48人进行了岗位调整，处长轮岗交流率达到93.8%。苑宝良同志荣获天津市劳动模范称号，经贸审计二处荣获天津五一劳动奖状，特派办再次荣获全国精神文明先进单位称号和中宣部、司法部全国普法办联合颁发的“五五普法中期先进单位”称号。

抓队伍建设的同时，狠抓了内部管理。在学习、借鉴其他特派办经验的基础上，制定完善了《关于进一步调动审计干部积极性的意见》《审计项目招投标管理办法》《处室目标管理办法》等 11 项规章制度。加强机关内部审计，积极整改有关问题。探索建立权责一致、分工合理、决策科学、执行顺畅、监督有力的机关管理体制。

当时，京津冀特派办下属物业公司管理混乱，管理的食堂饭、菜品种单一，质量也一般，职工反映服务得不好，可是账面上单位对食堂的补贴又非常多，究竟是什么原因？仔细调查才发现，原来楼下承租门脸的交通银行支行的工作人员也到食堂吃饭，收费标准与京津冀特派办职工一样，享受特派办职工的补贴；还有就是公款在食堂宴请时，客人一二个，陪客七八人，京津冀特派办每年招待费达 100 多万元。

办里的小车班，外聘了一些临时司机，每天出去就是一天，回来后油箱也空了，第二天又继续加满，日复一日。经查，绝大多数都是把审计人员送到被审计单位后，司机驾车就不知道干什么去了，直到晚上才来接。大家反映司机像大爷，不听招呼，时常因此耽误工作。

还有仓库保管员、打字员等岗位，大多是聘用人员。仓库里面有许多贵重物品，打字员接触的大多数都是审计材料，里面有大量涉密内容，一旦泄密丢失，后果十分严重。

我和办领导班子成员商量研究后决定，特派办出房屋，食堂交由交通银行支行自己办，交行专门有全行食堂一条龙专业服务，饭菜品种每周一下菜单，而且每天花样翻新。实行以后，全办职工非常高兴，赞不绝口，同时节省了一大笔费用。

小车班解聘了临时司机，一些用车交给首汽出租公司，员工们反映首汽出租公司不但司机服务热情专业，而且还准点、守时。这样既节省了人员开支，又提高了工作效率。

外聘的仓库保管员、打字员全部辞退，全部换成有编制的正式职工，从而保障了特派办资产及涉密资料的安全。

食堂、车队实行市场化管理后，我们又解散了物业公司，辞退了近50名物管人员，后勤工作完全推向市场，实行政府花钱购买服务，那些被辞退的临时工作人员，我们也尽可能把他们安排好。

到京津冀特派办后，我还加强与有关部门沟通协调，置换购买了区位优势明显、升值潜力较大，占地面积6764平方米、建筑面积5636平方米的原二轻集团办公用房，不但解决了办公用房和周转用房紧张问题，也为特派办未来发展预留了充足的空间。

屈指一算，我在京津冀办只工作了一年零十二天。这么短的时间内，认识、了解200多位同志，定下三年工作规划，对我这位56岁的人来说，确实下了一番苦功。刚来时，看到特派办的工作我着急，看到职工无房住我上火，看到不良工作环境我不甘……这些我都想尽快改变。一年多的时间虽然短暂，说句心里话，我对京津冀特派办是充满留恋的。这一切终于有了起色，我的愿望大多数都得以实现或者有了眉目。继任者赵继旺特派员带领全办职工努力拼搏，连续三年被审计署评为优秀特派办。

夜深人静、皓月当空的时候，我经常思虑白天的工作，我对同志们是不是有些急了，比如严厉地批评某位同志，比如没有看见那些任劳任怨不分早晚工作的同志……但我相信他们会理解我。就要到新的岗位工作了，当时的心情难舍难离，特别是一年多里与我朝夕相处的同志，他们对我工作上的支持，我永远记在心里。

兼职长沙特派办

2010年3月初的一天，刘家义审计长找我谈话，大致内容是长沙特派办集资建职工住宅的事情没有处理好，网上传播广泛，给审计形象带来不良影响。

原来是长沙特派办给职工修建的住宅面积大，网上传建别墅，严重超标，传闻满天飞。此事惊动了党中央、国务院、中纪委等，责成审计署一定要调查清楚、妥善处理好。

审计署党组决定由我任审计署首任总经济师，并兼任长沙特派办党组书记、特派员。署党组要求我用一年左右的时间抓好两件大事：一是解决长沙办职工住房遗留问题，二是抓好班子、带好队伍。刘家义审计长还再三叮嘱到长沙特派办后，把主要精力放在两件大事上，首先要控制事态不要扩大，有关情况和问题随时向审计署报告。在这种紧急情况下，我和彭华彰、张瑞民同志来到长沙特派办。

到任后特派办党组研究，决定成立职工住房历史遗留问题协调领导小组，我任组长，张瑞民等3名同志任副组长。同时，撤销原基建办。

我马上开展深入的调查研究，先后召开20多个各个层次的座谈会，广泛接触干部职工。同时拜会了湖南省委、省政府领导，走访了长沙市委、市政府领导及相关部门。多次与有关房地产开发商接触，了解情况，实地考察。同时，还查阅了大量文档和资料，分析问题产生的背景、发展过程，从中吸取经验教训。

刚开始的时候，座谈会上业主、职工们说话很激烈，充满火药味。有的说这里面肯定有经济腐败问题，也有的说住房款都支付几年了，现在结婚了孩子都有了，新房还没看到，还有的说房地产开发商就是个没有实力的大骗子……还有十几户房主直接拉着我们协调小组成员去家里看房。进屋一看，有几户墙体横七竖八的大小裂缝，还有几户室内水桶、水盆摆在那里接漏雨的……难怪职工不满意，换位思考，谁住进这样的房子都会依法维护自己的正当权益。

通过20多天的调查研究，提出了解决职工住房遗留问题的一揽子方案。主要思路是遵循市场规则，减少行政干预，依靠职工群众，创新方式方法，统筹谋划，系统考虑，慎重运作，破解难题。基本原则是依法依规、群策群力、合情合理、速断速决，最大限度减少负面影响，最大限度解决职工住房问题，使问题经得起历史检验和后人评判。具体办法是实施“两退两进”：对内，特派办退出，业主委员会进入；对外，原开发企业和物管公司退出，有实力企业进入。这一措施的主要优点是能够有效规避风险。业主委员会代表业主依法与开发商就开发、建设、管理问题发表意见、维护权益，避免特派办直接介入。特派办退出不是回避矛盾、撒手不管，而是委派人员参加业主委员会，代表特派办维护公有产权权益，以双重身份协调重大问题。实力弱的开发商退出，选择实力强的大型国有企业进入，收购原开发企业股权，由新企业继续开发土地、接手遗留问题。

实施的“两退两进”，选准国有开发企业是关键。经过多方沟通、了解和接触，保利公司为最佳选择。保利公司是国资委管理的 16 家以房地产为主业的中央企业之一，名列国有房地产企业综合实力榜首，曾是长沙的“地王”。除了实力雄厚外，他们表示在略有一定利润的情况下，愿意帮助长沙办破解这一难题。具体做法是，保利公司收购原开发企业华源公司 100% 股权，作为湖南保利公司的全资子公司。保利公司用位于长沙县暮云镇西湖村阆峰云墅会所西北角土地与特派办西北角的土地按市场价评估后等值置换，再加上保利公司收购华源公司待开发的土地对其统一规划、整体开发，建设功能齐全、设施配套、环境优美的居住小区。

建设项目有：产权为保利公司所有的 6000 平方米综合服务楼，包括游泳池、美容美发、休闲娱乐、茶室、体育健身设施、阅览室、餐饮、客房等项目，为业主服务；改造和完善过去遗留的物业管理用房及篮球场、网球场；开发约 3.5 万平方米住宅和商服楼、1 万平方米地下停车场，配套建设小超市、医疗诊室、托幼所、锅炉房等服务设施。用新开发住宅为特派办 27 户无房职工解决住房问题，面积为原购房合同约定标准，价格为原合同约定价格再加上已购房职工补交房款同比例增加部分，每平方米约 1900 元；为新入办大学生解决住房问题，价格执行保利公司高管人员购房价格；预留一个单元20户左右住宅作为特派办交流干部宿舍及周转用房。

这个方案得到了全体职工的支持和拥护。

4月9日，审计署党组召开党组会，听取长沙办解决历史遗留住房问题方案的汇报，我和长沙办分管副特派员车列武同志参加会议。

我在汇报中谈到，目前初步确定的这一套解决问题的思路、原则、办法和措施，是在借鉴过去经验教训基础上提出的，充分尊重了职工意愿，充分考虑了署党组关于“依法依规、规避风险，最大限度减少负面影响、最大限度解决职工住房问题，经得起历史检验和后人评判”的要求。这一方案的实施，前提是职工思想统一和两个企业退出，关键是大型国有企业进入，核心是土地置换，目的是解决问题。现在看，职工思想高度统一，两个企业通过算账对比、权衡利弊，也都同意退出，只要做好新企业进入和土地置换工作，长沙办问题即可解决。我着重汇报了两条。

第一，引入国有大型开发企业是必要的。引入保利公司整体开发小区有很多有利因素。一是公司实力强，保利公司有土地资产可以置换，有雄厚资金可以利用；二是开发无风险，从大账上看，保利公司不赔不赚略有盈余，我们没占便宜，也没吃亏，在内部和社会上不会产生负面影响；三是便于与企业进行沟通协调；四是有利于小区管理，保利公司派驻物管公司接管小区后，住宅区与办公区管理相对分开，特派办独立成院，另辟正门，原大门只作为消防通道和职工步行通道；五是能够彻底解决问题，保利公司接手后，质量、产权等历史问题，新进办人员住房、交流干部周转房等现实问题，小区完善、配套等长远问题，都可以一揽子解决。

第二，实行土地资产置换是合理的。一是政策上行得通。置换的土地性质都属于出让用地，都是中央单位用地。通过多方咨询，可以依法按有关规定程序办理，各地都在执行这一政策。二是法律上行得通。由开发企业通过土地等值置换开发小区，属市场化的商业行为，小区业主既有我办职工，又有保利公司高管人员，还有其他居民，他们以市场化方式购房，小区置换、开发、销售均为市场化运作，符合法律规定，特派办不加干预，可以“闪开身子”。三是操作上行得通。对土地按市场价评估并等值置换，开发企业可以整合土地资源，充分发挥土地效益，实现开发价值，开发企业有积极性。特派办只是把土地由“院内”挪到了“院外”，特派办按市场价等值置换所取得的土地属规划建设用地，是保利公司开发用地，不存在不开发被收回问题，升值空间大，将来可以按需要加以利用，也可以用这部分土地再去置换小区内的综合配套设施。应该说，土地置换是“双赢”的选择。

汇报得到署党组认可，同意该一揽子解决方案。刘家义审计长在会上说，这是署党组最后一次研究长沙办职工住房历史遗留问题，今后这项工作由勇库同志全权负责。如再遇到重大问题可向令狐安副审计长直接请示汇报。

有了署党组的支持和信任，更加坚定了我做好工作的信心，在这个过程中，我们妥善解决了社会非常关注的两个敏感问题：一是特派办在职领导购买联排别墅被上级叫停后，一直僵在那儿，我们经过多次沟通反复协商，动员办领导将原购买的房子全部退给开发商，由开发商按照市场价评估后，等值异地置换解决住房。二是特派办投了几百万元资金，用于职工住宅小区配套设施建设，我们经过做购房者的工作，决定由购房者按面积分摊进房价，补交款项，保证了国有资产不流失。由于态度坚决、工作细致，两个问题的解决得到了办领导和全体职工的支持。

经过半年多时间大量艰苦细致的工作，我们还促成了新、老开发企业股权收购，妥善解决经济纠纷，有效规避土地抵押风险；完成特派办和开发企业土地资产置换，妥善解决二期工程用地问题；对一期项目盈亏情况进行审核，核减资金1555万元；由二期工程施工单位对一期墙体有质量问题的两栋住宅楼进行拆除重建；通过二期工程开发，系统解决小区配套和无房户职工住房问题；协调地方政府启动建设市政工程乌塘路，为二期工程建设创造必要的施工条件；进行小区整体规划调整，统算一、二期工程容积率，维护职工的根本利益；同时协调省政府帮助解决了30名新入办大学生的住房问题。通过统筹做好各项工作，达到了小区完善、配套齐全、管理有序、依法合规、各方满意的效果，长沙办遗留多年的难题逐一得到破解。

对此，中纪委专门听取了汇报，对我们的做法给予了充分肯定。审计署党组高度重视，刘家义审计长多次做出具体指示，令狐安副审计长两次做出批示，指出长沙办住房问题的解决，于情、于理、于法都是比较妥善的。

长沙办的问题之所以能得到圆满解决，除了依法依规等一些因素外，有一个非常重要的措施就是紧紧依靠全办职工包括离退休职工，认真听取他们的意见，采纳合理要求，切实维护好他们的根本利益。为了妥善处理好这一历史遗留问题，将首任特派员柳协春以及各方利益相关者的代表，吸纳到解决历史遗留问题协调领导小组，如无房户职工代表、危房户代表、业主委员会代表，让他们负责联络收集大家意见、传递有关信息并参与决策和做好各方利益者的思想工作。同时，党组织和各处长也都从组织层面负责做好各单位及家属的工作。有些工作是经常做、反复做，直到思想统一没有杂音为止，最终形成解决问题的方案，全体职工一致通过后上报署党组批准实施。

在抓班子带队伍方面，我坚持以人为本的发展理念，特别注重正职后备干部的培养，放手让副职干工作，重大事项的决定、重大措施的出台，都集中班子成员意见，既调动了班子成员抓工作的积极性，又保证了决策的科学化、民主化。组织全办有针对性地开展了“解难题、振士气、促发展、创先进”主题实践活动和干部作风“八查八看”活动，引导审计人员牢固树立“办兴我荣，办衰我耻”的观念，随着住房问题的妥善解决、思想政治工作的加强，长沙办干部队伍的士气得到提振，各项工作都有新的起色。

那一年，因为工作劳累繁忙，再加上不适应长沙连天阴雨、阴冷潮湿的气候，我病了好几场。特别是刚到特派办那一个月，整天找干部谈话、开座谈会，经常是开完会月亮都出来了。晚上回到招待所，工作中的一幕幕景象在脑子里像过电影一样，躺在床上翻来覆去难以入眠，最后要靠吃安眠药才能入睡。第二天起床，用凉水洗洗头、擦擦脸又开始了新的一天。

让一个没有实力的房地产开发商退出，这事就折腾了两三个月。但是，我走得正、行得端，软硬不吃，就是坚持原则、依法办事。

最后那个老板心服口服地说：“见过这么多当官的，拿像你这么懂行和较真的干部真是没办法。”我心想：这叫心底无私天地宽，叫你们谁拿我也没办法。

还有和国家有关部门及地方政府协调的一些事情，哪一桩、哪一件都要反复权衡、慎重决策，可以说是充满了艰辛、充满了汗水，还有默默咽到肚子里的苦水……

回审计署机关工作

2011 年 4 月，我不再兼任长沙特派办党组书记、特派员，回到审计署机关任专职总经济师、审计署基本建设领导小组副组长兼基建办主任，主要协助署领导抓审计署基建和资产管理工作。

走上副部级领导岗位

回署机关后我更忙了，年底的时候病倒了在家休息。那天审计署来电话说中组部来组织推荐、选拔干部，全体司局级干部参会。我说身体不好、疾病在身就不参加了，可是审计署办公厅又强调最好参加。我想我再过两个月就满 58 周岁了，再说身体刚见好……我正想着，审计长刘家义从外地给我打来电话，问我身体怎么样，知道不知道明天开会。我刚想说因病不能参加。他电话里说，这么重要的会议我今天也赶回北京，你也一定要参加。听领导这么强调，第二天我就带病参加了干部大会，还认真推荐了人选。

没想到第二天公布推荐结果，我被推荐为提职人选。中组部考察组长找我谈话后，一时间我想了许多……光阴荏苒，岁月悠悠，一晃我来审计署工作近 10 年了。刚来时，我由一位地方调入的干部，在绵绵细雨中来到潮湿闷热的成都，踏踏实实地向同志们学习审计业务，一心一意带领成都特派办的全体同志，用不到两年时间把一个落后特派办建设成为优秀特派办；到京津冀特派办也是在全体同志支持下，用了一年时间，各项工作都有了较大的发展变化；然后又兼职到长沙特派办去解决审计署的燃眉之急，在署党组正确领导下，在国家有关部门和地方政府的大力支持下，在长沙特派办全体职工共同努力下，较好地解决了职工住房历史遗留问题；刚刚回到审计署机关就获得署领导和同志们的认可，被推选为副部级领导干部。我是多么幸运，在审计署遇到了好领导、好同志，那天晚上我夜不能寐、心潮澎湃……

2012 年 2 月，经中央批准，我正式担任首任专职中央经济责任审计工作联席会议办公室主任、审计署党组成员。任职 2 年多的时间里，我致力于经济责任审计规范化建设，积极探索党政领导干部同步审计，收到较好效果。

这期间，以深入细致的调研为基础，组织起草了《党政领导干部和国有企业领导人员经济责任审计规定》实施细则，对审计对象、内容、评价、报告、结果运用、组织领导和审计实施等进行了细化和规范。组织系统梳理了中央层面经济责任审计对象范围、类别和数量，研究提出五年轮审工作方案。组织修订了《审计署内部管理领导干部经济责任审计规定》，细化了11个方面的审计内容。

我认真梳理总结经济责任审计工作经验，查找问题和不足，有针对性地研究工作思路措施，向中央报送了《关于党的十七大以来经济责任审计工作情况的报告》。我还认真总结经济责任审计理论和实践经验，深刻分析经济责任审计的内涵、特点、法律依据，梳理经济责任审计的发展历程，研究形成了《关于进一步深化经济责任审计的思考》，并先后4次在全国市县审计局长培训班上做辅导讲授。

我还组织了对沈阳市委书记、市长进行同步经济责任审计，组织起草了《省级党委政府主要领导干部同步经济责任审计指南》《副省级城市市委书记、市长主要经济责任》《党委政府主要领导经济责任审计评价指标》等文件。对浙江、湖北和山东省委、省政府主要领导干部同步经济责任审计工作进行了调研。在担任文化部部长蔡武同志任期经济责任审计项目组长时，我与审计组精心准备、稳步实施，多次深入审计现场，解决审计中遇到的问题，较好地实施了审计项目。

我带领联席会议办公室的同志先后对9个省、市，6家中央企业、部门以及3所高校经济责任审计工作开展情况进行了调研督导，推动两办《经济责任审计规定》各项要求的贯彻落实，推动了地方政府、地方审计机关健全领导体制、完善机构设置、加强队伍建设。

主抓基本建设工作

那几年，署里的基建任务非常繁重。全署大小项目共有8个，总建筑规模达到了30多万平方米，重中之重是审计署办公大楼。这个项目也叫915项目，因为是国家保密局批准的涉密工程，按照保密管理要求需要有个代码，当时就以审计署成立的日期1983年的9月15日作为项目代码。之所以建设新的办公大楼，主要是出于审计事业长远发展的考虑，原办公楼已经远远满足不了工作需要了，另外从我们承担的国际事务来看，原有的办公环境也不适应了，当时中国审计署是联合国审计委员会主席国，经常承担联合国审计，还承担一些其他国家审计人员的培训。项目早在 2003 年 1 月就酝酿提出并向国务院领导同志汇报了初步构想。2007 年 12 月又向温家宝总理做了汇报，国务院领导表示支持。到了 2008 年发生汶川大地震，审计署主动提出暂缓建设。到了 2009 年初再次重新启动，启动后进展一直比较缓慢，在这种情况下，2011 年 3 月署党组让我回署机关专门抓这件事。

基建工作是一项复杂的系统工程，工作中必须体现专业、敬业，灵活、高效，严谨、务实的精神，必须正确领会和认真贯彻署党组意图，必须营造环境争取各方面的大力支持。我接手后了解了一下情况，感到审计署的基建任务很重，办公大楼项目任务更重。当时设在机关服务局内部的基建办体制、人员远不适应。我就建议并经署党组会研究决定重新组建基建办，配强人员，单独开展工作。基建办下设综合管理、工程管理、材料供应、经济技术 4 个工作组，从署内抽调部分管理干部，外聘了一些技术人员。然后专门在华审宾馆倒出一层楼，作为基建办办公室。同时还配备了工作用车。

机构人员配齐之后，我们就着手建立健全管理制度、运行规则，明确了每周一开主任办公会，每周都列出工作清单，每天以组为单位开碰头会，每天按照工作清单小结、销号，重要事项随时随地向主任汇报，重大事项经主任办公会讨论研究后，向分管署领导和审计长直接汇报。每个月召开一次基建办全体人员会议，通报工作，部署阶段性任务，一改过去基建办缺乏统筹、力量不足、主次不分、责任不清的状态。我在协和医院做完胆囊摘除和阑尾炎手术第二天，就在病房听取基建工作汇报，多次与基建办的同志在病房研究工作。当时的责任分工十分明确，比如工程管理组，负责编制项目建议书、搞好初步设计评审、申请批准立项、通过委托代理公司招标选择总包单位和监理单位、施工图设计，以及规划、环保、消防、人防、施工许可等各种证照办理。这些工作，一开始就缺乏统筹，加之没有足够的力量，很难确定专人负责，项目自然就无法有序推进。

随后我们开始抓培训，连续搞了5天，主要分三个单元，第一单元是项目情况介绍，第二单元是管理制度学习，第三单元是管理经验交流，包含了专业知识、工作流程、岗位职责、制度办法、保密教育、纪律要求等等，目的是通过培训使全体基建办人员尽快熟悉情况，尽快进入角色，确保基建工作依法合规、高效有序推进。

机构、人员、机制、责任落实后，我们丝毫没有懈怠，紧锣密鼓地开始了项目的启动、实施等工作，在实际工作中付出了艰苦的努力。

第一是完善用地手续，用地不解决一切都是零，主要是加强与国土资源部、北京市国土资源局沟通衔接，尽快取得土地划拨决定书。第二是协调初步设计审核审批，这项工作不仅涉及发展改革委，特别是还涉及国管局内部多个部门，我们就挨个儿部门沟通协调，协调后由于没有人牵头，还是难以落实。后来我就请国管局高翔副局长牵头，把涉及的局找到一起，这样在会上才敲定下来。第三是选定总包单位和监理单位。当时我们加强与招标代理机构配合，抓紧完成工程量清单和招标文件编制，尽快通过招标选出总包单位、监理单位。第四是落实临时用水用电准备。第五是加快行政许可和行业报建工作，我把任务分解后，分头去落实，而且一天一碰头，各组碰完头后，到我这来报告情况，然后再一件事一件事安排，确定谁去跑哪些事，哪些由我亲自去跑。第六是做好材料设备采购工作，制定了材料设备供应和管理办法，进行质量和成本控制，既保证质量，又降低成本，更好地满足工程建设需要。

特别是各种证件的办理，涉及的单位就多了，一家一家地跑。当时的很多部门都是我亲自去跑，到国家有关部门、北京市政府有关部门登门拜访，汇报工作，求得支持。比如涉及北京市的有关部门，我事先就跟北京市分管城建的副市长沟通，由他先开协调会，我们把项目情况介绍一下，然后再介绍还存在什么问题，有什么要求，希望哪个部门来协助办理，然后他再提些要求。这样一来，各个部门都非常重视，有时去沟通情况，人家把开的会都停下来接待我们，有的还现场办公，听完情况当场就定。比如市建委就明确表示，在依法合规的前提下，现场办公，特事特办。丰台区明确表示，对开工前需要研究解决的问题和事项，逐一研究安排落实。国土部门也是专门召开会议，提前启动了项目用地预审工作，加快手续办理。

特别是项目建设规模，如果不尽快审批，初步设计就难以落实，项目概算就拿不出来，发改委就没法立项。为这件事，我先后多次到发展改革委投资项目评审中心沟通协调，后来他们同意把评审意见报到发改委，我又多次去发改委沟通。当时发改委投资司的司长很支持，但是他太忙了，见上一面很费劲，有时好不容易见到了，还没说上几句他就被主任叫走了。有一天，我听说他在中石油的一个基地开会，我和张力同志就去找他。他就说情况已经报给主任了，一直没结果，你们要着急就通过署里找找主任吧。

回署里后，我就向刘家义审计长做了汇报，并建议他跟发改委主任通个电话再推动一下。两位主要领导通完电话后，项目很快获得批准。

立项批下以后，就开始了初步设计审核，审核完以后就搞施工图设计，然后就是办理各种手续，开始招标选择队伍。当时有 4 家企业参加投标，都是志在必得。招标由北京市建委组织，结果第一次招标就出问题了，当时有一家企业中标，但是他们回来跟我汇报说，这里面有问题。我了解到这一情况后，就给市建委主任打电话。建委主任说，我们调出录像查查，如果真有问题，这个就废标重新招。他们一调录像，还有发言录音，确实有问题，当即就做了废标处理。废标以后又组织第二轮招标，这次市里非常重视，主管市长要求也非常严格，最后中国建筑中标。

整个大楼的前期工作，我们努力营造环境，坚持超常规运作，积极争取支持，仅用不到半年的时间就完成了正常至少需要一年才能跑完的工作。

为了实施好 915 项目，我提出了一个保安全、保质量、保工期、保廉洁、控造价的“四保一控”目标，在安全上要确保不出事故，在质量上要确保优质工程，争创“鲁班奖”，在工期上确保 2015 年下半年竣工验收交付使用，在廉洁上确保不发生任何问题，在造价上严格管控确保不超概算。为了实现这个目标，我们与总包单位、建设单位共同努力，进行系统的谋划，制订科学的施工计划，而且倒计时安排，可以说是超常规运行。比如为了保质量、控造价，我们聘请中石油造价事务所全程跟踪审计，基建办后来就在现场办公了，每天都要深入工地，会同监理部门进行质量监控和检查。我每周都得去两三次，有时候一待就是一天，有的时候也跟他们一起戴着安全帽，对重要环节重要部位进行安全检查、质量检查，发现问题就地解决。有些需要沟通协调的重大问题，就直接把中建的主要领导请来，当场协调解决。为了控造价，比如外立面石材到底选择什么样的，我都向审计长刘家义同志请示汇报，并由刘家义同志亲自组织署领导及有关部门的负责同志，一起到中央军委办公大楼、国家博物馆、公安部、人民大会堂、京西宾馆等进行实地考察，来研究确定选择什么样的石材、什么样的颜色，还有大致的价位，然后通过招标来选择确定。为了节省资金，一楼的大堂、走廊全部选用瓷砖。既然选择瓷砖了，肯定要降低造价，但装修公司的报价就高了。怎么办？我就亲自领基建办同志和总包单位及装修公司负责同志一道去建材市场，一家一家去看，现场考察瓷砖品牌和市场行情。我跟大家说，咱们先不问价，先看哪种合适。最后，初步看好五六家的砖，然后我们觉得在屋里有灯光晃着看不清，就要求店家都摆到外面去。摆了一院子，我们就在外面看，阳光一照，优劣一下子就看出来了。卖瓷砖的说，从来没有遇到这么挑剔的。初步选定后，就跟他们谈价，最后降到什么程度，地砖一平方米才300多块钱，墙砖也不到400块钱，价格降了接近一半。还有灯具、钢材、大型设备包括园林绿化等，都是多家比选、反复谈价，光树木品种选择，我就领着他们跑了顺义、昌平、海淀的十几家苗圃基地，先后跑了四五次，最后选定的树木价格比市场便宜多了。

还有一个超前考虑的就是“金审工程”三期，当时“金审工程”三期正在做规划，还没有立项审批。我就想，现在把大楼建完了，将来三期工程批下来，不还得把大楼“开膛破肚”弄得稀巴烂，那不是浪费吗？正好参加全国政协会，在休息大厅，我和发展改革委常务副主任朱之鑫、分管信息化的副主任张晓强相遇。我就说，主任正好碰着你了，还有点事向你们俩汇报，大楼建设现在遇到一个新问题，“金审工程”二期在你们支持下搞得非常好，三期规划也报上去了，现在全国都在做这个规划，虽然还没有批，但早晚得启动。我们这个楼正在建设呢，三期现在不做，过两年再搞，又拆又扒的不损失浪费吗？能不能给追加点投资，把审计署总部的金审三期先做了？朱之鑫说，对，你说得很有道理，这事你就找张主任吧，他分管。张主任说，等散会你去找我。经过会后商量并按规定报批，最后批复追加4000多万，一下把三期就解决了，还有保密工程加密这块，都是通过这个渠道解决的。

几年的汗水没有白流，辛苦的付出得到回报，2015年10月新办公大楼整体完工通过竣工验收，并及时完成工程决算和审计，在中央单位基建项目中是少有的没超概算的项目，而且还节约投资5646万元。特别是开工前手续完备，竣工后证照齐全，实实在在做到了依法合规、手续齐备、运作规范、廉洁高效、简洁实用，“四保一控”目标得以实现，还获得“全国建筑业绿色施工示范工程”和“鲁班奖”。2016年3月，审计署搬进宽敞、整洁、实用的新办公楼，审计干部工作环境得到改善。

在抓好审计署新办公楼建设的同时，还协调指导了审计干部教育学院项目建设。该项目于2011年9月立项，2013年6月全面开工建设，

2015年7月竣工交付使用。项目在建期间，多次主持会议研究专业技术方案，多次带队赴工地检查指导，并就有关重大事项积极与江苏省政府沟通协调，保障了项目建设的顺利进行。有一次，刘家义审计长找我交代任务时说，署党组要想办法解决署机关无房职工和交流干部住房困难问题。我一听当即表示拥护和支持，保证完成领导交给我的任务。在署党组的领导下，经国管局同意，积极与北京市政府协调，利用审计署两块闲置房屋资产，采取资产置换方式解决审计署职工周转住房困难。推动落实过程中，认真研究政策法规，深入开展摸底调查，反复论证置换方式，积极开展项目选址，启动建设了3栋塔楼、1栋物管用房，总建筑面积7万多平方米的公租房，总户数828户，机动车停车位427个，有效解决了署机关无房职工和交流干部住房困难。

为迎接北京APEC会议，北京市政府决定对怀柔雁栖湖周边区域进行环境整治，审计署怀柔基地属于重点整治范围，按照北京市政府审定的改造方案，要对怀柔基地外立面、景观绿化、消防安全三个方面进行改造。推进过程中，我积极与北京市政府沟通协调，研究解决重大事项，多次主持召开协调会推进工程建设，协调指导参建单位倒排工期、狠抓落实，如期完成了改造任务，为APEC会议提供了良好服务。

在工程建设期间，我发现怀柔基地存在不少历史遗留问题，特别是土地、房屋产权证件手续不全问题，这一问题不解决，将来会有很多麻烦。我及时找国务院有关部门、北京市政府负责人，反复梳理，几经周折，终于办理完、办理全了所有手续，彻底解决了怀柔基地房屋和土地产权不清的历史遗留问题。

在做好署重点基建项目的同时，还指导了京津冀、南京、兰州等特派办的基建管理工作，承担了国管局安排的老旧小区改造工程。

回顾几年的基建工作，自己发挥过去分管过城建工作的优势，充分运用积累的经验，做了一些工作，但更主要的是有国务院有关部门、北京市政府及有关部门的大力支持，有署党组的充分信任和高度重视，刘家义、令狐安、余效明同志及时研究解决问题，领导非常到位。张力及基建办全体同志大力协助，相关部门密切配合，全署上下共同努力，保障十分有效。刘家义审计长在决策部署、沟通协调、立项审批、规划选址、方案确定、施工质量、装修标准等等各方面，都及时把关掌舵、悉心指导。他对自己要求非常严格，有一次请北京市领导同志来署里研究项目建设，工作到很晚了，就在当时的华审宾馆用餐。客人们走了，他带头与我们陪同的几位同志自掏腰包结了饭费。

抓综合协调管理

2012 年 10 月至 2013 年 12 月，当时的署党组成员、办公厅主任到地方政府挂职，署党组决定由我分管办公厅，并具体负责办公厅工作。

办公厅是审计署工作的“总枢纽”，地位非常重要。为了进一步改进工作，更好地发挥办公厅作用，我首先开展了调查研究，征求各位署领导对办公厅工作的意见，听取部分司局、特派办和地方审计机关等基层单位对改进办公厅工作的建议，与办公厅领导班子成员、大部分处室负责人多次进行谈话，组织召开处室座谈会，全面了解情况，听取意见建议，增强工作的针对性。

为解决工作随意性大、责任落实不到位等问题，我从整章建制入手，建立健全了主任例会制度、工作制度、督办落实制度等。大力推行岗位责任制，在先行试点的基础上，明确和细化各个岗位的职责、任务、标准，规范各项工作程序、工作流程、质量控制、风险防范等各环节的工作，确保办公厅工作有序高效运转。建立工作计划清单，司处级干部每周做什么、什么时候完成都有具体计划，便于抓相关工作推进落实和监督检查，从而健全完善了靠制度管人、管事的工作机制。

为解决办公厅人员素质参差不齐、工作苦乐不均等问题，我注重充分发挥每一名干部的作用，认真组织开展党的群众路线教育实践活动，努力提升干部思想政治素质，培育过硬作风，推动办公厅的同志议政能谋、提笔能写、开口能说、遇事能办，提高统筹协调能力、督办落实能力、开拓创新能力、自我约束能力，较好地发挥了办公厅的“参谋部”“研究所”“服务处”“信息库”“调度室”作用，促进署机关各项工作在正常的轨道上协调、高效、顺利运转。

为了增强主动性、协调性，着力扭转工作被动等待的局面，根据署党组的统一安排和刘家义审计长的要求，会同机关党委统筹全署开展“查找不足、整改提高”专项活动，牵头研究制定工作方案，组织办公厅率先开展专项活动，探索改进作风新路子。在此基础上，强化督办落实、跟踪问效，推动整合各类检查，提高了工作效率，减轻了基层负担；超前谋划审计计划、重要会议、重大活动、财务预算、信访举报、新闻宣传等各项工作，增强办公厅工作主动性。

特别是在编制年度项目计划方面，项目计划被称为审计工作的“龙头”，在各项工作中具有先导和引领作用，办公厅作为计划编制的牵头部门，承担抓总作用，我组织办公厅认真落实署党组部署和刘家义审计长有关审计项目计划应在“谋”字上下功夫的要求，早动手、早研究、早谋化，全面梳理中央重大经济决策部署，聚焦和关注社会热点问题，走访有关部委开展调研，向全国审计系统广泛征集审计项目安排建议，加强项目立项研究和分析论证，为科学编制年度项目计划奠定了扎实基础，编制的 2013 年度项目计划报经国务院总理审定后印发执行。

与此同时，我还组织办公厅的同志，围绕国家重大战略任务和审计工作五年发展规划，对城镇化建设、科技资金、教育资金、医疗卫生行业、信息化建设、水利改革与水资源保护情况等重大事项，进行了专题研究，在研究的基础上编制了重大审计项目中长期项目计划，为进一步加强和改进年度项目计划管理，推动审计项目计划从短期向中长期转变进行了积极探索，取得较好效果。

在一年多的时间里，还筹备了两次重要会议，协助国务院办公厅顺利召开全国审计工作电视电话会议，2012 年 12 月 24 日温家宝总理出席会议并做了重要讲话，这次会议是国务院召开的唯一一次全国性审计工作会议。配合分管署领导成功组织 2013 年 10 月 22 日至 26 日在北京举办的世界审计组织第 21 届大会。

退出审计署领导岗位后，我继续负责审计署基本建设工作。其间，还受署党组委托组织开展了对上海、广东、内蒙古、河北、湖北、宁夏、贵州等 7 个省市审计机关加强对下级管理的调研，摸清了基本情况，听取了各方意见建议，拿出了几份有决策参考价值的调研报告。牵头组织了署机关和在京单位“三严三实”问题大检查，查找各单位存在的问题，收集对署党组和机关司局的意见建议，对存在问题的原因进行深入分析，提出了改进的意见建议。

从 2003 年到成都办任职至 2018 年在署机关退休，我在审计署工作了 15 个春秋。这期间，既是我从政生涯的重要转折，也是我事业上的巅峰时期；既付出了艰辛努力，也全面提升了自我，收获满满。不管走到哪里，工作在哪一个岗位，我都始终不忘自己是一个农民的儿子，是“铁人第一口井”边长大的孩子。农民的质朴、坚韧，工人的奉献、执着，在我身心都打下了深刻的烙印。尤其是铁人精神，“有条件要上，没有条件创造条件也要上”的坚强豪迈，成为我前进道路上的背景音乐，常常回响在耳边心畔，激励我在任何困难面前，不观望、不停步，依靠组织、依靠群众，攻坚克难，取得胜利。

第十一章 政协委员

担任全国政协委员

2013年2月1日，政协第十一届全国委员会常务委员会第二十次会议通过中国人民政治协商会议第十二届全国委员会委员名单，我荣幸地成为第十二届全国政协委员。

过去在大庆市虽然也接触了政协工作，但真正了解政协组织、履行政协委员职责才刚刚开始。人民政协这个大舞台，为我提供了审视经济社会发展的全新视角，为我带来了不一样的人生体验。作为政协委员，我决心认真履职，大胆建言，坚定信念，贡献力量。

时间过得好快，转眼间到了2014年，庆元旦的鞭炮声还在耳边回响，春节马上就要到来了。爱人董凤兰说："24日马上就要到了，一转眼你就60周岁了。我们应当张罗一下，也不搞大范围的，就和你的弟弟妹妹还有……"爱人有意地停顿一下。

"我知道你要说什么，不行，坚决不行！就自己家人，一个亲戚也不能麻烦。"我依旧按照惯例坚决不松口。后来我想了想说："1月31日就是春节，干脆我的生日和春节一起过，一家人正好团聚。"

整天工作忙得脚打后脑勺，转眼到了花甲之年，退休后我干点什么？想起来有点茫然。爱人退休以后身体一直不太好，每天收拾屋子做家务，她本人又十分爱清洁，家里的被罩、床单洗过几遍还不放心，还得在日光灯下照一照，直到认为彻底透亮了才满意，还有家里的地板，整天左一遍、右一遍地擦洗，最后还得弯腰蹲下再彻底擦一遍，直到满头大汗了才满意。女儿李岩给我们生了一个小外孙子以后，她更是把全部精力都放在外孙子身上了，连我都在她心目中退居二线了。左邻右舍都说，你看董大嫂把外孙子伺候得高高大大、白白胖胖的。外孙子 7 岁了，马上就要上小学了，我退休以后可以接孩子、管孩子，这样爱人就可以轻松一下。我设想着自己的退休生活，中国太大了，有许多的自然、人文景观可以去旅游，还有我喜欢书法，可以拜师好好学一学……

没想到春节刚过，2014 年 3 月审计署党组决定，任命我为审计署基本建设工作领导小组组长。同年 6 月，我又被组织推荐为第四届中国经济社会理事会理事。

此后一段时间，我在履行全国政协委员职责的同时，继续负责审计署基本建设工作。我凭借多年经验，认真履职尽责，狠抓项目管理，较好地完成了工作任务。

审计署机关新办公大楼投入使用后，我向署党组辞去了基建工作领导小组组长职务，把主要精力投入到履行全国政协委员职责上。

积极参政议政

担任第十二届全国政协委员和第四届中国经济社会理事会理事以后，我全程参加了第十二届全国政协第一次、二次、三次、四次、五次全体会议和第四届经济社会理事会第一次、二次、三次、四次、五次全体会议。参会期间认真学习会议文件，领会会议精神，深入思考问题，认真参加讨论，积极建言献策。同时，时刻注意自己党员领导干部身份，严守保密纪律，接受媒体采访没有出现失密、泄密或不当言论的情况。按照署里审定的政协提案，积极联络其他政协委员联名，每次提案都顺利提交大会。与此同时，注重在政协委员、群众中宣传审计工作，为营造审计事业发展良好环境贡献力量。

政协会议每年都会安排一些委员发言，他们的发言不仅引发了委员和大众的反思和讨论，也引起了我的不断思考。什么是一位全国政协委员的责任？那就是为推动社会进步与发展贡献力量，具体地讲就是要接地气，关注百姓普遍关心的问题，把握时代脉搏，贴近党和政府的工作重点，选择参政议政的切入点，敢于直言，善于直言，言之有物，言而有道。

5年来，为了更好地履职尽责、建言献策，我每年都在全国政协会议召开之前，结合本职工作开展一些社会调研，并将调研成果形成提案，我的提案重点聚焦在民生、“三农”、国企国资、政府监管等领域，先后提交了加强审计力量实现审计监督全覆盖、整合监督资源实行国有企业派出审计制度、关于稳定外商直接投资问题、关于我国企业对外投资问题、关于完善农村土地“三权分置”制度的建议等提案。

同时，也形成一些有分量的发言材料，每年都在政协小组会上发言。记得有一次全国政协副主席陈元到我们组参加讨论并听取意见，我在会上专门做了一个发言，题目是“振兴实体经济是深化供给侧结构性改革的重要抓手”，总结了实体经济在发展过程中存在的实体经济增速下降、实体经济企业利润走低、实体经济结构不合理、虚拟经济挤压实体经济空间、中小型企业融资困难、创新投入能力不足等6个方面问题，提出了搞好实体经济战略规划、推动产业结构调整、正确处理虚拟经济与实体经济的关系、大力推动民间投资实体经济、规范虚拟经济发展、进一步加大降成本力度等措施建议，当时引起委员共鸣，下来很多委员主动与我沟通交流一些观点，《中国经济时报》等多家媒体也都进行了采访和转载报道。5年来，先后接受新华社、人民网、《人民政协报》、《中国青年报》、《长江日报》、《中华工商时报》、《中国审计报》和中国青年网、中国经济网、财新网、中国改革论坛网等媒体采访，就深化经济责任审计、创业创新、优化审计环境、整合监督资源、建立跨国公司撤资预警和干预机制、精准扶贫、国企境外投资监管、振兴实体经济等问题发表自己的看法和建议。

我还积极参与政协组织的各类专题调研活动。2015 年 5 月，随“创新供给激活需求建立促进消费长效机制”调研组赴四川省乐山市、绵阳市调研。2016 年 3 月 22 日至 4 月 1 日，随“东北三省工业转型升级问题”黑龙江省调研组，赴哈尔滨、齐齐哈尔等地，对黑龙江省工业转型问题进行了调研，共 32 名委员和专家学者参加。调研组认真学习领会习近平总书记 3 月 7 日在黑龙江人大代表团的重要讲话精神，按照俞正声主席、杜青林副主席关于调研工作的指示，坚持问题导向，着眼有限目标，深入基层，解剖麻雀，找准症结，提出意见建议，形成了质量较高的调研报告，为 2016 年 7 月专题协商会奠定了基础。

2017 年 4 月，参加“构建亲清新型政商关系，促进民营经济健康发展”专题调研，撰写《充分发挥经济责任审计在构建新型政商关系中的作用》，深刻分析政商关系存在的问题及原因，提出具体建议，并在全国政协俞正声主席主持、在京副主席及国务院有关领导同志出席的专题协商会上发言。2017 年 4 月，随“降低企业财务杠杆率，规范地方政府举债行为”调研组，赴江西省南昌市、宜春市、吉安市调研；5 月，随“激发民间投资活力，促进投资主体多元化”调研组，赴湖南省长沙市、益阳市、株洲市调研；12 月，组织调研组对四川省农村土地“三权分置”改革情况进行专题调研，形成 1 篇调研报告、1 篇委员提案。

担任第四届经济社会理事会理事以来，先后受邀参加理事会论坛 9 次，主题包括“南北并重：构建‘一带一路’战略新格局”“金融、投资和贸易便利化”“创新驱动与新增长点的培育”“制度创新推动自贸区建设”“2016 中国—东盟产能合作”“增强创新驱动力，培育发展新动能”“推动‘一带一路’建设，促进经济繁荣发展”等。受邀出席经济社会理事会国际交流，2017 年 6 月在北京参加了经济社会理事会以“做增长伙伴，促互利文明”为主题的中欧圆桌会议，2018 年参加了“贯彻新发展理念、推动高质量发展”为主题的经济论坛。

4 年多里，我共参与经济社会理事会 6 项课题研究。2015 年参与了“互联网金融人才培养体系的建立”课题研究。2016 年主动选择了“经济结构调整背景下做好下岗职工安置工作的途径与方法”“龙头企业在推进农村一二三产业融合发展中的成功经验和面临问题”2 个课题，主要是基于我在地方时熟悉这方面情况，对这 2 个课题的研究会有帮助。2017 年参与“特色小镇建设面临的主要问题和对策”和“破解实体经济运行成本过高的主要难点和建议”课题研究。2018 年 6 月参加“推进国有企业混合所有制改革”专题调研。6 个课题都形成了高质量的研究报告，提交理事会，并呈报有关方面。

值得一提的是，课题组 2016 年 6 月、10 月分别赴内蒙古自治区包头市、鄂尔多斯市、湖南省长沙市、江苏省南京市等地实地考察，深入包钢集团、神华集团、湖南粮食集团、湘丰茶业集团、南京浦口农业示范产业园等企业、厂矿生产一线，与政府有关部门、企事业职工座谈，掌握了大量丰富的第一手资料。

特别是参加东北振兴这个调研，当时是李毅中同志带队，陈元是顾问。这个组很庞大，设若干小组，我被分配到综合组。石油工业是东北经济的重要板块；辽河油田、吉林油田、大庆油田，是中石油很重要的一块。我自己抽时间约中石油董事长王宜林，到总公司见他，听取情况，征求意见，了解石油行业在东北振兴中都做了哪些工作，还遇到哪些困难，还有哪些需求，以及下一步的解决方案。在调研之前开会的时候，我就提出来应该怎么做，不是跟班唱影、随大流调研，不是徐庶进曹营一言不发、没有任何思考。后来李毅中还带队到中石油总部专门和他们对接，最后形成的调研报告做到了上下融合。

对构建新型政商关系调研，除了参与调研外，我还利用休假期间，在与地方干部和企业干部广泛接触的过程当中，有意识地了解这方面的情况和社会方方面面的信息，特别是事关重大的理论、政策问题，我都和有关部门在一起做一些研究，还与四川、黑龙江省委政研室的同志一起探讨。

除了政协统一组织的一些调研外，我以政协委员的身份与四川省政协共同开展了关于土地三权分置的调研，形成专题报告，并上了提案。

调研过程当中，也遇到了一些问题。要想听到真话，就得采取不同的方式方法。

第一，有的认为政协解决不了问题，人家不愿意说。这样我就想办法多宣传、启发、引导，虽然政协不是解决问题的组织，但政协可以利用这一平台上书党中央，通过这个渠道反映问题，包括下去调研的过程，当中都有这种情况。

第二，一些人也知道政协是一个很好的平台，解决问题政协也是其中的渠道之一，但是，座谈时有些场合不便说，当地党委、政府的领导往那一坐，有的就唱赞歌了，不愿意说了。我也采取两种办法，其中一种办法是背靠背说，说完以后再与有关部门进行详细了解。这样的话，企业家就能讲实话，我们也能听到实情。

第三，一般情况下座谈就是半天，时间紧，我就把有些同志单独叫出来，私下聊一聊。比如在南京有一个制药厂，参加会议的同志在会议上也敢讲，但是总感觉他有所保留，后来我就把他单独叫出来聊一聊，了解到互联网对实体经济的冲击，另外就是产品质量没有保证，税收也流失。比如说药品，他这个大型国有企业还好一些，有一些小企业药品都过期了，但是它把包装换了，怎么办？有些国有企业，通过互联网销售的，有些药品也是接近过期的。有一些小厂家，就是换了个包装盒，怎么检验？这些问题他在会上没法说，因为在座的都是医药行业的同行，他怎么能去揭人家的短处？现在看，网上购物在极大方便消费者的同时，也存在一些问题：第一是商品过度包装，里三层外三层，是资源浪费；第二是假冒伪劣有市场，特别是食品药品问题还很大；第三是存在税收流失问题；第四是对实体商店的冲击很大，线下购物的人越来越少了。

作为一名政协委员，还要摆正位置，不是检查也不是视察，更不是指示，不能发号施令，是探讨、研究、建议，把握不好也不行。一名合格的政协委员，不但要了解党和国家的大政方针政策，还得很好地宣传、答疑解惑，认真讲解，不但满腔热情，还得耐心细致，充满专业性、知识性、趣味性。现场调研以后，大家坐下来分析研究，必要的时候再和有关部门反复衔接。有一些把握不准的问题，可深入探讨和研究。

5 年政协委员履职，深感全国政协人才济济，从他们身上学到了很多知识。

同时也深感审计地位和影响还是很大的，在整个经济社会发展当中，是大有可为的。不论是全国政协还是经济社会理事会，他们调研的时候，都希望我们这些在审计署工作的同志，多参加多建言。过去曾经在审计机关工作，也非常光荣，同时也发现审计的作用还有很大的发展空间。

随着 5 年政协委员任期届满，我正式退休。过去几十年，我全身心扑在工作上，几乎没有什么兴趣爱好。退休后，身体健康，夕阳无限，闲暇时间多了，我除了关心照顾老母亲之外，也开始有意识地培养自己的兴趣爱好。但是我坚持一条，绝不能因兴趣爱好的选择，步入享乐奢靡的怪圈。几年来，我坚持培养简便、高雅、有益的兴趣爱好。比如，散散步，通过散步调整身心，也有益于思考问题；读读书，阅读有关经济社会热点问题的书籍，使自己的思维能力跟上时代的步伐，阅读名著，丰富自己的业余文化生活；练练字，坚持练习书法，修身养性、陶冶情操。此外，我还抽出时间整理汇编自己多年工作形成的文稿、照片，撰写回忆录，这样既是对自己职业生涯的回顾和总结，又可以留下历史，对自己、家人及子孙后代也是激励和教育。

第十二章 幸福一家人

成长中的女儿

女儿李岩小的时候，爱人董凤兰可辛苦了，她怕耽误我的工作，做饭、带孩子、喂奶、收拾屋子家里家外都是她一个人张罗。我还是和从前一样，一心扑在工作上，上班没黑没白、没有休息，十天半个月回不了一次家。

记得女儿两岁多刚上幼儿园不久，我的工作特别繁忙。有一天我到区里开会，没想到下午三点半会议就结束了，我看了看表，又想了想单位没什么大事儿，就决定买点鱼、肉到幼儿园接女儿李岩，回家做点好吃的，给爱人董凤兰一个惊喜。

我来到幼儿园，没有看到我的母亲，就直接来到了园里找女儿。幼儿园阿姨不认识我，就问："同志，你来接谁？"

"我来接李岩。"我被阿姨一问，愣住了，忙回答。

"你是李岩舅舅吧？怎么没看见你来过？"阿姨唐突地发问，我更发愣了。

就在这非常尴尬的时候，两岁多的女儿像一只小燕子似的飞快地跑过来，嘴里喊着"爸爸"一下子扑到我的怀里。

阿姨反倒尴尬起来："你……你是她父亲？你不常来接李岩吧？我从

来没见过你。李岩妈妈总来，我看你也是大眼睛双眼皮，就以为是李岩的舅舅，真的不好意思。”年轻的阿姨嘴上说着不好意思，脸也通红通红的。

我刚想说，我这是第一次到幼儿园接女儿，可是，话到嘴边我觉得嗓子有点涩，没好意思说出口。心里想，女儿这么大了，可我怎么第一次到幼儿园接女儿……一脸愧疚地走出了幼儿园。在路上我找到一家小卖店给女儿买了酸奶、果冻等许多小食品。女儿很开心，但我很自责，工作真的那么忙吗？忙得连到幼儿园接女儿的时间都没有……

1982 年的时候，龙凤区政府照顾父亲分了一套两室一厅的楼房。原来家中住的三间平房交出一间半，我住上一间，给女儿留了半间小屋，还接一个十几平米的门斗做厨房，家里一下子宽敞了不少。因为我在公社总下基层，有时候十天半拉月也不回家，爱人领着年幼的李岩住在家里十分害怕。爱人董凤兰就把她姐姐的两个姑娘接来，轮流住在我们家。那时候勤劳的爱人养了几十只鸡、鸭、鹅，还渍酸菜……我有时休息一回家特别想吃爱人做的溜肉段、氽白肉、小鸡炖粉条……现在再回想，虽然那时候兜里没有几个钱，但我们一家三口人小日子过得很幸福、很美满。

孩子在一天一天地长大、长胖，爱人董凤兰身体却出了毛病。一逢阴天下雨就头晕目眩的，颈椎也痛。到医院一检查，血小板偏低，颈椎增生。因此，大庆市医院建议到大城市治疗。

1984 年，我找在中央党校工作的李友强同志。我曾经叫他李大个子，他原来在北京工作。1960 年支援油田会战来大庆，后来到龙凤区卫生科工作，前几年又调回北京在中央党校卫生所工作。我和爱人到北京后，友强兄帮助我们找招待所、找医院、找大夫，帮着买药，忙活了一个多月，终于把爱人颈椎病治疗得有些缓解了，但血小板减少的病还是没有治愈。

我们住在北京市公安招待所，时间一长，那里的服务员阿姨们都喜欢我的女儿。当时女儿李岩才4岁，特别大方，像男孩子一样，在招待所里唱歌跳舞，阿姨们都说她像一只春天里的小燕子，走到哪里都带来阵阵的歌声、欢笑声，是招待所里的开心果。

记得有一次，一位年轻的女服务员下班了，她和人家黏黏糊糊地不离开。我说阿姨下班了，她还是拉着服务员阿姨不撒手。

阿姨就说："小家伙太可爱了，李叔叔我把岩岩带回我家住一宿，第二天早上上班我就把她带回来。"

我当时不太同意，没想到才4岁的李岩竟然点头答应了。我忙着去医院照顾爱人，怕女儿哭闹也没多想就答应了。到了医院爱人问我女儿呢？我说让招待所的阿姨带回家了。

爱人一脸不高兴地说："你这做父亲的怎么这么粗心大意，她这么小，再说又不是男孩子，就是男孩子和人家非亲非故的也不太好呀！"

回招待所的路上，我耳边回响着爱人的话，我觉得十分有道理。到了招待所不一会儿，就听到女儿李岩的说话声，我忙出房间，原来是阿姨把女儿送回来了。

我问阿姨："怎么？是不是李岩想爸妈哭闹了？"

"没有，我和她一直玩得很好。是我母亲说，她这么小，还是女孩，你一个姑娘不懂，到晚上睡觉的时候她要想父母了，怎么办呀？又没有公交车。我想想母亲说的话有道理。母亲还说，你不当父母不知道，孩子不在身边大人睡觉都不踏实。"

听了服务员阿姨的话，我内心怦然一动，有点愧疚，我这做父亲的是有点粗心大意。想到这里我特意问女儿："李岩晚上睡觉，爸爸、妈妈都不在身边，你想不想爸、妈？"

李岩听了我的话摇着头说："不想。"

我心里想，女儿越来越大了，这真是个问题。

又过了几天，我和爱人领着女儿到人民大会堂参观，才 4 岁多的李岩像个淘气的男孩子，在人行道上一个劲儿地往前跑，我和爱人在后边一个劲儿地追，追得我们俩浑身是汗，我心想这也不是个办法。

爱人说：“你看看咱们的小李岩越来越野，在咱们俩身边都这样，要是在她爷爷、奶奶身边说不定淘气成什么样，可真得想个办法。”

我说：“可不是嘛。”

正好我们随着参观的人流进了人民大会堂，这里相对安全一点。李岩还是撒欢儿似的跑，我拉着爱人藏在大柱子后面。女儿跑了一段距离，看不到我们就回来找，我和爱人躲着她。

聪明的她还随着人流到厕所门前，然后站在一旁，大声喊着她妈妈的名字，结果半天没有人答应。

她身边的阿姨问她：“是不是找不到妈妈了?”偶然发现身后躲藏着的我们，会意地笑着走开了。

这时候只见女儿四处看看，见没人理她就“哇”一声哭了起来，我们俩这才走到她身边，爱人一把抱起李岩，我赶紧跑过去买了一个雪糕放到她手里，她这才停止了哭声。

“大人一领你出来，你就撒欢儿似的乱跑。跑丢了让坏人领走怎么办?”爱人开始教育女儿了，我在一旁也敲着边鼓。女儿李岩从此后开始变得文静起来。

那次到北京也没有治好爱人的血小板减少病，我们就回到了大庆。慢慢地，孩子长大了，她这病也渐渐地好了，可至今也没有找到病因。

转眼到了 1987 年夏天。女儿李岩 7 岁了，也长大、长高了，就到龙凤区第一小学校上学了。学校离她妈妈单位近，因此，上学放学都是她妈妈管。

女儿的性格就和她的名字一样，小时候是个假小子，遇事儿像男孩子，敢做敢当。在学校里喜欢参加文体活动，跑步、打球、唱歌样样不落下，而且每次还能拿出好成绩来为班级争光。

那时候她脖子上挂着钥匙，书包里放着饭盒，上学放学饭盒叮当直响。后来她转学到让胡路设计院小学读书，那时候，我已经调到让胡路区任副区长。一次一位同志说，他去学校接孩子，看到女儿李岩放学一个人走，并提醒我女孩子应当家长去接。我说不要紧，不能让她娇里娇气的，我家女儿和男孩子一样。

稍大一点，大约是小学五年级的时候，我记得有一次期末考试，她成绩不太理想，考试成绩一公布，女儿回家哭着说："同学家长都领着孩子参加各种社会辅导班，我的父母谁也不管我。"我听了心里也挺难受的，当时女儿的学习成绩已经是班级里的中等生了，女儿因此学习压力很大。

可事后一想又有什么办法，那时候我已经调到大庆市蔬菜公司当经理，几千人的蔬菜公司负责整个大庆市几百万人的菜篮子，成天把我忙得团团转，根本顾不上女儿的学习，就这么把女儿的学习耽误了。

上初中时女儿的学习成绩只是偶尔排到班级前十名，她因此十分苦恼。听老师说，女儿的成绩继续下去，要想考上大学，非常难。女儿苦恼着、彷徨着，念初三时正好可以考中专师范，女儿就这样征求了我们的意见，报名考上了辽宁抚顺师范学校。

为此，爱人也一直埋怨我说："你成天只想着自己的工作，女儿的成长、考学大事儿一点不管，成了甩手掌柜的。"

听了爱人的话，再看看闷闷不乐的女儿，说心里话，在女儿的学习上我关心得是不够，一想起这事儿，心里确实有些愧疚和后悔。

女儿和女婿

女儿考上抚顺师范后，踏踏实实地学习，还当上了班级里的副班长。一次学校里组织一部分师生去大庆参观学习，她麻烦她母亲单位同志帮助租借大客车，领着大家参观铁人纪念馆，到杜尔伯特蒙古族自治县看大草原，她热情地为师生服务，大家玩得十分高兴，谁也不知道她父亲是大庆市副市长。

女儿一看自己念的是中专，眼见着同学们都挖门子、找窗户地出国留学去了，也动了出国留学的心思。那时候我看她还是一个十六七岁的女孩子，家里的独生女，到国外去我实在有点不放心，我和我爱人就说什么也不同意她出国留学。

师范学校快毕业的时候，她一再坚持，我看她懂事了、长大了，就同意了。有位华裔美国朋友和我很熟，我相信他在外能照顾好我的女儿，事情就这么定了。

结果 1997 年办出国手续的时候，外国领事馆验证家庭个人账户得有 20 万元人民币，否则的话就不予签证。

我当时已经当了几年的大庆市副市长了，可就是靠工资过日子，上哪有 20 万元存款去？这下可把我愁坏了。想借我钱、给我钱的人多了，但那是利益关系，这个篱笆扎牢不能松，否则就会犯错误。没办法，我只好求亲戚、求朋友，好不容易借了 20 万元，外国领事馆验收合格了，李岩出国身体体检也合格了，我和爱人放心了，赶紧把七拼八凑的 20 万元又还给亲戚朋友们，我深深地松了一口气。可是过了几个月，签证还是没有下来，我们一家人始终处在焦虑中。女儿跑到美国驻沈阳领事馆去问，人家这才告诉她说，你们家的信用资金是假的，我们二次验收的时候，你们家提供的资金账户上根本就没有那么多的钱。

女儿回到家里大哭了一场。爱人也不停地埋怨我说："好不容易借来 20 万元就不能多放几天，还是实在亲戚的，也不是不还了。看你那副抹不开面子的样子，还副市长呢。"

那几天，我一脸愧疚在家里抬不起头来。可是我这十几年就靠实打实的干工作赚工资，真的没有攒下 20 万元钱。

最后还是懂事儿的女儿替我解了围，她想了想说："爸爸，咱家没钱就别装有钱出国了。我就是真出国学习，一时半会儿也不可能打工赚钱。美国读书、生活费用那么贵，只靠你们俩赚那一点死工资养活，我就是到了国外心里也难受。我还是在国内尽快毕业找工作上班，自己养活自己吧，我也长大不是小孩子了，不能再让父母为我操心了。"

听了女儿的话，我心里也是酸酸的，就这样女儿再也不提出国留学的事儿。女儿给我下了这个台阶，我意识到孩子长大了、懂事了，懂得生活的艰辛了。

女儿临毕业的时候，我正好去沈阳办事，回来到抚顺接女儿还有许多行李一起回大庆。这时候学校老师见到我才知道，班级副班长李岩的父亲是大庆市副市长。

女儿毕业工作后，就觉得在现实社会中自己文化知识水平低。因此那几年她不断地要求学习。终于在哈工大自学成人教育大专毕业。后来又在职读中央党校本科毕业。

2004 年，女儿由大庆市萨尔图区人事局调到成都海关。从此工作、生活凡事没用父母操心。我的女儿长大了，懂事了。

转眼间女儿长成 20 多岁 1. 67 米、亭亭玉立的大姑娘。追求她的人很多，她身边的同学、闺蜜、同事要给她介绍对象的不少。可她总是眯着嘴笑，就是不答应。我和爱人身边想当媒人的就更多了，而且介绍的小伙子条件一个比一个好，可我一问女儿，她的头摇晃得像拨浪鼓似的，就一句话，这是我自己的事儿。我找自己喜欢的，不用你们父母操心。可女儿都 24 岁马上就 25 岁了，俗话说得好，男大当婚，女大当嫁，我看爱人着急，就劝爱人说，咱女儿要个头有个头、要长相有长相，你着什么急，婚姻是讲缘分的。

说起这事儿还得感谢李岩的姐姐，也就是我爱人的侄女董秀坤。她在大庆市龙凤区教育局工作，郭占军是教育局长。那时候郭局长的二儿子郭忠峰上高中时就经常去教育局找他父亲。小伙子一米八几的个子，英俊帅气，每次去还背个篮球，见到父亲单位的同事阿姨好、叔叔好的特别有礼貌。再一问，郭忠峰是学校的尖子生，高考成绩一出来，人家考上了全国重点大学哈尔滨工业大学。

那时候我家已搬到成都了，她来我家串门的时候，就听我爱人叨咕李岩没有对象，当时开玩笑说："等姐姐回大庆给你找个大帅哥。"

女儿李岩当时还一口回绝说："不用、不用，自己找。"

回到大庆后正好郭忠峰大学刚毕业去教育局找他父亲，她顿时眼前一亮。一问郭局长，郭占军说儿子郭忠峰没有对象。而且，郭占军说："这事儿好呀！勇库副市长在大庆口碑好，而且是我中小学时期同学，知根知底，换了别人我还真不敢高攀。"

她电话里和她二姑一说，爱人一听这么知根知底，当时就把女儿李岩的电话告诉侄女了。

那天回家爱人问我："大庆市郭占军熟不熟？"

我说："非常熟，是我同学，他也是教会我打乒乓球的老师。他现在在大庆市龙凤区教育局当局长。那人非常实在。"

爱人说："他家二小子郭忠峰哈工大毕业，身高 1.83 米，和咱们家李岩岁数差不多，李岩表姐要当媒人。"

"那好呀！你知道吗？我们两家知根知底到什么程度，郭忠峰的爷爷和我的姥爷、父亲非常熟，而且是要好的朋友。可婚姻这事儿关键是他们俩的事儿，只要女儿看中了，我举双手赞成。"

说心里话，当时我和她妈都没太当回事儿。爱人把这事儿和女儿一说，李岩不高兴地说，我表姐为了溜须他们局长，就把郭局长儿子介绍给我。我同不同意？那要看人再说。

没想到过了一段时间，我们发现李岩总是发短信、打电话，整个人像变了一样，天天笑容满面，有时候吃饭时还发短信、哼哼歌曲……

直到有一天，她工作忙，让爱人存200元电话费，爱人打话费清单，才发现她的话费每月都100多元，通话对方就是大庆市郭忠峰，我们这才知道女儿谈恋爱了。

过了三个月，郭忠峰来成都到我们家串门。我看郭忠峰十分满意，和他父亲一样高高大大，充满男子汉气概，家里的手机、电视、电器等有毛病他都会修理，手特别巧。爱人也说，这小伙子在我们家一点也不见外，一看就有缘分。我还告诉爱人，我和你一样，但我从来没有表现出来。

郭忠峰一住就是二十来天，我们都非常开心。我母亲沉不住气了，几次和我说，我看这孩子不错，就定下来吧。

我笑呵呵地说："妈，说说郭忠峰哪几方面不错?"

母亲说："那天我有病吐了一地，小郭不嫌弃脏累，好一阵子收拾，还有就是一米八几，身材好，干活顶一个。最可心的是，他家俩小伙子，你和他父亲说说，他就给咱家得了。"

我听了母亲的话，明白母亲的心思说："你说的都是老黄历的事情了。"

就这样我们全家都喜欢郭忠峰。2006年5月3日，女儿李岩和女婿郭忠峰新婚大喜，我们全家都十分高兴。

郭忠峰来到我家，用我爱人的话说可解决咱们家的大问题了。这小伙子哈尔滨工业大学机械系毕业，以前我们家电炒勺、冰箱坏了一家人一筹莫展，上门修理的人要价高不说，还不太认真。用不了一两个月又出问题了。全家人干着急，一点办法都没有。这回好了，这些都是忠峰的事儿。为了这些家庭琐事儿，他特地预备了强电、弱电等维修工具，家用电器一出毛病，他撸胳膊、挽袖子拿起工具，测一测，找出毛病拿起螺丝刀，打开电器后基本上是手到病除。

那一次，我那久病卧床的母亲老年病犯了病危，郭忠峰二话不说，全家人准备好后，他身高力不亏，抱起我母亲，“噔噔噔”不费多大力气就轻松抱到车上。

2018 年我爱人董凤兰身体不舒服，凌晨时小腹痛突然发作，不知什么病，郭忠峰当时开车急忙送到人民医院，医生拍片查看后诊断病情是肾结石。医生当时提出，一是回家多活动，争取早日把结石排出；二是医院没有碎石机器，建议到其他有碎石机器的大医院。

后来，爱人回家一活动就疼痛不止，女儿李岩、女婿郭忠峰只得开车去 301 医院碎石，爱人肾病才治好。

2019 年 10 月，我大弟媳妇半夜洗澡突然倒地脑出血，因为当时大弟弟在大庆出差，我接到电话后，和女儿、女婿及三妹李永芬、她的儿子急忙赶到医院。当时就进行了微创手术，等到后半夜手术成功了。我连着急带上火，早已经累得筋疲力尽。女婿郭忠峰和女儿看在眼里，连拉带扯把我和她三姑劝回家，然后，他们小两口儿陪我侄女看护大弟媳妇。

前不久，我和亲家郭占军喝酒说：“郭忠峰在我家地位十分重要，俗话说‘一个女婿半个儿’。”

我话还没有落地，一旁爱人董凤兰不高兴地说：“啥叫半个儿，就是儿子。今年春节我心脏病发作，多亏了郭忠峰和女儿送到阜外医院，还有李晓明及时联系医院。指望着你，你总也不在北京，东走西游的总走，黄瓜菜都凉了呢。”

听我们两口子这么说，亲家郭占军说咱们谁跟谁，从父辈就是好哥们儿，到现在成一家人是有历史渊源的，我决定了，我老儿子郭忠峰既是我的老儿子，也是你们的儿子。

我笑着说：“亲家，就是你不说，他也天天管我们爸爸、妈妈地叫着。”听我这么说，一家人哈哈大笑。

郭忠峰不但实在、聪明、贴心、能干，遇到李岩发小脾气时还能像一位大哥哥似的哄着，特别是小两口儿成天上班下班、卿卿我我的形影不离，我们老两口儿从心里高兴这份好姻缘。

懂事的外孙

2007 年 2 月 5 日，我的外孙子郭昭含（乳名然然）出生，给我和爱人带来晚年最大的快乐。

这小家伙从小到大一直在我家，白天和我爱人在一起，晚上我一回家首先的任务是看看老母亲，然后就是抱抱大外孙子。

这小家伙小时候任性，有时候也有点小脾气，脾气上来把大人气得够呛。那一次我下班回家就看到，爱人和他生气呢。

原来那几天外孙子重感冒，到医院一量体温三十八九度，需要打针吃药、多喝水。可这小家伙就是怕打针，不愿意吃药，还不多喝水，有时候连牛奶也不喝。因为他父母在成都上班，因此爱人十分着急上火。看他不打针不吃药还不喝水，就发火了，把水瓶扔在地板上。

郭昭含一看姥姥生气了，就捡起水瓶憋屈的到另一屋。这一幕正好被下班回家的我撞见了。

我了解了情况后，抱起郭昭含和他讲起了道理。

我说有病去医院看病，就得听医生的。我问他医生是怎么说的。

他张起小嘴说："让我打针吃药。"

"那你听医生的话了吗？"

"没有。"

"为什么？"

"我怕打针，也不愿意吃药。因为药不好吃。"

"那你病能好吗？正因为你不愿意打针吃药，医生还说得多喝水，你又不多喝水，这样病能好吗？"

听我这么一说，小家伙马上拿起水杯就喝。

我一看这小家伙思想通了，忙趁热打铁说，你看看把你姥姥气的。

他懂事地走到姥姥面前抓着胳膊，边哭边哄姥姥："姥姥，我喝水。你别生气了，我多喝水听话还不行吗？"

他这么一说，我和爱人都乐了。

他 3 岁的时候，女儿、女婿每隔半个月就到北京看一次孩子。每次周末到北京，周日晚上回成都。刚开始的时候女儿李岩哭鼻子抹泪，外孙子也呜呜大哭大叫。大约有半年后，有一次女儿、女婿要回成都，外孙子郭昭含躲在自己的小屋关上门就是不出来。等他妈妈、爸爸走了一会儿，自己才悄悄开了门。

我爱人问他："然然，你为什么不送送你妈？她心里多难受。"

"一开门送她，我就想哭，我们俩那样都难受。"

听小家伙的话，我说："她回成都，你不想她？"

"怎么不想？我也强忍。听见妈妈走时的关门声，我还向窗户外招手了呢，她看不到。"

听外孙子这么说，我知道小家伙懂事了。然然长大一点，学得越来越乖了，他在家里从来不乱翻别人东西，喜欢自己一个人在小屋里看小人书、玩自己的玩具。每次上幼儿园都很乖，看到人家好玩的、好吃的，给也不要。可是，一见到去接他的姥姥，马上就讲人家小朋友的新玩具很好、我很喜欢。

我爱人问他："用不用给你也买一个？"

他马上回答："不用姥姥买，谢谢姥姥。我爸妈有钱。"

爱人来到玩具商店边掏钱边笑着说："知道你爸妈有钱，但是他们不在北京，还是姥姥买吧。"

上小学以后更是一个乖孩子。

那一次，我们一起遛弯，和我说要竞选班级纪律委员。我问为什么竞选纪律委员？他说班级纪律不太好，影响学习。他要当上纪律委员，一定会把班级纪律管好。我一听，马上表态支持他。

过了大约半个月，我发现他那几天不太高兴，就问他，竞选纪律委员的事情怎么样？没想到他说别提了，让人闹心呀。我一听，忙启发他说你没找找落选的原因。

他想了一会儿说："还是我的学习成绩在班级里平平的，没有说服力呗。"

我说："对！只有学习成绩上去，同学们才会佩服你。"

他听了我的话点头说："姥爷，你说得对。"

从此，他学习上开始用功了。

外孙子从小就愿意干净，到今天都1.82米的大孩子了，天天愿意穿白袜子，他小的时候屋里到处都是大大小小的汽车，足足有七八十辆，没事自己就在屋里鼓弄，一开起来满屋子喇叭声响，关上门了客厅里还能听见。现在一到周末，就玩篮球、打网球、踢足球，一旦玩起来就特别投入，不管不顾的，浑身造得像个泥猴似的，洗起这些运动服、鞋、袜可把他姥姥累坏了。

他的缺点是胆小、怕打针。小时候就这样，有个感冒发烧的到医院去可以，千万别打针，一说打针就哭叫。有一次，他感冒高烧快40度不退，给他打退烧药，全家四个人按着，把我们累得满头大汗。

现在好了，长大了，也知道学习了，喜欢学文科，语文、英语学得好，更值得高兴的是知道进步了。

如今，我爱人已经退休几年了。女儿李岩也从成都回到北京，直到我退休以后，她才如愿以偿自己干了一些力所能及的事。女婿郭忠峰在中信集团办公厅工作。我的外孙子15岁了，已经上高中一年级了。我们一家人在一起其乐融融的。

当前头等大事就是全家抓孩子的教育，连我都亲自抓。回想过去，女儿的家长会我一次也没去过，现在外孙子的家长会我都参加三四次了。

快乐一家亲

相传，中国古时候有一种叫“年”的怪兽，头长触角，凶猛异常。“年”常年深居海底，每到除夕才爬上岸，吞食牲畜，伤害人命。因此，每到除夕这天，村村寨寨的人们扶老携幼逃往深山，以躲避“年”兽的伤害。这年除夕，桃花村的人们正扶老携幼上山避难，从村外来了个乞讨的老人，只见他手拄拐杖，臂搭袋囊，银须飘逸，目若朗星。乡亲们有的封窗锁门，有的收拾行装，有的牵牛赶羊，到处人喊马嘶，一片匆忙恐慌景象。这时，谁还有心关照这位乞讨的老人。

只有村东头一位老婆婆给了老人些食物，并劝他快上山躲避“年”兽，那老人捋髯笑道：婆婆若让我在家待一夜，我一定把“年”兽撵走。老婆婆惊目细看，见他鹤发童颜、精神矍铄，气宇不凡。可她仍然继续劝说，乞讨老人笑而不语。婆婆无奈，只好撇下家，上山避难去了。半夜时分，“年”兽闯进村。它发现村里气氛与往年不同：村东头老婆婆家，门贴大红纸，屋内灯火通明。“年”兽浑身一抖，怪叫了一声，朝婆婆家怒视片刻，随即狂叫着扑过去。将近门口时，院内突然传来用火烧竹子发出的“砰砰啪啪”炸响声，“年”浑身战栗，再不敢往前凑了。原来，“年”最怕红色、火光和炸响。这时，婆婆的家门大开，只见院内一位身披红袍的老人在哈哈大笑。

“年”大惊失色，狼狈逃窜了。第二天是正月初一，避难回来的人们见村里安然无恙十分惊奇。这时，老婆婆才恍然大悟，赶忙向乡亲们述说了乞讨老人的许诺。乡亲们一齐拥向老婆婆家，只见婆婆家门上贴着红纸，院里一堆未燃尽的竹子仍在“啪啪”炸响，屋内几根红蜡烛还发着余光。欣喜若狂的乡亲们为庆贺吉祥的来临，纷纷换新衣戴新帽，到亲友家道喜问好。这件事很快在周围村里传开了，人们都知道了驱兽的办法。从此每年除夕，家家贴红对联、燃放爆竹，户户烛火通明、守更待岁。初一一大早，还要走亲串友道喜问好。这风俗越传越广，成了中国民间最隆重的传统节日。另一种说法是，我国古代的字书把“年”字放禾部，以示风调雨顺，五谷丰登。由于谷禾一般都是一年一熟，所以“年”便被引申为岁名了。

“年”是中国人最大的节。中华民国（1912 年）改用公历，把年改称“春节”，这一天仍是人们生活中最隆重的节。

“年”不止这一天。有“进入腊月就是年”“过了腊八就是年”的说法。人们更习惯“腊月二十三过小年”，正式进入“年”“春节”的准备。在我的老家杨树林屯儿每到腊月二十三，孩子们就天天欢快地唱起来：二十三灶糖粘，二十四扫房子，二十五做豆腐，二十六炖大肉，二十七杀公鸡，二十八贴年画，二十九打烧酒，年三十包饺子。

从小到大几十年过去，我们家最热闹的时候就是三十晚上和大年初一。说起这件事情，我们这一大家子，我的父亲母亲、妹妹妹夫、弟弟弟媳，再加长大的孩子们、孙辈们二十几口人，十来天的过年吃喝……这些年我爱人董凤兰没少挨累操劳。每次送亲人们走后，她都是一屁股坐在床上再也不愿意动弹了，得休息两三天才能缓过乏来。还好女儿李岩大了以后十分体贴母亲，总是帮着她做些准备过年的事情。

我的大妹妹李永琴很能干，这也是从小养成的习惯，她下面有妹妹、弟弟们四个，她不干谁干。因此，每次过春节她都是一回家就撸胳膊挽袖子下厨房。但是，有一样，就是性格慢，干活也慢。因为温柔贤淑的性格，长得又漂亮甜美，当年长春电影制片厂到大庆市拍电影《创业》，她光荣地被长影演员剧组选上了，在影片中扮演铁人爱人身边的配角。电影上映后她演的角色获得一致好评，当时长春电影制片厂要调她做演员工作，我父母亲死活不同意，说什么也不愿意她离开大庆，离开自己的身边。

大妹妹干活，母亲着急，总说她做饭吭哧吭哧，锅都烧干了，也贴不上大饼子。

父亲在一旁护着女儿说："人家永琴精细，贴出那大饼子不但皮光滑，还圆圆乎乎的，瞅着就有食欲，看一眼，就想咬两口。你看看你贴的那大饼子，像熊瞎子拍的，大小、长短都不一般齐，大的大，小的小，整出四五辈来。"

"给你做吃的还堵不住你的嘴，上班、上学的站一排，我不是着急嘛，哪有闲工夫绣花似的。你就向着你大姑娘使劲贬低我，今天早饭别吃了！"

看着父亲、母亲大早晨就斗嘴，我忙向着母亲说话，爸你赶快去刷牙吧，一会儿上班迟到了，先进就当不上了。

父亲一听忙说："老伴伺候一大家子人，辛苦了辛苦了！"

大妹妹有福气，嫁了一位工程师是上海人，名叫付崇德。上海人十分精细，包括做饭精细，好吃讲究，洗衣服干净透亮，再加上妹妹为人谦和低调、勤俭持家，儿子付亮上进孝顺，如今都两个孙子了，日子过得红红火火。

一晃父亲仙逝十几年了，母亲也离开了我们，我的大妹妹也六十好几了。

记得2020年的春节，大妹妹还像往年一样早早来到母亲所在的家里，和嫂子一起在厨房里忙活。可进厨房一看，三妹永芬早已经在厨房忙活开了。这时候，我就招呼大妹夫付崇德、三妹夫李虎到客厅来唠嗑。

三妹永芬边干活还边问我："哥，永仁两口子什么时间到？"

"你当三姐的都不知道，我就更不知道了。"我话里有话地笑着说。

"哥，你说话我怎么闻到一股醋味？我就关心他、偏心他，你说怎么着吧！这都得感谢父母，谁让我们俩是双胞胎呢？没出生在娘肚子里就挨着。"

三妹一番话把全屋子人都说乐了。

三妹永芬和大弟弟永仁是双胞胎。永芬是姐姐，不但长得漂亮，还能说能做，办起事来干脆利落，从小就是文艺委员能蹦能跳，上班以后也是单位骨干，也曾当过大庆市的处级干部。

大弟弟永仁和她性格恰好相反，办事踏踏实实，一步一个脚印为人特别实在，不太会说、会道。有些事情拿不定主意，一有解不开的疙瘩就直奔他三姐家里，如果是上班时间就直奔她单位办公室，这姐弟俩的感情好得像一个人似的。

永仁如今也从大庆油田的处级干部岗位退休了，他办事一丝不苟实打实。两年前爱人孙晶彬在北京住院，他着急忙慌从大庆坐飞机过来，飞机上遇到熟人，下飞机时非要人家一同坐接他的车，然后又给人家送到北京的目的地。要下车了，人家听他接电话才知道，妻子住院一大家子人等他商量事情。到了医院看全家人焦急地等待，都埋怨他……他就是这么一位热心肠、助人为乐的人。

我们几个人正说着，永华、永金姐弟全家人都来了。我们家顿时笑声满屋，兄弟姐妹们相互之间有说不完的话。这边笑声还没落地，门铃声一响，永仁全家又带着笑声进了屋。

因为高龄长寿的母亲，我们家还是几十年前的老规矩，传统菜就是扣肉、地三鲜、锅包肉、鱼香肉丝、肉皮冻、油爆虾、炸春卷、炸丸子、鸡翅鸡腿、卤猪蹄、酸菜白肉、血肠、尖椒溜肥肠，还有必上的清蒸鸡、红烧鱼，母亲说这叫大吉大利、年年有余。再加上一些蔬菜、海鲜，近几年每年一张大桌子上年夜饭都有 20 个或者 24 个菜。

以前家里孩子多，生活困难。母亲一点一滴地积攒着，除夕春节也一样，开始由 4 个菜到 8 个菜，她做到 12 个菜的时候，就做不动了。孩子们长大上班了，都有了收入，生活一天比一天好了。

下午 4 点，一米八的大圆桌摆好了，扣肉、地三鲜、锅包肉、鱼香肉丝，一盘盘佳肴摆了上来。

这时候门铃声“叮咚”地响了起来，女儿李岩边说边去开门：“不用说，一定是晓明大哥。”

门开了，李晓明抱着四大箱水果进了家门。我叔伯大哥家的二儿子，他也住在北京，每年年三十都来我家里拜年看他奶奶。

菜上齐，老老少少集体落座，把我母亲从床上抱起来，首先是全家合影。

母亲靠在轮椅上，虽然久病卧床，但脸上充满欢喜，看看这个，瞅瞅那个，尤其是对曾孙辈的孩子们充满了爱意。

那天的母亲穿了一身枣红色的节日盛装，红光满面，格外精神。老人接过茶杯喝了几口。

永金一看明白了：“大家静一静，听咱们家老祖宗‘懿旨’！”

他这么一说，大家都安静了下来。

这时候母亲笑着又喝了口茶说道：“今天是大年三十，我已经活了93岁了，给儿孙们添麻烦了。人家说人生难过三大难，天、地、人，我这辈子到如今过了五大难，还幸福地活着。”

“妈！你这才是大难过后，必有后福。”

“勇库说得对，我也是这个感觉。”

“我这第一大难，1996年我得了坏死性胰腺炎，疼痛难忍，腹胀腹疼，那一年69岁，躺在床上那个难受，简直是生不如死。后来我醒来发现，给我治病的大夫说南方话，再一听才知道是上海大夫，上海那是大城市，过去是洋人待的地方，我知道我有救了。果然你们兄弟姐妹在勇库的张罗下，大夫终于把我救过来。

“第二大难，2005年在成都晚上我肚子突然疼痛，要死要活的折磨我，我当时死的心都有了。结果勇库找的华西医院大夫真好，从我胆里取出一堆石头，我好了，活过来了。

“第三大难，就是2008年5月8日，我突然恶心呕吐、浑身无力，满嘴胡话，脑出血住院，这时候正赶上汶川大地震。这病得的真是福无双至、祸不单行。地震的时候医院里大夫、护士都跑没了，可我身边有二女儿李永华、二儿媳妇孙晶彬，特别是儿媳孙晶彬一口气就从六楼把我背到楼下的安全地方，地震完了又把我背上六楼。大病终于好了。

“第四大难，2012 年我吃急了点，东西跑到肺里还高烧不退，差点要了我的老命，多亏了北京中日友好医院的大夫，治好了我的病。我明白了一个道理，就是今后吃东西遇上再香再好吃的，也得小半口、半口的，小点咬、细细嚼、慢点咽。

“第五大难，2019 年我得了感冒，害得我住了几十天医院。把你们累得够呛，还花不少钱。妈这心里真的十分过意不去……”

“妈，你是不是累了，歇一会儿吧！大过年的别说没用的了。”

“永金，妈今天不累，这些话藏在肚子里好些年了，今天辞旧岁迎新年，倒出来去病。”

她继续说：“妈有病看病治病这件事的功臣，第一就属你们大嫂董凤兰，我就愿意住她家，她对我好，我住她家舒服，想吃啥她买啥做啥，想怎么地她都依我。亲闺女一样，为啥不说勇库，他是我儿子。所以你们其他家让我住，我就住几天，怕给你们添麻烦，万一有个头疼脑热的，勇库他认识人多，你们说是不是?

“还有，就是我老了，管不了家了，勇库工作又忙，咱们家这几十年日子过得越来越红火，人丁越来越兴旺，这一大家子有个大事小情的，哪件事情不是你大嫂张罗。你大嫂她人正、心眼好，你们兄弟姐妹有事也愿意和她商量。就拿前不久孙晶彬住院这件事情，一住院就得十好几万元。当时永华就和你大嫂建议一家有难全家上，每家都帮一点，永仁家就好迈过眼前这个坎。你大哥、大嫂带头出钱、找医院、请大夫，兄弟姐妹都出力，这不孙晶彬卧床不起的护工费用就解决了，这不是很好嘛。

“第二就是永仁媳妇孙晶彬，别的不说，2008 年汶川大地震在医院把妈从大六楼背下来，那是多亲的感情，多大的劲呀！

“永金你不用瞅我，我知道你为妈花不少钱。那我也感谢儿媳妇安庆华，她不愿意你能花那么多钱吗？再说她平时也没少给我买吃的用的。那你也排第三，你知道，你小时候比你哥哥姐姐们多吃多少大米、白面，他们都是吃玉米饼子喝大糙子粥长大的。所以，你就应当多赚钱给妈花，还有你把菜里的肉都挑出吃了，你哥姐就经常说我偏心眼儿。我就说他们，因为永金是老小、老儿子。”

全家人听了哈哈大笑。

永琴、永华、永芬姐妹们一起说：“妈，说了半天你还是重男轻女呀。”

“我才不重男轻女呢，但是上岁数后感觉住在儿子家心里就踏实。你们姐妹也好呀！永琴、付崇德两口子为了照顾我提前退休，永华、永芬、海鸥、李虎你们现在还在忙乎一大家子的年夜饭，这些好我都看在眼里，记在心中……不多说了，也没啥文化。我就觉得我这辈子和你父亲受的苦没白受，那时候你父亲一个月才挣六七十元钱，舍不得吃、舍不得喝，靠那点死工资养活一大家子人。仔细想人这一辈子不易呀！但他生病住院时，你们白天、黑天地照看着，请大夫、找专家的，真是得你们这些儿女‘记’了。他走得早，现在子女的孝顺我享受得比他多多了，特别是妈从 2008 年到今天一直卧床不能自理，不但给你们添麻烦，还破费钱……还有咱们李家的桂霞女婿占和，来北京就住在人家特地倒出的房子，都住多少年了，孙子晓明年节都来看我，没少给我倒腾好吃的，有时候我住院也跑过来，还有许多李家亲戚、朋友没少关照我……”

永金抢着说：“妈你别说了，我们肚子都饿了。”

这时候窗外鞭炮声此起彼伏，整个大楼红灯招展。团圆饭开始了，一家人频频举杯，同祝健康长寿、幸福团圆，共品节日佳肴。正是“最是一年春好处，绝胜烟柳满皇都”。一个万物复苏、春意盎然的新春马上就要到来。

尾声

2018年8月中旬，退休后的我又来到家乡杨树林屯儿。对于这里的大草甸子、大水泡子，我是那样的熟悉，她的一年四季、春夏秋冬，她的朝阳落日、风霜雨雪，一幅幅清晰的画面，无数次浮现在我的脑海，潜入我的梦中。

站在故乡杨树林屯儿的土地上，我的心潮像随风摇曳的茂密青草一样泛起波澜。看着屯子东面的大水泡子，我努力让自己的心潮平静下来。半个多世纪的岁月匆匆，家乡几经变迁，可是这里的蛙儿、鸟儿，甚至是蚂蚱、蝈蝈依然像我儿时那样鸣叫、跳跃、飞翔……

我踏上久违的大草甸子，一股熟悉的就像是几十年陈年窖藏酒，弥漫着纯真的味道使我沉醉，秋初的大草甸子碧空如洗，不时可见到盘旋觅食的苍鹰和成群飞成“人”字形的雁阵，落霞与孤鹜齐飞，秋水共长天一色。一览无余的大草甸子上，天空蓝得格外出奇，秋风也吹得格外爽快，就连牧羊人的吆喝声也比平时喊得更为悠远冗长些，伴随浩荡秋风传得很远很远。这时你才能深刻领悟到“秋高气爽”这个成语的真正含义。

那一天，我目光凝重，心中充满无限敬仰、激动，怀着对铁人王进喜的崇拜，来到了离我家北面八九百米的地方，这里是王进喜“铁人”称号诞生的地方。这里至今屹立着铁人王进喜的雕像，30多米高的钻塔、油井、王进喜带领队友们奋不顾身地跳下去的泥浆搅拌池等，都静静地安卧在那里。耳边不由得响起当年铁人王进喜带领1205钻井队竖立高高井架时唱响的劳动号子：

咱们干劲大呀！嗨——嘿
再难也不怕呀！嗨——嘿
大家齐用劲呀！嗨——嘿
底座往上爬呀！嗨——嘿
工人干劲大呀！嗨——嘿
困难咱不怕呀！嗨——嘿
这个动弹了呀！嗨——嘿
步子可挺大呀！嗨——嘿
……
同志们加把劲呀！哎——嘿
这下子动弹了啊！哎——嘿
咱们工人干劲大呀！哎——嘿
天大困难也不怕呀！哎——嘿
石油工人一声吼呀！哎——嘿
地球也要抖三抖呀！哎——嘿
……

这号子，是那样的熟悉，那样的清晰，跨越时空，历久弥新。

当年儿时的伙伴均已步入花甲之年，我们这些出生在杨树林屯儿的孩子带着童年梦想，长大飞向祖国大地……我眼前不由得浮现出龙凤公社一望无际的农田，大庆宽阔的世纪大道、时代广场、铁人广场和鳞次栉比的座座高楼，起始大庆、西望成都、坐看京津、南到长沙……一个甲子白驹过隙。

时隔60年，回到故乡杨树林屯儿，感慨万千，心绪难平。岁月如歌，往事如风，蓦然回首，顿悟人生，我的根是杨树林屯儿，我的魂是大庆精神、铁人精神，是杨树林屯儿给了我生命，教会我如何生活和做人；是大庆精神、铁人精神给了我灵魂，教会我如何思考和做事，激励我不畏挑战、砥砺前行……回望近50年的职业生涯，“做人就要做铁人那样的人”这颗种子深埋心底、生根发芽，大庆精神、铁人精神伴我一路走来。

值得庆幸的是，自己赶上了最好的时代，在党的培养教育下，为党和人民的事业做了自己能做的工作，奉献了自己的青春年华和智慧经验，用自己的亲身经历给弟弟妹妹以及下一代树立了榜样，没有辜负组织的信任、同志的支持和家人的期盼。

值得告慰的是，退休了，我还是一名共产党员，身体还很健康，当选中国延安精神研究会副会长。老骥伏枥，志在千里，烈士暮年，壮心不已。我将不断学习研究宣传践行延安精神，在未来的人生道路上为党和人民继续发挥余热……